KB047281

중국 플랫폼의
행동★방식

platforms
CHINA

세계 비즈니스 판도를 뒤바꿀 발칙한 전략과 혁신

중국 플랫폼의 행동★방식

이승훈 지음

프롤로그

왜 지금 중국 플랫폼인가

전작 《플랫폼의 생각법》의 서문을 쓰면서 소프트뱅크 비전펀드가 쿠팡에 투자한 이야기를 했었다. 한국의 전자상거래 시장에 플랫폼의 개념이 본격적으로 도입되고 있다는 신호로 말이다. 2019년에는 배달의 민족이 독일계 딜리버리 히어로와의 합병을 발표했다. 음식배달처럼 네트워크의 크기가 제한된 시장에서는 플랫폼 경쟁이 어렵다는 현실을 배달의 민족은 '함께 가기'라는 전략을 선택함으로써 해결한 듯하다. 배달의 민족이 내린 결정은 플랫폼 사업이라는 관점에서는 현명한 선택일 수 있다. 하지만 토종 플랫폼이 사라지고 이로 인해 이후 한국 플랫폼 경제, 플랫폼 노동자 논의의 중심이 해외 기업으로 이동한 것에 대한 비판은 또 다른 관점의 일일 것이다.

전작을 쓰고 나서, 아니 쓰면서도 내내 했던 생각은 빨리 중국 플랫폼들에 대한 이야기를 정리했으면 하는 것이었다. 플랫폼의 시작이 미국이라면, 현재 그 플랫폼을 전 국가적인 차원에서 가장 잘 활용하고 있는 곳이 바로 중국이기 때문이다. 하지만 중국 플랫폼에 대해서 우리는 너무 모르고 있다. 아니 알더라도 피상적으로만 알고 있다. 그 서비스를 경험해 볼 기회가 거의 없기 때문이다. 하지만 이제 구글, 페이스북, 아마존, 애플, 우버에 보이는 관심의 반이라도 중국 플랫폼들에게 쏟아야 하는 시점이 왔다. 그들은 충분히 커졌고 멀지 않아 우리에게 어떤 방식으로든 영향을 미칠 것이기 때문이다.

그런 이유를 반영하여 이 책의 제목을《중국 플랫폼의 행동 방식》이라고 달았다. 이 제목은 은근히 중의적이다. 중국 플랫폼의 행동 방식은 지극히 플랫폼 원론에 근접하는 플랫폼의 모범 사례들이다. 플랫폼이 가져야 할 개방과 공유의 원칙을 교과서처럼 지키고 있기 때문이다. 하지만 우리는 이 교과서의 배경에 있는 중국 정부의 역할을 눈여겨봐야 한다. 중국 정부는 '개방과 공유'라는 표현의 정반대 편에 서 있기 때문이다.

중국 정부는 알리바바를, 텐센트를, 바이두를 그리고 디디추싱과 메이투안을 중국 경제 축구단의 선수로 생각하고 있는 듯하기 때문이다. 중국 경제가 발전하기 위해서는 중국을 물 샐 틈 없이 커버하는 물류시스템이 필요하다. 그 역할을 알리바바가 하고 있다. 경제의 기본을 담당하는 수비수이다. 그 옆에 먹고사는 문제를 담당하는 메이투안이 우측 수비수이고, 이동을 담당하는 디디추싱이 좌측 수비수이다.

텐센트는 모든 커뮤니케이션을 담당한다. 중국의 모든 기업들이 고객들과 소통하며 서비스를 제공할 수 있게 도구를 제공한다. 미드필더의 역할을 담당한다. 기업이 제공해야 하는 모든 기본적인 요소들이 텐센트를 통해 공급되고 있다. 아마도 조만간 중국의 기업들은 텐센트를 통해 마케팅뿐만 아니라 회계결산까지 하게 될 것이다.

그리고 공격진에는 오래된 공격수 바이두, 최근 출장 정지를 먹은 화웨이, 떠오르는 신성 센스타임과 틱톡을 만들어 낸 토우탸오 등이 있다. 하지만 아직은 많이 약하다. 중국 축구가 월드컵에 나가지 못하는 이유가 있다면 공격수의 부재일 것이다. 시장을 막고서 수비수와 미드필더를 육성하는 데는 성공했지만 해외시장을 공략할 수 있는 공격수를 육성하기는 쉽지 않아 보인다. 하지만 이들의 발전 속도는 놀랍다. 중국이라는 거대시장이 주는 매력과 데이터에 대한 정부의 개방적인 태도는 인공지능이라는 가장 인기 있는 공격패턴을 강화하는 데 최적의 환경이기 때문이다.

주전을 뒷받침하는 후보 선수들로는 징둥과 핀둬둬, 아이치이와 샤오홍슈 등이 있다. 새로운 아이디어와 사업모델로 전통의 주전인 알리바바, 텐센트, 바이두의 자리를 위협하고 있다. 이렇듯 중국 플랫폼 경제 축구팀은 정부라는 감독의 지휘 아래 빠르게 성장하고 있다. 그리고 모든 선수들은 중국 토종기업들이다. 아이러니하게 이들이 여기까지 오기 위해 조달된 자금은 해외자본이다. 알리바바, 텐센트, 바이두, 징둥, 핀둬둬, 아이치이 모두 글로벌 시장에서 자금을 조달해서 현재의 위치에 올라왔다. 하지만 어느 누구 하나 경영권을 내어주지 않았다.

중국 플랫폼의 행동법을 바라볼 때 중의적이라는 의미의 핵심은 이처럼 중국 정부에 있다. 선수들의 행동은 자유로워 보이지만 결국 감독의 지휘에서 벗어나기는 힘들기 때문이다. 알리바바의 전략을 바라보면서 중국 정부의 생각을 읽어야 하고 위챗의 서비스의 한계 역시 정부가 결정할 것이라는 개연성을 인정해야 한다. 기업의 전략과 정부의 전략이 하나의 모습으로 나오기에 중의적이라는 뜻이다.

플랫폼이라는 단어의 발상지는 미국이다. 대표적 플랫폼 기업들은 모두 미국의 실리콘 밸리에서 탄생했다. 미국의 플랫폼 기업들은 인터넷 2.0이 만들어낸 '개방과 공유'라는 시대지성을 구체적 서비스로 구현하여 인류적 진보를 만들어냈다. 인류는 구글로 경계 없이 지식을 공유할 수 있게 되었고, 페이스북 덕분에 개방형 미디어를 통해 이야기를 전할 수 있게 되었다.

이 플랫폼이라는 개념은 중국으로 들어가면서 인간의 삶에 더욱 적극적으로 영향을 미치기 시작한다. 중국은 플랫폼을 실험하기에 가장 적절한 환경이다. 시장이 충분히 크기에 상대적으로 플랫폼을 성립시키는 것이 쉬우며, 아직도 다양한 일상 서비스에 있어 플랫폼을 통해 개선할 수 있는 영역이 많기 때문이다. 그런 이유로 최근 몇 년간 중국에서는 다양한 플랫폼이 우후죽순 등장했고 이미 거의 모든 삶의 영역에서 성공을 거두었으며, 사회의 빠른 성장에도 기여하고 있다.

플랫폼의 원류인 미국의 플랫폼과 중국의 플랫폼을 큰 그림에서 비교하면 다음의 세 가지 차이를 찾을 수 있다. 이 차이를 이해하고 중국의 플랫폼을 바라보면 보다 의미 있는 교훈들을 얻을 수 있을 것이다.

먼저 중국은 플랫폼의 후발주자이고 개발도상에 있기에 플랫폼의 발전이 상거래와 소통, 이동 그리고 즐기는 콘텐츠에 집중되어 있다. 즉 보다 대중들의 현실 삶과 연관된 영역에서의 발전이 두드러지며, 지식이나 미디어를 바탕으로 한 정보의 공유는 상대적으로 약하다. 이는 중국과 미국의 경제성장 단계가 다르기 때문이기도 하지만, 중국 정부의 적극적인 개입에서 또 다른 이유를 찾을 수 있다. 중국에는 개방된 지식 플랫폼으로서의 구글이나 공유된 미디어로서의 페이스북과 유튜브가 없다. 반면 하루에 10억 개의 주문을 처리하는 타오바오와 10억 명의 생활을 책임지는 위챗이 존재한다. 메이투안은 하루에 수천만 개의 주문을 처리하고, 도우인(틱톡)에는 수억 개의 동영상이 올라온다. 현실적이면서도 생활 밀착형 서비스에 모든 관심이 모여있다.

두 번째는 미국과 달리 플랫폼이라는 영역이 소수의 사업자에 의해 독점되고 있는 점이다. 오늘날 중국의 플랫폼은 두 명의 마 씨 CEO들에 의해 좌우되는 수준에 이르고 있다. 미국에서도 구글이 독점적인 검색 서비스와 유튜브를 소유하고, 페이스북이 다양한 영역에 진입하여 일상을 지배해가는 모습을 볼 수 있지만, 중국의 두 마 선생의 독점과는 비교하기 힘들다. 마윈과 마화텅은 플랫폼의 모든 영역에 진출해 있으며 이러한 현상은 중국 창업계에 양날의 검으로 작용하고 있다. 지속적인 영역확장의 의지를 가진 거대 기업이 있기에 수많은 스타트업들은 매각을 통한 성공신화를 꿈꿀 수 있지만, 다른 한 편으로는 신규 플랫폼이 기존의 거대 세력을 꺾는 데 어려움이 있기에 창업 의지가 약해질 수 있다. 물론 이런 집중은 언젠가 이뤄질지 모르는 중국 정부 개입, 특히 알리페이나 위챗페이와 같은 지불결제를 시작으로 다양한 영역에 대한 개입의 개연성도 보여 준다.

마지막으로 이미 언급했듯이 중국의 플랫폼을 이해할 때에는 중국 정부의 의지를 고려해야 한다는 점이다. 중국 정부는 플랫폼과 기술이라는 측면에서 단순히 좋은 기업이 나와 주길 바라는 우리와는 차원이 다르다. 전자화폐와 같이 국가의 이해가 지대한 영역에서 글로벌 물류시스템까지 중국 정부의 플랫폼에 대한 생각은 국가기업으로서의 생각이다. 국부가 페이스북의 리브라를 통해 유출되는 것을 두려워하는 중국 정부의 의지는 알리페이나 위챗페이의 사업의 명운을 좌우할 것이고, 디디추싱의 사업성에 영향을 미치는 승차공유에 대한 교통정책은 하루 만에 디디추싱의 성장속도를 낮출 수도 높일 수도 있다. 검색이란 '서비스' 영역을 선택함으로써 성장의 한계를 느낀 바이두에게 정부는 '인공지능'이라는 선물을 주려 한다. 여전히 바이두라는 선수는 중국에게 중요한 공격수이기 때문일 것이다 아폴로라는 자율주행차 플랫폼이 바이두를 살려낸다면 이 역시 중국 정부의 의지일 것이다.

이 책의 목적은 중국인들의 삶을 해결하고 있는 다양한 플랫폼들을 소개하는 데에 있다. 단순히 기업이나 서비스에 대해 소개하기보다는, 전작에 이어서 중국의 플랫폼들이 성립되고 경쟁하고 성장하는 과정에 방점을 두고자 한다. 알리바바의 타오바오가 어떤 생각으로, 어떻게 플랫폼 구축에 성공했는지, 텐센트는 어떻게 QQ라는 닫힌 서비스에서 개방된 플랫폼으로 전환했는지를 이야기할 것이다. 한국의 택시정책과 중국의 택시정책이 크게 다르지 않았다는 이야기를 디디추싱을 통해 전할 것이고 음식배달에 있어서 중국이 한국보다 한수 위라는 이야기도 하게 될 것이다. 아쉽게도 틱톡에 대한 관심이 커지는 만큼 도우인에 대해 많은 이야기를 담지는 못했다. 하지만 도우인이 어떤 맥락에서 시작됐는지에 대해서는 놓치지 않았다. 한국에 잘 알려지지 않은 생소한 중국 플랫폼 기업들에 대한 기본적인 정보는 매 챕터 말미에 첨부하였다. 비록 인터넷을 통해 검색하는 것이 보다 최신의 정보를 얻는 방법이지만 중국어라는 한계가 있기 때문이다.

책의 시작에 전작 개정판이라 할 수 있는 플랫폼에 대한 원론을 짧게 실었다. 모든 독자들이 《플랫폼의 생각법》을 읽었다고 가정할 수 없었기 때문이다. 간결하게 정리했지만 이 책을 제대로 읽기에 꼭 필요한 내용들은 담으려고 노력했다.

차례

1

플랫폼은 진화한다

CHINA PLATFORM

플랫폼이란 무엇인가

우리는 다양한 곳에서 플랫폼이라는 단어를 접하게 된다. 자동차 산업에서는 차체의 기본 골격을 칭하고, 프로그래밍을 이야기할 때는 개발 환경을 칭한다. 이처럼 오랫동안 다양한 영역에 플랫폼이라는 단어가 사용되었기에, 의미를 혼동하지 않기란 쉽지 않다. 하지만 근래 들어 이 단어를 가장 적극적으로 사용하는 곳은 분명 '비즈니스 모델' 영역일 것이다. 구글, 페이스북, 아마존 같은 전 세계적 기업들이 사업하는 방식을 우리는 '플랫폼 비즈니스 모델'로 칭하기 때문이다. 플랫폼 비즈니스 모델을 적용하고 있는 기업들의 사업 방식이 기존과 많이 다르고 그들이 만들어낸 결과가 너무나도 훌륭하기에 그 생각법을 이해하려는 수요가 늘어나고 있다. 그리하여 이 책에는 '비즈니스 모델로서의 플랫폼'을 이야기하려 한다.

비즈니스 모델에서 플랫폼의 반대말은 '선형Linear'으로, 시작과 끝이 있는 단선적이라는 뜻이다. 기존의 비즈니스 모델을 보면 단선적이라는 표현이 쉽게 이해될 것이다. 전통적인 제조업은 부품을 구매하여 제조한 후 소비자에게 판매한다. 시작에는 제조사가 있고 끝에는 소비자가 있다. 모든 과정은 선형이고 이를 가치사슬이라 부른다. 가치가 이 선을 따라 흐르기 때문이다. 재고가 있다면 제조업이고 재고가 없다면 서비스업이다.

여기에 플랫폼이라는 비즈니스 모델은 완전히 새로운 관점을 제시한다. 단선적이던 사업방식이 평면으로 확대되는 것이다. 플랫폼은 시작과 끝이 있는 것이 아니라 하나의 평면으로 존재하고, 그 평면 위에 다수의 공급자와 소비자가 동시에 존재한다. 그리고 플랫폼 사업자는 그 평면을 관리한다. 우리는 그 평면을 '장場'이라고도 하고, '생태계Ecosystem'라고도 한다.

모바일 시장에서의 플랫폼

휴대폰이라는 시장에서 2000년대의 강자는 노키아였다. 노키아는 전형적인 제조사로, 1년에 수억 개의 휴대폰을 만들었다. 그러나 2007년 아이폰의 등장으로 완전한 변화를 맞이한다. 노키아는 휴대폰을 만들어 통신사에게 판매하는 선형적인 사업구조를 갖고 있었는데 그 시장에 플랫폼 비즈니스 모델이 나타난 것이다.

애플이 아이폰을 통해 만들어낸 모바일 플랫폼은 수많은 개발자들과 사용자들을 장으로 끌어들였다. 닫혀 있던 소프트웨어 시장을 열고 개발자와 사용자를 연결하는 생태계를 구축하면서, 모바일 환경에서 상상할 수 없었던 기능들이 무더기로 쏟아져 나왔다.

애플 iOS와 안드로이드는 노키아 제품이 상대할 수 없는 변화와 혁신을 보여주었다. 새로이 만들어진 평면의 장은 모든 개발자에게 새로운 기회를 만들어줌으로써 공급이라는 영역은 제로의 비용[1]으로 새로운 소프트웨어들이 넘쳐나기 시작했고, 소비자들은 이 변화에 열광하기 시작한 것이다.

노키아의 운영체제 '심비안'은 기능 면에서도 한참 뒤떨어져 있었고 노키아의 가치사슬에 서 있는 기업만이 서비스를 만들어 제공할 수 있었다. 개발자들이 앱 스토어와 플레이스토어를 통해 자신의 창의력과 개발능력을 발휘하는 동안 노키아는 여전히 자신이 만들어 놓은 제조 선상에 머물러 있었다. 물론 이후 마이크로소프트라는 플랫폼을 선택해서 변화를 추구했지만, 마이크로소프트 역시 모바일 시장의 변화를 제대로 읽어낸 플랫폼은 아니었다.

노키아가 선 위에서 사업을 했다면 애플과 안드로이드는 평면을 만들었다. 그 평면 위에는 누구나 소프트웨어를 만들 수 있도록 개발도

1
플랫폼 운영자의 입장에서 새로운 소프트웨어의 개발에 비용이 발생하는 것은 아니기에 제로비용이라 할 수 있다.

구인 SDK^Software Development Kit^와 이의 판매를 위한 시장인 앱 스토어와 플레이스토어가 제공되었다. 이는 휴대폰에서 스마트폰으로의 변화이며, 플랫폼이라는 새로운 사업 모델의 등장을 의미했다. 휴대폰 시장은 애플이라는 폐쇄적인 플랫폼과 구글이라는 개방적 안드로이드 플랫폼으로 양분되어 현재까지 발전해오고 있다. 물론 그곳에 과거의 지배자인 노키아는 존재하지 않는다.

플랫폼 모델의 확산

모바일 플랫폼의 등장을 가능하게 했던 애플과 구글은 모바일 영역에서만 플랫폼 사업모델을 적용한 것이 아니었다. 애플은 iOS를 자신의 모든 제품에 적용하면서 애플이라는 생태계를 만들기 시작했고,[2] 구글은 검색 영역에서 플랫폼 사업모델을 성공적으로 적용시키며 새로운 지식생태계를 만들었다. 페이스북은 미디어 플랫폼의 등장을 의미했고 아마존과 이베이는 인터넷 상거래 플랫폼을 만들어냈다. 마이크로소프트는 스스로가 PC 플랫폼이라는 사실을 나중에 깨닫고 기업 클라우드 시장에서 가치를 창출하기 시작한다.

콘텐츠 시장에서 구글의 유튜브는 콘텐츠의 개념을 완전히 바꿔 놓

2
애플이 단순한 제조업체가 아닌 플랫폼 기업이라는 것을 설명하기 위해서는 많은 지면을 필요로 한다. iOS를 바탕으로 한 아이폰, 아이패드, 애플티비, 애플워치 등의 기기들과 그 위에서 돌아가는 앱 스토어, 애플뮤직, 애플티비 플러스와 같은 모든 콘텐츠 유통시스템들은 모두 플랫폼적 방식으로 운영되고 있다. 개방적이지는 않지만 7억 명이라는 이용자 수를 보유한 애플이기에 1조(Trillion Dollar)라는 기업가치를 인정받고 있는 것이다.

았으며 이제 기존 콘텐츠 제작자들을 위협하고 있다. 우버Uber는 승차 공유라는 영역에서 플랫폼 모델을 만들어냈고, 에어비앤비Airbnb는 숙박이라는 땅에서 힐튼그룹Hilton Group의 가치를 추월하는 플랫폼 비즈니스를 성립시켰다. 아직은 성립이라는 단어를 적용하기에 성급한 다양한 플랫폼화 시도들이 이뤄지고 있고, 모든 시장이 선형 모델에서 플랫폼이라는 평면 모델로의 진화를 고민하기 시작했다. 음식배달, 아르바이트, 식당 예약 등 거의 모든 영역에서 플랫폼이 도입되면서, 플랫폼 비즈니스 모델이 전방위적으로 확산되기 시작했다.

그렇다고 모든 영역에서 플랫폼 모델이 기존 선형 모델을 대체하는 것은 아니다. 기존의 제조업은 여전히 존재하고 공장은 여전히 돌아가고 있다. 하지만 노키아가 경험했듯, 시장의 힘이 플랫폼 사업자로 이동하고 있다.

2011년 노키아의 CEO였던 스티븐 엘롭Stephan Elop은 전 직원에게 다음과 같이 '불타는 플랫폼Burning Platform'이란 메모를 보냈다.

> 불길이 번져오고 있고 우리에겐 몇 초밖에 없다. 이 플랫폼에 서 있으면 불길이 우리를 삼켜버릴 것이다. 우리에게는 플랫폼에 서 있다가 타 죽거나 30미터 아래 차가운 물 속으로 뛰어드는 선택이 있다. 그리고 우리는 빨리 선택해야 한다.[3]

노키아는 안드로이드 OS를 도입해 수많은 안드로이드 제조사 중의 하나로 남기에는 자존심이 너무 높았기에 마이크로소프트라는 마지막 옵션을 선택했다. 즉 기존의 제조사들은 이제 플랫폼 모델이 무엇인지를 명확히 이해해야 한다. 어마어마한 시장지배력을 가진 플랫폼 사업자들에 굴복할 것인가 아니면 플랫폼 기업이 될 것인가를 결정해야 하는 시간이 얼마 남지 않았기 때문이다.

플랫폼과 양면시장

기존 시장의 비즈니스 모델이 단선적이라면 플랫폼 비즈니스 모델은 평면적이다. 평면적이라는 의미는 다수의 공급자와 소비자가 모두 참여한다는 의미이자 광장과 시장의 개념을 포함한다. 플랫폼 사업자들은 과거의 공급자라는 단순한 역할을 거부하고 공급자와 소비자, 즉 양면시장을 모두 아우르는 플랫폼 비즈니스 모델을 선택한 것이다.

구글과 페이스북은 광장을 만들었다. 지식과 콘텐츠를 만들어내는 사람과 소비하는 사람들이 모두 모여 논쟁하고 잡담하는 광장이다. 아마존, 우버, 에어비앤비 등은 모두 시장을 만들었다. 그 시장에서는 물건도 팔지만 이동과 숙박도 판매한다. 플랫폼은 이런 의미에서 평면적인 것이다. 평면에는 공급자와 소비자, 판매자와 구매자라는 양면

3
Alex Moazed, Nicholas L. Johnson, 《Modern Monopolies : What It Takes to Dominate the 21st Century Economy》

시장이 모두 존재하고 그 양면시장을 대상으로 하는 것이 플랫폼 비즈니스 모델이다.

따라서 플랫폼을 이해하는 데 가장 중요한 것은 양면시장이라는 개념을 받아들이는 것이다.[4] 양면시장을 지향하기 위해서는 기존의 단면시장을 바라보던 생산자 혹은 판매자 관점의 경영방식과는 전적으로 다른 접근이 필요하다. 생산도 영업도 마케팅도 필요 없고 오로지 플랫폼 운영자의 역할에 충실한 것이 사업의 핵심이다. 즉 매출이나 이익이 아닌 검색이 잘 되거나, 회원들 간의 소통이 원활해지거나, 거래가 편리해지는 등 각각의 플랫폼이 지향하는 가치에 집중하는 그런 접근만이 유효하다.

그래서 플랫폼은 시장에서 받아들여지는, 다른 말로 '성립'되는 것이 가장 중요하다. 양면시장을 대상으로 '장' 혹은 '생태계'를 만드는 과정에는 선형시장에서 소수의 소비자로부터 선택받는 작은 성공이 존재하지 않는다. 플랫폼에 참여하는 공급자와 소비자 두 시장으로부터 동의를 얻는 것은 소수가 아닌 대다수 참여자들의 동의이기 때문이다. 양면시장의 대다수 참여자들의 동의와 인정을 얻는 것이 바로 플랫폼의 성립이다.

4
'평면'이라는 개념, '장'이라는 개념이 너무 추상적이기에 보다 쉬운 이해를 위해 공급자와 소비자가 모두 참여하는 시장이라는 의미에서 '양면시장'이라는 개념을 사용한다.

플랫폼 성립의 의미

우버는 전 세계 700개 도시에서 하루에 1,700만 명을 실어 나를 만큼 성장했다. 이미 미국의 주요 도시에서 우버는 필수재로 인식되고 있다. 하지만 2019년 2사분기까지 65억 달러라는 어마어마한 적자를 기록하였고, 동기간 62억 달러라는 초라한 매출은 우버의 주가를 나락으로 떨어뜨리고 있다.

반면 에어비앤비의 공식적인 발표는 아니지만, 2017년부터 이익을 내고 있다는 보도는 2020년 상장에 대한 기대를 만들어 내고 있다. 우버만큼 시장의 주목을 받지는 못하고 있지만 흑자를 내는 플랫폼 기업이라는 점에서 투자자들에게 매우 반가운 소식이다.

과연 우버와 에어비앤비를 바라보는 투자자들의 인식 차이가 단순히 재무실적에만 근거한 것일까? 물론 모든 기업운영상의 이유들은 결국 숫자로 표현된다. 하지만 두 플랫폼 유니콘 간에는 한 가지 아주 중요한 차이가 있다. 바로 플랫폼이 안정적으로 '성립'되었는가다. 결론적으로 이야기하면 우버는 아직 성립되지 못했고 에어비앤비는 성립되었다. 이 차이는 단순한 손익의 많고 적음에 대한 이야기가 아니라 플랫폼 사업의 본질적 요소에 대한 이야기다. 물론 거꾸로 우버의 대규모 적자가 플랫폼으로 성립되지 못했다는 사실을 반증한다고 말할 수도 있다.

플랫폼 기업은 공급자와 소비자라는 양면시장을 대상으로 하는 장을 제공하는 사업자이다. 그래서 한 번 성립되면 그 양면시장이 서로 도우면서 플랫폼 기업에게 독점적 지위를 제공한다.[5] 에어비앤비는 이 독점적 지위를 시장으로부터 인정받았고 우버는 아직 받지 못한 것이다.

우버와 에어비앤비의 가격결정구조를 보면 그 차이가 보인다. 에어비앤비는 전형적인 상거래 플랫폼 모델이다. 판매자는 자신의 빈방을, 자신이 결정한 가격에 내놓는다. 물론 수수료로 에어비앤비가 가져가는 10퍼센트에 대해 아무런 불만이 없을 수는 없다. 하지만 그냥 두었으면 아무런 가치를 창출하지 못했을 빈방으로 판매자는 수익을 창출하고, 소비자는 호텔보다 상대적으로 저렴한 숙소를 찾을 수 있으므로 그 수수료의 존재가 밉지만은 않다. 여기서 가장 중요한 점은 가격을 판매자가 정한다는 점이다.

반면 우버는 플랫폼이 탑승요금을 결정한다. 우버의 공급자인 기사들은 우버가 정해 놓은 요금을 기준으로 노동의 대가를 받는다. 피크타임에 두 배의 요금을 받는 것도, 프로모션을 하는 것도 우버가 정한다. 양면시장의 한 축인 듯한데 다시 보면 기사들이 우버의 직원 같은 느낌이 든다. 여기에 수수료율이 30퍼센트에 육박한다. 이 때문에 '긱 워커스 라이징Gig Workers Rising'과 같은 우버 노동자 단체가 만들어진 것이다. 즉 양면시장의 한 축인 공급자가 우버가 정해 놓은 운영원칙이

5
이 이야기는 이후 교차 네트워크 효과에서 자세하게 설명하도록 하겠다.

공정하다고 인정하지 않는 것이다. 유튜브를 찾아보면 우버에 항의하는 수많은 기사들의 영상을 볼 수 있을 것이다. 플랫폼이라는 관점에서 에어비앤비는 양면시장이 모두 인정한 상태에서 성립된 반면에 우버는 아직 그 인정을 한쪽에서만 받아 낸 것이다.

플랫폼은 성립되어야 그 가치가 있다. 그리고 성립되었다는 뜻은 양면시장의 참여자들 대다수가 플랫폼의 운영원칙에 동의한다는 뜻이다. 구글의 검색이 그랬고 페이스북의 미디어가 그랬듯, 아마존의 판매자와 구매자 모두 현재의 원칙에 동의하고 있다. 플랫폼의 문제는 '성립되느냐 혹은 그렇지 않느냐'의 문제이다.

플랫폼이 성공하기 위해서는 양면시장 모두로부터의 인정이 필요하다. MIT가 구글을 인정하기에 MIT의 모든 지식이 구글 검색으로 제공되고, 〈뉴욕 타임스New York Times〉가 페이스북을 인정하기에 그들의 모든 콘텐츠를 페이스북 내에서 무료로 유통한다. 시장에서의 공급자와 소비자 모두가 플랫폼이 만들어내는 가치를 인정하고 플랫폼이 운영하는 방식에 합의하는 순간 플랫폼은 성립된다.

우버의 막대한 적자가 가져온 또 하나의 플랫폼 성립의 요건은 수익의 확보이다. 과거에 규모만으로 인정받았던 플랫폼의 가치가 이제는 수익이라는 새로운 만트라를 요구하고 있다. 이후에 설명하겠지만 플랫폼 성립과 수익추구라는 것은 공존하기 어려운 과제이다. 수익추구는 플랫폼의 성립을 방해하기 때문이다. 하지만 언젠가 수익을 낼 수 있다는 가정하에서 진행되는 규모 추구와 기대감이 없는 규모 추구는 엄연히 다르다.

플랫폼이 만드는 새로운 경제는 시장을 바라보는 새로운 관점을 요구한다. 플랫폼이 성립되기 위해서는 규모가 반드시 필요하지만, 규모를 만들어내면서 수익을 추구하기는 쉽지 않다. 특히 시장의 크기가 제한적인 곳에서는 말이다. 기사와 차량, 건물과 공간 등 네트워크 크기를 제한하는 실물경제를 기반으로 한 사업 영역은 어쩌면 온라인을 기반으로 한 지식이나 미디어 영역과는 달리 플랫폼의 성립이 몇 배 이상 어렵거나 불가능할지도 모른다. 아마존이 현재의 지위에 오를 때까지 자신이 만들어낸 모든 이익을 물류 인프라에 투자했듯이 말이다.

이 성립이라는 표현은 아날로그적이 아니라 디지털적이다. 선형시장에서 5퍼센트, 20퍼센트의 시장을 가지면서 존재할 수 있었지만 양면시장에서는 전체 시장을 대상으로 하기에 성립하거나 성립하지 않거나 둘 중 하나만 존재한다. 그런 맥락에서 디지털적이다. 그러므로 성립된 플랫폼과 그렇지 않은 플랫폼 간의 차이는 막대하다. 이제 플랫폼이 성립되기 위해서는 무엇이 필요한지 알아보자.

플랫폼 성립을 위한 요소들

플랫폼이 성립되기 위해서는 두 가지 요소가 필요하다. 양면시장의 참여자들을 끌어들일 만큼 충분히 매력적인 도구와 참여자들이 동의하는 운영원칙이다. 도구와 원칙은 별도로 존재하기도 하고 하나로 결합되어 나타나기도 한다. 하지만 시장이나 광장을 만들었을 때 그 안에 아무런 도구나 원칙이 없다면 이는 그냥 빈 공간일 뿐이다. 충분히 매력적이어야 하고 공정해야 한다.

양면시장을 대상으로 플랫폼을 설계하려면 양면시장을 만나게 해줄 도구가 필요하다. 그 도구는 우버처럼 애플리케이션으로 나타나는 경우도 있지만, 페이스북처럼 SNS 서비스 내의 뉴스피드News Feed처럼 서비스 안에서의 세부 기능이 될 수도 있다. 혹은 아마존의 아마존프라임Amazon Prime과 같은 멤버십이 될 수도 있고, 유통센터Fulfillment Center와 같은 실물 인프라일 수도 있다. 어떤 모습이든 이 도구는 양면시장의 참여자들을 유혹할 만큼 충분히 매력적이어야 한다.

도구는 플랫폼이 성립되기 위한 필수 요소다. 하지만 그 도구를 활용함에 있어 더 중요한 것은 어떤 원칙을 가지고 플랫폼을 운영할 것인가에 있다. 꼭 플랫폼이 아니더라도 모든 조직과 서비스에 있어 원칙은 중요하다. 하지만 플랫폼의 운영은 기존의 시장에서 나의 사업방식을 정하는 나만의 의사결정과는 다르다. 양면시장을 대상으로 했을 때는 한 번 정한 원칙을 쉽게 수정할 수 없기 때문이다. 플랫폼 운영의 원칙은 플랫폼을 구성하는 핵심요소로서, 일종의 사업 설계와 같이 초기부터 양쪽의 시장 참가자에게 선포되어야 하며 꾸준히 지켜져야 한다. 예를 들어 내가 레스토랑을 운영한다면 어떤 음식을 팔고 어떻게 서비스할 것인가를 언제든지 시장의 요구나 나의 의지에 따라 바꿀 수 있다. 하지만 푸드 코트를 운영한다면 푸드 코트에 입점하는 다양한 공급자와 이를 이용하는 소비자에게 이 푸드 코트가 어떤 곳이고 어떻게 운영될 것인가를 처음부터 명확하게 알려야 하며 그 원칙을 손쉽게 바꿀 수는 없다.

플랫폼에서 원칙이 중요한 이유는 플랫폼이 서로 다른 이해관계를 가진 두 개의 시장을 대상으로 하기 때문이다. 생산자와 소비자를 한 곳에 모아 새로운 가치를 창출하기 위해서는 시장의 원칙이 명확해야 한다. 그 시장의 원칙이 곧 생산자와 소비자의 참여를 결정하는 요인이 되기 때문이다. 따라서 플랫폼이 성립하기 위해서는 잘 만들어진 도구와 더불어 그 플랫폼을 운영하기 위한 원칙이 처음부터 명확히 서야 한다. 하지만 이 원칙은 대상으로 하는 시장에 따라, 제공하는 가치에 따라, 창출되는 가치에 따라 다르게 설계되어야 한다.

내가 공급자가 되어 새로운 서비스 혹은 상품을 공급하는 것은 언제나 해온 것이기에 시작하는 것이 어렵지 않다. 하지만 플랫폼을 지향한다는 것은 이와는 차원이 다른 시도이다. 먼저 두 개의 시장을 철저히 이해해야 하는데, 현재 이 시장의 문제가 무엇인지를 명확히 이해해야 새로운 플랫폼 설계가 가능하다. 생산자와 소비자라는 기존의 구조를 바탕으로 두 시장이 모두 만족할 만한 새로운 구조를 만드는 것이다.

이미 성공한 플랫폼이라 인정되는 구글, 페이스북, 아마존 그리고 애플의 플랫폼 도구와 원칙에 대해 간단히 알아보자. 중국의 플랫폼을 이해함에 있어서 원조 플랫폼들에 대한 간단한 이해는 반드시 필요하기 때문이다.[6]

구글의 검색 플랫폼

구글은 검색엔진, 좀 더 넓게는 지식[7]이란 영역에서 플랫폼을 성립시켰다. 구글의 검색엔진 플랫폼이 나오기 전에 지식 시장에는 선형의 비즈니스들이 존재했었다. 책이라는 매개체를 통해 지식이 정리되어 소비자인 학생[8]들에게 전달되는 선형 비즈니스가 바로 그것이다. 지식을 생산하는 사람들이 책이나 논문 등의 매체를 통해 자신의 주장, 이론을 제공했다가 인터넷이 일반화되면서 검색 서비스가 선형으로 제공되기 시작한다. 데이터베이스를 만들어 누군가가 질문을 던지면 나의 데이터베이스에서 찾아 제공하는 방식이다. 저장매체가 책이나 논문에서 하드디스크로 바뀐 셈이다. 야후는 이런 방식으로 검색 시장을 만들었고, 우리는 네이버라는 걸출한 검색 서비스 사업자를 갖고 있다.

선형의 지식 비즈니스는 구글이 검색을 통한 지식 플랫폼을 만들어내자 쉽게 굴복했다. 물론 구글 검색의 등장으로 책이 판매되지 않는 것은 아니다. 하지만 인터넷을 통해 누구나 지식을 무료로 얻을 수 있

6
이에 대한 자세한 이야기는 전작인 《플랫폼의 생각법》(이승훈, 한스미디어, 2019)을 참조하기 바란다.

7
여기에서 지식이라는 의미는 정보라는 영역까지 포괄한다. 근처 이탈리안 식당을 검색하는 것도 지식 플랫폼의 대상에 포함된다.

8
글자 그대로의 학생이 아닌, 배운다는 맥락에서 광범위한 지식의 소비자를 지칭한다.

는 환경이 기존의 선형 비즈니스를 상당히 약화시켰다는 데는 동의할 것이다. 구글은 지식을 공급하는 사람과 지식을 소비하려는 사람을 하나의 장에 모아두는 플랫폼을 성립시킨 것이다. 이때 플랫폼을 성립시키는 데 가장 강력한 도구는 검색엔진이라는 알고리즘이다. 알고리즘은 컴퓨터라는 기계가 일하게 만드는 원칙이라는 의미로, 구글의 검색 플랫폼에서 매력적인 도구와 공정한 원칙은 검색엔진 알고리즘이 담당한다.

누군가가 구글의 검색창에 검색어를 입력하면 구글은 이미 만들어 둔 검색어 색인을 뒤져서 색인의 최상단에 위치한 인터넷 페이지를 검색결과로 보여준다. 일반적인 경우 이 과정은 0.1초 정도의 시간이 소요되고 구글은 수천만 개의 검색결과를 검토하여 가장 높은 점수(랭크값)를 받은 페이지 10개를 첫 화면에 표시한다. 이 점수, 즉 랭크값을 계산하는 '페이지랭크'라는 알고리즘이 바로 검색엔진의 핵심이다.

구글은 매 순간 앞에서 언급한 검색어 색인을 만든다. 예를 들어 '르네상스의 시작'이라는 검색어가 있다면 이 주제에 대해 인터넷상에 존재하는 모든 페이지 혹은 문서를 검토하여 모든 문서에 점수를 매기는 것이다. 즉 모든 문서는 '르네상스의 시작'이라는 단어에 대해 점수를 갖고 있는 것이다. 다시 말해 우리가 구글에 입력하는 모든 단어에 동일한 방식으로 검색어 색인이 만들어져 있다. 검색이 요구되면 구글은 그에 따라 검색결과를 보여줄 따름이다. 즉 구글은 세상에 존재하는 모든 지식에 대해 나름의 점수를 부여하는 방식을 만들고 이에 따라 검색 서비스를 제공하고 있다.

구글의 검색엔진은 페이지랭크라는 알고리즘에서 시작했지만 이제는 수많은 알고리즘의 결합으로 보다 정교해지고 복잡해졌다고 한다. 하지만 여전히 그 근간은 페이지랭크가 자리 잡고 있다. 페이지랭크는 일종의 참조를 바탕으로 한 알고리즘이다. 모든 인터넷상의 페이지들은 서로를 참조한다. 물론 어떤 참조도 없이 쓰인 글도 있지만 많은 글들이 특정 영역에서 대표성을 가진 글들을 참조함으로써 글을 완성한다. 지구온난화를 이야기하면서 미국 우주항공국인 NASA의 통계를 활용하거나 하버드대학교 교수의 논문을 인용하는 것과 같다. 페이지랭크는 이러한 지식에서의 다수의 지지를 점수로 환산한 결과이다. 즉 보다 많은 사람으로부터 참조를 받는 지식은 보다 높은 페이지랭크 점수를 받게 되고 그 결과 검색결과 최상단에 오르게 되는 것이다.

검색 서비스의 초창기에 가장 중요했던 요소는 속도였다. 인터넷의 성장이 너무도 빨랐기에 수많은 인터넷상의 문서를 모두 검토하여 검색결과를 제공하기가 어려웠다. 그러기에 빠르다는 것은 분명히 매력적이었다. 하지만 구글을 검색 플랫폼으로 자리매김시킨 또 하나의 요소는 검색엔진이 가진 공정성과 투명성이다. 구글은 검색결과에 관여하지 않을 뿐만 아니라 검색결과를 만들어내지도 않기 때문이다.

구글은 검색결과를 제공함에 있어 검색엔진 이외에는 어떤 개입도 차단한다. 즉 구글에는 검색결과를 만들어내는 팀이 존재하지 않는다.

심지어 구글 검색팀은 회의내용을 유튜브로 외부에 공개한다. 검색의 원칙이 잘 지켜지고 있음을 대중에게 알리는 것이다. 구글은 검색결과에 관여하지 않으므로 검색결과가 공정하고 정확하다는 인식을 얻어냈고, 이를 통해 현재의 시장지위를 만들어냈다. 구글이 중국에서 검색 서비스를 포기한 이유를 보면 구글이 이 원칙을 지키기 위해 들이는 노력을 확인할 수 있다.[9] 이 과정에서 중국 검색시장을 장악했던 바이두는 최근 시장에서 지배자적 자리를 잃어가고 있다. 바이두 백과사전百度百科, 바이두 게시판百度贴吧 같은 수많은 서비스들이 바이두를 플랫폼이 아닌 검색 서비스로 규정하고 있기 때문이다. 한국에서 네이버가 얻는 믿음과 중국에서 바이두가 얻는 믿음은 비슷한 수준으로 보인다. 모두가 인정하는 검색엔진이라는 도구와 그 검색엔진이 가진 알고리즘의 철학이 구글의 검색 플랫폼을 성립시킨 것이다.

페이스북의 미디어 플랫폼

페이스북과 2000년대 초 한국에서 선풍적인 인기를 끌었던 싸이월드 모두 소셜 네트워크 서비스이다. 싸이월드는 SNS라는 서비스에 머물렀지만, 페이스북은 미디어 플랫폼으로 진화하여 SNS 안에서 수많은

9
구글은 2010년 중국 정부의 검색결과에 대한 수정과 간섭에 대해 검색의 공정성의 이유로 철수를 결정한다. 물론 최근에는 구글이 '드래곤플라이'라는 코드명의 중국 정부의 검열 정책을 수용한 중국 맞춤형 검색엔진의 개발을 진행 중이라는 소문이 드러나며 내외부의 강한 반발로 논란이 확산되고 있다.

콘텐츠들이 유통될 수 있게 했다. 페이스북에게 SNS라는 인간관계 도구는 플랫폼을 만들어주는 핵심이었다. 초기에 페이스북에 사람들이 모이게 된 이유는 관계를 관리하기 위함이었다. 하지만 페이스북은 여기서 멈추지 않고 '뉴스피드'라는 미디어 도구를 제시했다. 가족, 친구, 좋아하는 기업 페이지 등에서 만들어지는 콘텐츠를 자동으로 피딩(공급)해주는 새로운 도구를 SNS를 통해 네트워크 위에 제공한 것이다.

뉴스피드는 엣지랭크라는 알고리즘을 통해서 세상의 이야기들을 사용자에게 전달하는 역할을 한다. 즉 미디어의 기능을 담당하기 시작한다. 이 알고리즘은 페이스북이 24억 명이라는 규모를 달성하자 네트워크 효과를 갖기 시작한다. 여기서 중요한 점은 엣지랭크를 동작시키는 가장 중요한 요소Input가 콘텐츠에 대한 사용자들의 '좋아요'와 '공유하기'다. 수많은 콘텐츠들이 제작되어 뉴스피드를 통해 유통되면서 그 안에서 모든 참여자들의 '좋아요'와 '공유하기'를 통해서 지지를 얻는다. 보다 많은 지지를 얻으면 보다 많은 사람들의 뉴스피드에 나타나게 된다. 아주 민주적인 콘텐츠 플랫폼이다.

과거의 미디어는 단선적이었기 때문에, 기자가 취재하여 콘텐츠를 생산하고, 신문이나 전파를 통해 소비자에게 전달하는 방식이었다. 신문이나 방송국이 미디어로서의 중립성과 공정성이 있으리라 여겨지던 시대도 있었지만 이 단선적인 비즈니스 모델이 지속적으로 대중의 신뢰를 얻기에는 한계가 있었다. 여기에 페이스북은 대중의 지지라는 새로운 방식의 콘텐츠 유통방식을 제시한 것이다.

페이스북의 미디어 운영원칙은 '개입 없는 자유로움'으로 요약할 수 있다. 흡사 언론의 자유를 이야기하는 것으로 느껴질 정도로, 실명 기반[10]의 페이스북은 자유로운 운영을 원칙으로 한다. 즉 페이스북은 개인정보관리와 같은 개인의 이익이 침해될 수 있는 영역에서의 간섭(가이드) 이외에 어떤 가이드도 제공하지 않는다.[11] 페이스북을 통해 유통되는 콘텐츠에 제한은 없다. 싸이의 '강남 스타일'과 같은 즐기기 위한 콘텐츠들도 있고 프랑스 대선 뉴스도 있다. 물론 우리 주위를 떠도는 수많은 사소한 소식들도 있고 어제 친구가 다녀온 식당에 대한 리뷰도 있다. 수많은 콘텐츠들이 24억 명이 가진 작은 권리에 의해 평가되고 이를 기반으로 유통되는 것이다. 페이스북 역시 기존의 선의 비즈니스를 면으로 만들어 모든 참여자들을 프로슈머, 즉 생산자이자 소비자로 만들었다. 모두의 참여라는 운영원칙은 페이스북에서는 당연한 원칙으로 자리 잡고 있다.

10
비실명 사용자가 존재한다. 하지만 친구 관계를 통해 실질적인 실명 확인이 가능하다는 관점에서 페이스북을 실명 SNS라 이야기할 수 있다.

11
최근에는 다양한 가짜뉴스 이슈로 홍역을 앓으며 최소한의 가이드를 제시하려는 움직임도 보이고 있다. 하지만 가이드가 일관되게 적용되지 않는다는 주장도 있어 논란은 여전하다.

아마존의 상거래 플랫폼

시작부터 시장은 플랫폼이었다. 시장이 열리면 판매자와 구매자가 모두 모여 거래를 시작했다. 거래라는 개념이 기본적으로 플랫폼이 가진 양면시장의 특징을 갖고 있기 때문이다. 변화는 인터넷이 일반화되면서 온라인을 통한 거래가 오프라인 거래를 대체할 수 있다는 상상을 하면서부터다.

이러한 온라인 상점을 만든 기업은 미국의 이베이e-bay이다. 이베이는 오픈마켓의 원형을 만들었고 인터넷상에서 판매자와 구매자를 모았다. 처음에는 자신이 가진 물건을 파는 C2C 형태로 시작했지만 곧 전문적인 판매상들이 모여드는 B2C 형태가 주종을 이루게 된다. 이베이가 제시한 가장 중요한 플랫폼 도구는 서로가 얼굴을 볼 수 없는 양면시장의 참여자들을 위한 신뢰를 제공하는 것이었다. 판매자와 구매자를 모두 평가했고 거래의 성사를 위해 중간에 에스크로라는 서비스를 제공했다. 이베이를 신뢰한다면 온라인상에서의 거래는 어렵지 않았다.

이렇게 이베이가 만들어 놓은 온라인 상거래를 한 단계 업그레이드 시킨 사업자가 바로 아마존이다. 이베이가 온라인 상거래를 통해 낮은 가격과 폭넓은 상품 구색을 만들어냈다면 아마존은 인터넷 상거래의 품질을 올려놓았다. 아마존은 1996년 창업 이후 지속적인 물류 인프라를 확대하면서 배송이라는 인터넷 상거래의 가장 불확실했던 영역의 품질을 개선하고 있다. 이제는 모든 주문의 50퍼센트를 아마존이 책임지는 배송을 진행하고 있다.

아마존이 시장에 제시한 플랫폼 도구는 물류 인프라이다. 서울의 여의도 면적에 맞먹는 창고를 보유하면서 수많은 판매자들의 물류를 대행하는 FBA Fulfilment By Amazon[12]는 판매자들에게 무척 매력적인 도구다. 뿐만 아니라 1년에 119달러로 모든 배송[13]을 무료로 제공하는 아마존 프라임은 다양한 콘텐츠 서비스와 더불어 이미 미국에서 1억 명 이상을 플랫폼으로 끌어들였다.

시장은 이미 평면이었다. 단지 어떤 플랫폼이 참여자들에게 더 매력적인가가 문제였고, 인터넷이라는 새로운 기술의 진보를 바탕으로 더 편리한 상거래를 어떻게 만드느냐가 플랫폼 성공의 관건이었다.

애플의 모바일 플랫폼

노키아의 몰락을 이야기하면서 이미 모바일 플랫폼에 대해 언급했었다. 단선적인 휴대폰 제조사였던 노키아에 비해서 애플은 모바일이라는 생태계 전체를 평면으로 설계했다. 그 당시 모바일 생태계는 기기 제조사, 모바일 콘텐츠 공급자CP 그리고 통신사업자로 나누어져 있었

12
'Fulfilment by Amazon'은 'Fulfilment by Merchants'에 상대되는 표현으로 상품의 보관, 포장, 배송을 판매자가 아닌 아마존이 대신하여 수행하는 것을 뜻한다. 상품에 따라 보관비, 픽킹 포장비, 배송비를 모두 별도로 계산하여 판매자에게 청구한다. 아마존이 갖고 있는 대규모 설비와 볼륨 계약의 이점을 통해 판매자 개인이 수행하는 것보다 비용적인 우위를 갖는다.

13
아마존프라임 대상 상품만을 의미한다.

다. 모바일 인터넷이라는 통신망은 만들어졌으나 이메일, 검색, 음악, 게임 등 무언가 제대로 된 서비스는 존재하지 않았다. 음성통신으로 이익을 챙기던 무선통신사들은 엄청난 양의 트래픽이 모바일 환경에서 발생하는 것을 원하지 않았고 고가의 부품이 필요한 스마트폰은 기기 제조사에게 계륵이었다. 모바일 콘텐츠 공급자들은 그저 두 거인이 시키는 대로 할 뿐 아무런 힘이 없었다. 세 개의 선들이 따로 노는 그런 시장이었다.

여기에 애플이 아이폰을 제시했다. 현재 존재하는 기기보다 두 차원 높은 스마트폰은 소비자들부터 열렬한 환영을 받았고, 개발 툴과 앱 스토어라는 전에 없던 새로운 도구를 제공하자 수많은 솔루션과 콘텐츠들이 아이폰으로 몰려 들어왔다. 광장과 시장이 동시에 열린 것이다. 1,600만 명에 이르는 개발자들과 기획자들이 모바일 광장으로 들어왔고, 260만 개의 앱이 7억 명의 손님들에게 거래되기 시작하면서 완벽한 플랫폼이 형성되었다.

애플은 1984년 맥킨토시라는 개인용 컴퓨터를 만들면서 운영체제 OS, Operating System를 개발해왔다. 2001년 정식으로 출시된 macOS 10은 유닉스Unix를 기반으로 한 컴퓨터용 OS로, 아이폰의 iOS는 macOS 10을 기반으로 개발되었다. 이미 수많은 macOS 기반의 개발자들이 존재했고 이들에게 모바일이라는 새로운 시장을 애플이 열어준 것이다. 시장의 운영원칙은 단순했다. 30퍼센트를 앱 스토어가 운영비용으로 갖고 나머지를 개발자에게 모두 제공하는 것이다. 이 단순한 운영원칙은 모두에게 환영받았다. 세상은 모바일이라는 새로운 진보된 환경을 바랐고 그 환경을 애플이 만들었기 때문이다. 전형적인 플랫폼이었고 모두가 바라던 것이었다. 하지만 애플은 이 플랫폼을 모두에게 개방하지 않았다. 특히 단말기를 만들던 휴대폰 제조사들에게는 완전히 문을 닫았다. 새로운 세상이 열렸지만 노키아와 같은 기존 제조사들에게는 기회가 제공되지 않았다.

이 답답한 상황을 해소해준 것이 구글의 안드로이드였고, 안드로이드는 애플에게 소외된 단말기 제조사들의 유일한 해방구였다. 구글이 안드로이드를 개방형 플랫폼으로 제공했기 때문이다. 애플과 구글은 폐쇄와 개방이라는 관점은 다르지만 모바일 플랫폼을 만들었고 이를 통해 인류의 삶은 한 단계 진보했다.

플랫폼이 갖는 또 다른 의미

양면시장이 갖는 의미는 단지 대상으로 삼아야 하는 시장이 두 개라는 의미보다 훨씬 크다. 공급자와 소비자를 모두 아우르는 사업자로 자리매김한다는 것은 마치 산업의 새로운 그림을 만드는 것과 같다. 애플과 구글이 만들어낸 모바일 플랫폼처럼 플랫폼의 존재는 그 영역에서의 새로운 가치창조라는 진보적 변화를 만들기 때문이다.

배달의 민족이 제공하는 상품 혹은 서비스는 무엇일까? 아마도 배달음식을 찾는 소비자와 공급자를 연결하는 것일 것이다. 우리가 이미 알고 있는 일종의 알선·중개업이 배달의 민족 서비스이자 상품인 것이다. 그런데 우리는 배달의 민족을 알선·중개업이 아니라 음식배달 사업 자체로 인식하고 있다. 배달의 민족 광고를 봐도 소개업자가 아니라 음식배달 사업자로 느껴진다. 그래서 우리는 흡사 다양한 배달메뉴를 가진 음식사업자로 배달의 민족을 인식하고 있다. 이는 우리가 아마존과 쿠팡을 유통사업자로, 구글과 네이버를 지식사업자로, 페이스북을 미디어로 인식하는 것과 같다. 비록 이 플랫폼 기업들이 공급자로의 역할을 하나도 하지 않지만 우리는 이들을 자연스레 공급자로 인식하는 것이다. 우리는 쿠팡에서 물건을 샀고, 페이스북에서 그 소식을 들었고, 우버를 타고 왔고, 구글에서 지식을 얻어낸 셈이다.

이러한 착시가 일어난 이유는 무엇일까? 그것은 플랫폼이 가진 지향점이 공급자와 동일하기 때문이다. 단지 플랫폼은 단일 공급자로서의 지향점이 아니라 그 산업 전체로의 지향점을 갖고 있다는 점에서 다르다. 플랫폼이 양면시장을 대상으로 하지만 그 초점은 공급자에 있고 정확한 초점은 전체 시장에 있기 때문이다. 플랫폼은 공급자 전체를 대표함으로써 산업의 이미지를 갖는 것이다.

이 관점에서 플랫폼에 대해 경쟁이라는 개념 대신 성립이라는 개념을 이해해야 한다. 즉 플랫폼이 성립된다는 것은 이전에 존재하지 않았던 새로운 사업모델이 나타나는 것이다. 그래서 플랫폼에서 첫 번째 성공은 경쟁을 통한 것이 아니라 시장에서의 인정을 통해 성립된다. 플랫폼이 성립되는 것은 기존의 산업 행위보다 편리하거나, 고품질이거나, 공평하거나 보다 많은 가치를 창출하거나, 이전에 없던 가치를 만들어 내는 등 무언가 이전보다는 발전하는 모습을 만들어낸 것을 의미한다. 즉 이전보다 진보했다고 양면시장의 참여자들이 느끼는 순간 플랫폼은 성립된 것이다.

배달의 민족은 음식배달산업에서 편리라는 진보를 만들어내면서 플랫폼으로 성립되었다. 구글은 지식산업에서 검색을 통해 정확하고 공정하게 지식을 얻을 수 있다는 새로운 가치를 창조함으로써 플랫폼으로 성립되었고, 페이스북은 수많은 이야기들이 공정한 과정을 통해 전파된다는 가치를 만들어냄으로써 미디어 플랫폼으로 성립되었다. 아마존도, 우버도 마찬가지다. 그래서 플랫폼은 성립되는 것이 무엇보다 중요하다. 아무리 스스로를 플랫폼이라 주장해도 소비자가 인정해 주지 않으면 플랫폼으로 성립되지 않고 공급자들도 곧 자리를 뜨게 된다. 수많은 기업들이 스스로를 플랫폼이라 주장하지만 진정한 플랫폼으로 불리는 것이 많지 않은 것은 이런 이유에서다. 플랫폼에게는 현재라는 강력한 경쟁자가 존재하기 때문이다.

플랫폼의 성립과 균형

플랫폼은 양면시장의 인정을 통해 성립된다. 이 성립의 과정은 기술적 진보를 통해 이뤄지기도 하고 엄청난 인프라 투자를 통해 이뤄지기도 한다. 물론 아이디어와 간단한 웹페이지를 통해서도 만들어지기도 한다. 그래서 플랫폼 성립에서의 정답은 없다. 단지 양면시장의 참여자들로부터 성립이라는 인식과 인정을 만들 수 있으면 된다. 한 번 성립된 플랫폼이 영구적인 경쟁우위를 갖는 것은 아니다. 아마존처럼 현재의 플랫폼보다 한 단계 높은 가치창출이 가능하다면 플랫폼의 진화도 가능하다.

이베이가 오픈마켓으로 세상에 등장했을 때 거래 플랫폼이 성립되었다. 인터넷이라는 새로운 환경과 웹사이트에서 개인과 개인이 거래할 수 있게 한 것은 큰 가치의 창출이었기에, 시장은 플랫폼이 성립되었음을 인정했다. 유사한 플랫폼들이 경쟁자로 등장했지만, 이베이는 경쟁을 물리치고 독보적인 거래 플랫폼으로 자리 잡았다. 그러던 와중에 아마존이 등장했다. 아마존은 이베이가 만들어 놓은 오픈마켓에 새로운 플랫폼 도구인 '물류 인프라'라는 새로운 가치를 더해서 한 단계 높은 플랫폼으로 시장의 인정을 받는다. 이로써 새로운 플랫폼이 성립된 것이다.

이런 의미에서 플랫폼에서의 경쟁에는 두 종류가 있다. 하나는 현재 플랫폼 간의 경쟁이고, 또 하나는 현재의 플랫폼을 누르고 진보하려는 새로운 플랫폼과의 경쟁이다. 다른 플랫폼과의 경쟁을 이야기하기 전에 플랫폼은 먼저 성립되어야 한다. 그리고 그 성립의 필수조건으로, 양면시장의 균형이 맞아야 한다. 어느 한쪽으로 균형이 쏠리면 그 역시 플랫폼의 안정성을 해치기 때문이다. 그런 의미에서 시소 이론이 적용된다. 시소라는 놀이기구는 양쪽의 균형이 맞아야 즐길 수 있다. 마찬가지로 플랫폼의 양면시장이 모두 만족하는 원칙이 만들어질 때 플랫폼은 성립된다. 시소는 교차 네트워크 효과처럼 양쪽의 시장에 서로 영향을 미치는 것이 아니라 개별적으로 판단된다. 예를 들어 구글의 지식생산자들이 구글의 검색 플랫폼 운영에 불만을 갖거나 페이스북에서 콘텐츠를 유통하는 미디어 회사들이 페이스북의 새로운 뉴스피드 원칙에 동의하지 않는 것을 의미한다. 또한 아마존에서 상품의 판매자들이 아마존을 약탈적 플랫폼이라 생각하면 아마존이 그렇게 많은 상품을 공급하지 못할 것이다. 반면에 우버의 기사들은 우버가 상장하던 날 앱을 끄는 디지털 파업을 단행했다. 플랫폼의 한 축이 불만을 표시하기도 했다.

구글은 자신의 광고수입에서 검색결과를 만들어내는 지식 생산자의 몫을 늘려가려는 의지를 표하고 있다. 반면에 페이스북은 아직 단 한 푼의 광고수익도 콘텐츠 생산자와 나누지 않았다. 두 개의 플랫폼이 다른 역할을 담당하지만 광고수익이라는 시각에서 보면 페이스북이 뭔가 잘못하고 있는 것으로 보인다. 네이버에서 뉴스를 운영할 때 광고수익을 어떻게 할 것인가가 매우 중요했던 것처럼 페이스북은 자신의 시소가 기울어지는 것을 언젠가는 막아야 할 것이다.

플랫폼이 일반화되면서 지식, 미디어, 거래 영역을 넘어서 이동, 배달 영역까지 플랫폼 모델들이 나타나고 있다. 그 결과 플랫폼의 균형이라는 문제가 본격적으로 대두되기 시작하면서 플랫폼 노동자라는 새로운 개념도 등장했다. 이렇게 플랫폼의 성립은 균형 잡힌 성립으로 진화하고 있다.

중국 플랫폼의 도구와 원칙들

중국 플랫폼에서 보이는 도구들과 원칙은 구글, 페이스북, 아마존, 애플과 비슷하면서 다르다. 개개의 플랫폼이 추구하는 영역이 가진 특징은 유사한 반면 중국이 가진 폐쇄성은 다른 점이다. 검색과 미디어 영역은 구글과 페이스북 같은 개방성이 존재하지 않는다. 아직 중국 정부의 언론 검열 때문에 집단지성을 바탕으로 한 플랫폼의 성립이 어려워 보인다. 그리하여 뉴스 콘텐츠는 대부분 서비스의 형태로 바이두나 텐센트, 바이트댄스字节跳动, ByteDance의 토우탸오今日头条[14] 등이 제공하고 있다.

특히 모바일 시장의 후발주자인 중국은 자체 모바일 플랫폼을 갖고 있지 못하며, 애플의 iOS와 구글의 안드로이드가 유사한 비율로 시장을 차지하고 있다. 폐쇄된 시장이지만 모바일 시장에서는 글로벌화가 이루어졌다. 하지만 마지막 장에서 다루겠지만 미·중 무역분쟁의 한 요소로 이 모바일 플랫폼의 이슈도 등장한다.

중국 플랫폼의 도구가 가장 발전한 영역은 상거래 영역이다. 알리바바Alibaba와 징둥JD.com, 京东이 주도하고 있는 인터넷 전자상거래 영역은 중국이 아마존을 앞서가고 있다.

'중국의 아마존'을 추구하는 징둥은 당일 밤 11시까지의 주문을 다

14
가장 인기 있는 뉴스미디어 앱이다. 대부분의 기사들은 신문사에서 제작되고 승인을 받아야만 등재된다. 즉 아직은 다수에 의한 콘텐츠 제공이 이뤄지지 않고 있다.

음 날 밤 11시까지 배송하는 '중국 내 24시간 배송' 체제를 운영하고 있다. 한 걸음 더 나아가 '2시간 배송'도 시도하고 있다. 타오바오淘宝는 차이냐오菜鸟라는 물류시스템을 바탕으로 물류에서도 플랫폼을 만들어내고 있고, 마이진푸蚂蚁金服, Ant Financial(이하 앤트파이낸셜)라는 알리페이 서비스를 신용 서비스로 확대하고 있다.

이러한 중국 플랫폼들의 매력적인 도구와 운영원칙에 대해서는 이후 하나하나 살펴보도록 하겠다.

플랫폼은 어떻게 경쟁하는가

플랫폼은 성립되고 나면 본격적으로 성장하게 된다. 시장이 인정한 새로운 사업방식이기에 성장을 방해하는 요소는 거의 없다. 흡사 모두가 품질과 가성비를 인정하는 신제품처럼 플랫폼은 시장에 그렇게 받아들여진다. 미국에서 우버가 처음 시장에 소개됐을 때의 반응이 폭발적이었듯 말이다. 하지만 이러한 행복은 경쟁자가 시장에 들어오면서 사라진다. 동일한 방식으로 시장에 들어오는 경쟁 플랫폼이 존재하기 때문이다. 플랫폼은 비즈니스 모델이라는 특성상 일반 제품이나 서비스처럼 지식재산권으로 보호되지 않는다. 그리하여 플랫폼이 성립되면 많은 유사한 플랫폼들이 생겨나면서, 플랫폼 간의 경쟁이 시작된다.

이 플랫폼들 간의 경쟁은 전형적인 규모의 경쟁이다. 누가 먼저 의미 있는 규모에 도달하느냐가 플랫폼 간의 경쟁에 있어 무엇보다 중요하다. 양면시장이라는 특성이 주는 교차 네트워크 효과가 이 규모의 경쟁을 촉발한다.

네트워크 효과

네트워크 효과는 네트워크가 커짐에 따라 네트워크에 참여하는 사람들의 가치가 비약적으로 커짐을 의미한다. 플랫폼은 네트워크를 소유하는 주체이므로, 네트워크가 커진다는 것은 플랫폼의 가치가 커진다는 뜻이다. 그리고 이 확대는 가속도를 가질 뿐만 아니라 경쟁자를 무력화시키는 역할도 한다. 따라서 성립된 플랫폼이 달성해야 할 첫 번째 목표는 네트워크 효과를 만들어낼 수 있는 수준의 규모이다.

네트워크 효과의 가장 적절한 예로 카카오톡을 들 수 있다. 카카오톡을 사용하지 않던 가족 구성원 한 명이 카카오톡을 시작하는 순간 나머지 구성원들이 편해지는 효과를 네트워크 효과라 한다. 네트워크는 커지면 커질수록 그 가치가 커지기에 모든 네트워크형 사업들은 빠르게 규모를 키우려 노력한다. 플랫폼은 이런 맥락에서 네트워크형 사업이다. 양면시장의 공급자와 소비자가 모두 네트워크 효과를 받기 때문이다.

다시 말해 플랫폼이 성립되면 가능한 한 빨리 두 개 시장의 참여자 모두를 의미 있는 수준의 규모까지 성장시켜야 한다. 예를 들어 우버와 같은 승차공유 플랫폼은 서비스를 제공하고자 하는 공급자 수도 충분해야 하고 이를 사용하고자 하는 사용자 수도 충분해야 한다. 이러한 공급자와 소비자가 적절히 들어맞아 성장하는 것을 플랫폼의 선순환 성장이라 부른다.

전자상거래를 예를 들어 설명해보자. 이런 선순환 성장을 위해 오픈마켓은 공급자인 셀러를 모으는 동시에 미디어 마케팅을 통해 소비자에게 새로운 오픈마켓의 등장을 알리는 작업을 한다. 충분한 셀러 없이 시장을 여는 것은 물건 없이 시장을 여는 것과 같고, 충분한 고객 없이는 좋은 셀러를 모집하는 것도 불가능하기 때문이다. 여기에 교차 네트워크 효과라는 개념이 등장한다. 일반적으로 네트워크 효과는 한 개의 네트워크가 커짐에 따라 그 네트워크의 힘이 세지는 것을 의미하지만, 플랫폼에서는 두 개 시장의 네트워크가 서로 지원하면서 성장하는 한 걸음 나아간 효과를 의미한다. 플랫폼에서 교차 네트워크 효과가 발생하기 시작했고 나의 플랫폼이 규모에서 선두에 서 있다면 경쟁은 이미 끝났다고 볼 수 있다.

교차 네트워크 효과

교차 네트워크 효과는 의외로 큰 역할을 한다. 플랫폼이 양면시장을 지향하기에 교차라는 단어가 의미 있으며, 그 의미는 '의외의' 결과로 이어진다. 단면시장에서의 네트워크 효과는 그 네트워크를 가진 기업의 경쟁력으로 나타난다. 상품이 시장에 나와 네트워크 효과를 만들면 경쟁력이 올라가고 시장에서 위치가 강화된다. 하지만 다른 네트워크가 더 강해지면 내 시장에서의 지위, 즉 시장 지위는 낮아진다. 그러나 교차라는 단어가 들어가는 순간 그 의미는 완전히 바뀐다.

교차의 의미를 오픈마켓에 적용하면 이렇다. 판매자가 많아지면 가격이 내려간다. 가격이 내려가면 보다 많은 소비자들이 그 오픈마켓으로 모여든다. 소비자가 많다는 정보는 보다 판매자들을 그 플랫폼으로 모이게 만든다. 그 결과 가격은 더 내려간다. 교차 네트워크 효과는 이런 식으로 선순환을 만들어낸다. 단지 단일 네트워크에서의 효과와 다른 것은 경쟁자가 이 과정을 중단시킬 방법이 거의 없다는 것이다. 한번 기울어진 운동장을 다시 돌이키려면 이전과는 비교할 수 없는 자원이 투입되어야 한다. 대상 시장에 따라 소비자 규모를 먼저 키워야 할 때가 있고 공급자 규모를 먼저 키워야 할 때가 있다. 일반적으로 서비스에서 시작된 플랫폼들은 킬러 서비스를 통해 고객 규모를 만들고 플랫폼으로의 변신을 시도한다. 어떤 맥락에서든 규모의 확보가 중요하다.

이러한 교차 네트워크 효과가 존재하기에 플랫폼 경쟁에서는 규모가 중요하다. 그 규모가 어느 수준일지는 알 수 없지만 그 규모에 도달하게 되면 뒤따라오는 경쟁자를 손쉽게 물리칠 수 있기 때문이다. 한국의 전자상거래 시장에서 쿠팡이 무료 배송이라는 무기를 바탕으로 거래량을 지속적으로 끌어올리는 이유를 세부적으로 살펴보면 공급자 시장의 장악에 있다. 소비자는 통제가 불가능하지만 공급자들은 보다 많은 거래와 좋은 조건을 제공하는 플랫폼에 충성하기 때문이다. 이런 이유로 쿠팡은 물류센터 건설에 집중하고 있다. FBA의 수준까지는 아니지만 판매자 입장에서 단독으로 물류를 해결하는 것보다 쿠팡을 통해 대행하는 것이 훨씬 편리하기 때문이다.

결론적으로 교차 네트워크 효과를 얻기 위한 규모의 경쟁이 플랫폼 간의 경쟁에서 기본이다. 그렇기에 규모 확대를 위한 방법들이 바로 경쟁요소이다. 가장 핵심적인 요소는 개방과 공유이다. 개방은 대가 없는 플랫폼 도구의 제공을 의미하며 구글의 검색, 페이스북 같은 SNS 등 광장형 플랫폼들이 주로 사용하는 방법이다. 또 하나는 공유로, 플랫폼이 핵심자산을 만들어 참여자들과 나눠 쓰는 것이다. 정확한 의미에서 무료라 할 수는 없지만 사용자가 비용 대비 가치가 높다고 판단하기에 공유에 해당한다.

구글의 개방

규모의 경쟁을 위한 핵심전략으로 성공적인 플랫폼들이 개방과 공유를 어떻게 사용했는지 살펴보자. 먼저 구글은 검색이라는 서비스를 제공한다. 지식을 찾는 학생에게 구글은 분명히 무료 서비스이다. 검색어를 입력하고 검색결과가 나오면 이를 활용하면 된다. 이를 위해 지불하는 비용은 없다. 일단 무료라는 관점에서 개방적이다. 단지 이 과정에서 광고를 봐야 하는 비용 아닌 비용이 있다. 이는 검색결과를 활용하는 데 불편함을 주기도 하고 집중력을 흩트려 놓기도 한다. 구글의 비즈니스 모델이 광고이기에 이를 피해 가는 것은 불가능하다. 하지만 구글은 광고를 광고가 아니게 보이는 데 최선을 다하고 있다.

구글에는 애드워즈AdWords라는 솔루션이 있다. 검색결과 페이지에 구글의 광고가 게재되는 식이다. 애드워즈는 이 페이지에 있는 내용을 읽어서 어떤 내용이 있는지를 판단한 후 적절한 광고를 올리는 프로그램이다. 만약 페이지의 내용이 배터리에 대한 것이라면 테슬라Tesla의 신형 전기자동차에 대한 광고가 붙을 것이고, 애니메이션에 대한 페이지였다면 디즈니의 〈겨울왕국 2Frozen 2〉 광고가 붙을 것이다. 누가 봐도 적절해 보이는 광고를 페이지에 적용하는 것이 애드워즈의 목적이다. 검색 서비스의 사용자가 검색하는 과정에서 광고를 통해 느낄 수 있는 불편을 최소화하려는 노력이라고 이해할 수 있다.

애드워즈와 더불어 구글의 광고사업을 받치고 있는 핵심도구는 애드센스AdSense이다. 애드센스는 지식을 생산하는 공급자들에게 광고수입을 나누기 위한 장치이다. 검색결과에 노출되고 광고 수입이 발생하면 구글은 이의 68퍼센트를 공급자에게 제공한다. 광고라는 사업모델을 통해서 지식생산자들에게 자원을 공급하기 위한 공유의 도구인 것이다.

검색이라는 개방의 도구와 광고라는 공유의 도구가 만나는 과정은 또 하나의 플랫폼의 형태로 나타나고 있다. 광고를 집행하고자 하는 광고주와 광고라는 수익이 필요한 광고공간Ad Inventory을 가진 두 시장이 구글을 통해 만나고 있는 것이다. GDNGoogle Display Network이 바로 그것이다. 검색결과 페이지를 광고공간으로 만드는 솔루션인 애드센스는 수많은 인터넷상의 페이지를 구글의 광고공간 공급자로 만든다. 1초에 4만 건의 검색이 이뤄지는 구글에서 이 검색결과 페이지는 엄청난 광고공간의 역할을 한다. 이 광고공간을 채우는 것이 바로 광고주들이다. 구글이 매년 벌어들이는 1,000억 달러에 달하는 광고수입은 이들 광고주들로부터 온다. 그리고 다시 검색결과를 만드는 지식 생산자들에게 배분된다.

페이스북의 공유

페이스북은 SNS라는 서비스를 개방의 관점에서 무료로 제공하고 있는 것이 분명하지만, 그 외에도 우리가 잘 인식하지 못하는 공유 요소가 있다. 바로 플랫폼의 구조와 설계, 그리고 접근성에 대한 개방이다. 구글은 검색엔진이라는 핵심도구를 바탕으로 플랫폼을 운영한다. 검색엔진의 핵심원칙은 공유하지만 그 전부를 공개하지 않는다. 반면에 페이스북은 플랫폼의 모든 구조와 설계 그리고 가장 핵심이라 할 수 있는 회원들의 소셜그래프를 공개한다. 구조와 설계를 공개하는 것은 콘텐츠를 제작하는 공급자의 입장에서 24억 명의 고객이 있는 시장에 가장 효과적이면서 효율적으로 접근할 수 있다는 의미이다. 게임을 개발할 때 무엇이 가능하고 불가능한가를 아는 것은 모든 면에서 엄청난 차이를 만들어내는 것처럼 말이다.

또 하나 페이스북의 공유에 있어 가장 중요한 것은 소셜그래프의 공

페이스북은 연결의 힘이 얼마나 강력한지 잘 보여주는 플랫폼이다.

유이다. 소셜그래프는 일종의 관계정보로, 나의 일 촌이 누구이고 내가 누구를 통해서 누구를 알고 있는지를 보여주는 일종의 지도이다. 예를 들어 BTS를 홍보하는 마케팅홍보 대행사라면, 페이스북에서 누가 BTS를 좋아하고 누가 많은 친구를 보유하고 있는지뿐만 아니라 누가 활발하게 활동하는지 아는 것이 매우 중요하다. 물론 그 고객 정보의 구체적 내용을 공개하지 않지만 그 정보를 바탕으로 한 접근은 허용한다. 즉 페이스북은 콘텐츠를 배포하는 사람에게 원하는 고객으로의 접근성을 개방한다. 즉 마케팅 활동이 무작위적으로 이뤄지는 것이 아니라 페이스북이 가진 정보가 100퍼센트 활용되면서 진행된다.

페이스북은 광고를 통해 수익을 창출한다. 그 광고는 구글처럼 페이지의 내용에 부합되지는 않는다. 하지만 그 페이지 혹은 담벼락의 주인이 무엇을 좋아하는지에 따라 광고가 집행된다. 광고하는 기업들도 자신의 광고가 스팸으로 인식되는 것을 바라지는 않기에 페이스북의 광고는 담벼락의 주인이 좋아하는 것, 담벼락의 친구가 좋아하는 것, 담벼락의 주인이 좋아하리라 예상되는 것으로 채워진다. 페이스북이 공유하는 것은 바로 페이스북의 핵심자산인 참여자들의 정보이다.

이처럼 페이스북은 개인정보를 마음대로 활용하고 있다는 이유로 EU로 2조 원대의 벌금 처분을 받았다. 표면적인 내용을 보면 EU의 주장이 틀려 보이지 않는다. 하지만 대부분의 사용자들은 뉴스피드에 올라오는 콘텐츠를 거부하지 않는다. 내가 선택한, 내가 좋아하는 것들이기 때문이다.

애플의 공유

애플은 가장 고가의 스마트폰을 판매한다. 2019년 하반기 한국에 출시된 아이폰 11 Pro의 가격은 150만 원을 상회한다. 애플의 플랫폼에서 애플리케이션을 구매하려면 정해진 가격을 지불해야 하는데, 그중 30퍼센트는 애플의 몫이다. 그렇다면 애플은 무엇을 공유하고 있는 것일까? 현재 전 세계 애플의 고객은 7억 명 수준이다. 그리고 이

2019년 9월 20일 두바이 몰의 애플 스토어에서 아이폰 11을 구입하기 위해 들어오는 고객을 애플 스토어 직원들이 축하하고 있다.

출처: Gulf News

들은 2~3년에 한 번씩 새로운 기기를 구매하는데, 이것이 매년 2억 대라는 애플의 스마트폰 판매실적을 견인한다. 여기서 주목해야 하는 것이 애플이 만드는 아이폰이 주는 이미지이다. 물론 삼성의 추격으로 예전보다 매출이 많이 떨어지기는 했지만, 애플은 무언가 앞선다는 이미지를 주는 제품을 만들어내면서 '프리미엄' 이미지를 공유하고 있다.[15]

위의 사진을 보면 아이폰 11의 첫 구매자를 축하하는 장면이 보인다. 비록 삼성의 갤럭시 시리즈가 아이폰을 많이 따라잡기는 했지만 고객이 이런 축하를 받지는 못하고 있다. 제품을 먼저 갖기 위해 아직도 긴 줄을 기다리는 고객이 있다는 것은 이 제품이 갖는 혹은 이 제품을 통해 만들어내고 있는 플랫폼 생태계의 이미지를 공유하고 있다는 뜻이다. 애플은 이런 맥락에서 '프리미엄'이라는 이미지를 공유한다.

아마존의 공유

아마존은 미국의 전자상거래 시장에 두 가지 플랫폼 도구를 제시하였다. 아마존의 상대는 온라인의 이베이와 오프라인의 월마트Walmart였다. 이미 오픈마켓으로 가격과 상품 구색이란 측면에서 온라인 쇼핑은 충분한 경쟁력을 갖고 있었다. 하지만 배송이란 측면에서 넓은 미국 시장에서 신뢰 있는 서비스를 제공하지 못하고 있었다.

여기에 아마존은 FBA라는 판매자를 위한 도구와 아마존프라임이라는 멤버십 프로그램을 제공하고 있다. 판매자들이 FBA를 이용하기 위해 판매자는 창고비, 픽업 포장비, 배송비를 지불해야 한다. 그리고 모든 판매자가 FBA를 이용할 필요는 없다. 하지만 FBA는 수많은 판매자들이 이용하고 있다. 스스로 배송 과정을 처리하는 것보다 FBA를

15
주관적 판단일 수 있지만 애플은 전체 스마트폰 시장에서 발생하는 이익의 90퍼센트를 독점하고 있다. 삼성을 포함한 타 스마트폰 제조사들이 나머지 10퍼센트를 나눠갖고 있는 것이다. 시장에서 상대적인 우월함이 존재하기에 높은 가격을 유지할 수 있다는 점을 이익의 규모로 반증하고 있다.

아마존의 서비스

쇼핑	
무료배달, 가장 빠를 경우 당일 배달	회원만을 위한 기회 제공
기저귀 등 유아용품 멤버십 20퍼센트 할인	식료품 배달(2시간 배달, 한정된 지역만 제공)

엔터테인먼트	
무료 아마존프라임 비디오	무료 아마존 뮤직
무료 트위치 게임 중계	무료 전자책

이용하는 것이 저렴하고 편하기 때문이다. 플랫폼 도구를 만들어 시장 가격보다 낮은 가격으로 공급하는 공유가 이뤄지고 있다.

고객도 마찬가지이다. 고객은 연 119달러를 내면 차익일 배송, 특정 지역에서는 당일 배송과 2시간 배송이 모두 무료이다.[16] 이를 쿠팡의 무료 배송 멤버십인 로켓와우클럽 한 달 이용료가 3,000원인 것을 고려하면 비싸 보인다. 하지만 아마존은 여기에 멜론과 같은 디지털 음악, 넷플릭스와 같은 스트리밍 비디오, 전자책, 게임 중계 서비스인 트위치Twitch도 제공한다. 뿐만 아니라 아마존프라임 고객을 위한 특정 상품(예를 들어 기저귀와 같은 지속구매 상품)에 대한 할인과 이들만을 위

16
2019년부터 아마존프라임 멤버를 대상으로 한 차익일 배송 대상 지역을 늘려가기 시작했다.

한 이벤트도 제공한다. 이 모든 서비스를 모두 사용한다 가정하면 그 가치는 800달러에 달한다고 한다. 하나의 계정으로 전 가족이 사용할 수 있는 아마존프라임 멤버십은 이런 이유로 미국에서 이미 1억 명의 가입자를 보유하고 있다.

아마존은 좋은 도구를 만들어 그 가치보다 낮은 가격으로 플랫폼의 참여자들에게 제공하고 있는 것이다. 이것이 바로 아마존의 공유이다. 아마존은 지속적인 기술 개발[17]을 통해 비용을 절감하며 공유할 수 있는 가치를 만들어가고 있는 것이다.

플랫폼 경쟁의 종점, 독점

그런데 그 플랫폼에는 우리가 쉽게 생각하지 못하는 또 하나의 특징이 있다. 바로 승자독식의 원칙이다. 단면시장의 경우 경쟁자와 시장을 공유하는 것이 가능하다. 소비자들의 취향이 있고 소득수준도 있기에 다수 혹은 소수의 사업자가 동시에 시장에 존재할 수 있다. 하지만 플랫폼에서 시장의 공유는 불가능하다. 양면시장, 즉 생산자와 소비자 모두를 대상으로 하기에 플랫폼 간의 경쟁은 하나의 플랫폼이 남을 때까지 계속된다. 그러므로 조금 덜 좋은 플랫폼이라는 개념은 존재할 수 없고 가장 좋은 플랫폼이 선택된다. 그리고 하나의 플랫폼

17
키보(Kibo)와 같은 로봇회사의 인수를 통한 물류센터의 비용절감, 빅데이터를 통한 구매예측, 적절한 재고배치를 통한 물류비용절감 등을 지속적으로 수행하고 있다.

이 시장을 차지하게 되면 더 이상의 경쟁은 일어나지 않는다(물론 시장과 상황에 따라 일어나기도 한다).

이러한 플랫폼의 특징을 가장 쉽게 이해할 수 있는 사례가 인터넷 상거래이다. 오프라인에서는 거리상의 제약, 크기의 제약이 있지만 인터넷에서는 그 모든 것이 의미가 없다. 시장은 가장 큰 시장 하나가 존재하는 것이 공급자나 소비자 입장에서 보면 효율적이자 이상적이기에 가장 우월하고 큰 시장만이 살아남는다. 한 플랫폼으로 소비자가 쏠리면 판매자들은 그 플랫폼으로 이동한다. 그 결과 해당 플랫폼은 더욱 많은 상품 구색과 낮은 가격을 보여주고 이는 더 많은 거래와 고객을 낳는다. 이런 현상은 한국의 전자상거래에서 명쾌하게 드러난다. 쿠팡의 독주가 시작되자 공급자의 쏠림이 발생하는 것을 보면 알 수 있다. 누군가가 이 쏠림을 저지하려면 엄청난 자원의 투입이 필요하다. 쿠폰이나 이벤트와 같은 방식으로 대응할 경우 그 비용은 모두 휘발성일 것이고 물류 인프라로 대응하기에는 요구되는 투자의 규모가 너무 크다.

규모확보가 어려운 플랫폼

대부분의 플랫폼은 교차 네트워크 효과를 통해서 규모가 빠르게 커진다. 하지만 모든 플랫폼에서 이러한 효과가 나타나는 것은 아니다. 어떤 시장에서는 이 효과가 아주 전형적으로 나타나지만 그렇지 않은 시장도 존재한다. 가장 대표적인 예가 우버 같은 승차공유 플랫폼이다. 차량이나 기사와 같은 오프라인 요소가 관여하면서 네트워크 크기는 생활의 범위로 제한된다. 이동이라는 관점에서 네트워크의 최대 크기는 도시 단위로 한정되기 때문이다. 그런 이유로 우버의 네트워크 크기는 매우 작기에 다른 플랫폼처럼 한번 만들어낸 독점적 위치가 공고하지 않다. 경쟁 플랫폼이 쉽게 포기하지 않는다는 뜻이다.

이런 현상은 배달의 민족 같은 배달 플랫폼에서도 나타난다. 음식을 만드는 식당의 범위는 매우 작고 식당의 생산능력도 제한되기에 네트워크 크기 역시 매우 작다. 배달 플랫폼의 경우 단위 네트워크를 동이나 구 단위로 정의할 수도 있다. 즉 배달의 민족이 강남구에서는 강하지만 용산구에서는 배달통이 지배적 사업자일 수 있다는 뜻이다.

이러한 네트워크의 크기로 인한 경쟁의 지속은 공급자나 소비자 모두 다수의 플랫폼을 사용하는 양상으로 나타날 수 있다. 즉 플랫폼 간의 경쟁이 지속되면서 그 누구도 시장을 지배할 수 없는 교착상황이 발생할 수 있다. 현재 우버와 리프트Lyft가 미국 시장을 두고 벌어지는 상황이 바로 이런 모습이고 이러한 경쟁은 두 기업 모두에게 막대한 적자를 안겨주고 있다. 반면에 한국의 배달 플랫폼에서 배달의 민족이 요기요, 배달통과의 합병을 결정한 것이나 중국의 승차공유 플랫폼의 맹주인 디디추싱이 경쟁자를 인수함으로써 독점을 만들어낸 경우처럼 인수합병을 통해 시장 공유하는 해법도 존재한다. 이동이나 배달시장에서 전형적인 플랫폼의 모습을 보이지 못하는 이유는 네트워크의 크기가 작기 때문일 것이다. 하지만 이후에 자세히 설명하겠지만 디디추싱의 사례를 보면 이 역시도 궁극적으로는 독점에 이르는 지향성을 갖는다. 어딘가 균형을 흔들리게 하는 포인트가 존재할 것이기 때문이다.

중국 플랫폼의 개방과 공유

플랫폼은 이런 방식으로 공유를 통해 개방을 완성한다. 문을 열어 두고 들어온 참여자에게 무료로 핵심 도구를 제공할 뿐만 아니라 나아가 모두가 갖고 싶어 하는 것을 만들어 제공한다. 개방과 공유의 개념은 자신이 가진 것을 양면시장의 참여자와 나누는 것을 의미하며 플랫폼은 이를 통해 성장한다. 플랫폼이 성립되고 플랫폼 간의 경쟁이 시작되면 누가 얼마나 매력적인 도구와 공정한 원칙을 갖고 있느냐가 중요하다. 거기에 누가 더 많이 나눠주는가는 플랫폼 경쟁에서의 승자를 결정하고 성장의 속도를 배가시킨다. 그리고 이 개념은 중국에서도 여실히 적용되고 있다.

중국에서 알리바바는 무료 수수료와 이전에 존재하지 않았던 인터넷 지불 수단인 알리페이를 만들어 타오바오라는 전자상거래 플랫폼을 성장시켰다. 단순히 마켓플레이스를 제공하는 것만으로 중국의 온라인 유통은 성장하기 힘들었기에 알리바바는 오픈마켓의 유일한 수익모델인 수수료를 포기하고, 거래활성화의 장애요소였던 지불방법을 해결했다.

위챗은 자신의 채팅 프로그램 위에 미니프로그램을 만들고 있다. 이를 통해 중국에 존재하는 수천만 공급자들에게 그들만의 홈페이지를 만들어주고 있다. 비용은 모두 위챗이 부담하기 때문에, 일반적인 홈페이지 제작처럼 큰 비용이나 시간이 들지 않고 홈페이지를 유지하기 위한 서버나 클라우드 비용도 전혀 들지 않는다. 그만큼 간단하지만 꼭 필요한 기능만 제공한다. 모든 서비스는 위챗에서 구동되고 위챗의 친구 관계, 결제 등 모든 서비스와 연동된다. 그리하여 중국에서 길거리 음식을 파는 상인도 위챗으로 결제할 수 있을 뿐만 아니라 자신만의 홈페이지를 가질 수 있다.

마윈은 2014년 투자자 서신Shareholder letter에서 다음과 같이 생태계에 대한 이야기를 전했다.

> 알리바바의 사명을 하나의 거대기업이 되어서는 안 되겠다고 결정했다. 우리가 개방, 협력, 번영하는 기업 생태계를 만들어야 생태계의 구성원들이 충분한 능력을 갖추고 참여하게 되고 그래야 비로소 우리의 고객, 즉 중소기업과 소비자에게 진정한 도움을 줄 수 있을 것이다. 이러한 생태계의 운영자이자 서비스 제공자가 되기 위해 우리의 모든 피땀, 시간과 정력을 쏟아부어 이 생태계와 이 생태계 참여자들의 지속적인 발전을 보장하고 지원할 것이다. 우리가 성공할 수 있는 유일한 방법은 우리의 고객, 우리의 파트너들이 성공하는 것이다.

아마존에서 볼 수 없었던 보다 큰 의미에서의 생태계를 알리바바는 생각하고 있다. 플랫폼이 국가 단위의 생태계로 진화할 수 있는 곳은 아마도 중국밖에 없을 것이다. 하지만 이러한 개념이 가장 플랫폼적이고 가장 개방적인 모습을 보이기에 단지 경탄스러울 뿐이다.

플랫폼은 어떻게 돈을 버는가

2019년 5월 유니콘의 상징이었던 우버가 미국의 나스닥에 상장했다. 우버는 구글, 페이스북, 아마존 등에 이어 이동이라는 영역에서 플랫폼을 성립시켰다. 그런데 우버가 80조 원이라는 기업가치를 공식적으로 인정받는 순간 우버 기사들은 우버 앱을 껐다. 일시적인 행위였지만 플랫폼의 한 축을 이루는 기사들이 우버의 잔칫날에 불만을 표한 것이다. 우버의 상장은 실망스럽게 끝났고 상장 후 주가는 하락 일변도였다.

우버는 과연 성공한 플랫폼일까? 우버가 이동이라는 영역에서 플랫폼으로 성립된 것은 사실이다. 활용되지 못했던 차량과 기사들을 시장으로 끌어들여 택시의 부족분을 채움으로 양면시장 모두가 환영하는 진보를 이루었지만, 현재 소비자에게 받는 사랑에 비해 공급자로부터는 원망과 질시를 받고 있다. 원망은 우버로부터 벌 수 있는 소득이 제한된다는 것이고 질시는 상장을 통해 수백억 원을 벌어가는 우버의 경영진들에 대한 것이다. 이러한 현상이 벌어지는 것은 우버의 수익이 수수료를 통해 발생하기 때문이다. 우버는 승객이 내는 운임의 20~25퍼센트를 수수료로 공제하고, 나머지를 기사에게 지급한다. 우버는 아직도 엄청난 적자의 늪에서 빠져나오지 못하고 있는 데도 불구하고 상대적으로 높은 수수료율로 기사들로부터 비난을 받고 있다.

물론 플랫폼이 기업의 형태를 취하기에 수익을 창출해야 한다. 대다수의 성공한 플랫폼들은 막대한 규모의 이익을 창출한다. 하지만 이러한 이익은 플랫폼이 성공한 결과이지 플랫폼이 처음부터 추구한 바는 아니다. 대부분은 미국의 VC[Venture Capital] 투자 생태계의 도움을 받아 수익의 창출이 거의 없이 플랫폼을 성립시켰기 때문이다.

플랫폼의 양면구조를 설계함에 있어 플랫폼 운영자가 수익을 추구하면 양면시장의 그 누구도 환영하지 않는다. 플랫폼 운영자가 수익을 추구한다는 것은 시장의 수익 일부를 플랫폼 운영자가 자신의 몫으로 떼어간다는 뜻이기 때문이다. 그러므로 플랫폼의 수익 추구에 생산자와 소비자 모두 민감하게 반응할 수밖에 없고, 양면시장 모두를 대상으로 매력도를 유지하기 위해 수익이라는 이야기를 쉽사리 꺼낼 수 없다.

여기서 등장하는 개념이 '수수료'이다. 수수료는 중개업자나 알선업자에게 지불하는 대가를 의미한다. 가장 대표적인 예가 부동산 중개인에게 지불하는 중개수수료이다. 플랫폼은 양면시장을 대상으로 하기에 양쪽의 시장으로부터 수익을 만든다면 '수수료'라는 표현이 적합할 것이다. 양쪽 시장을 만나게 해주고 받는 수익, 즉 수수료가 플랫폼의 가장 기본적인 형태의 수익이다.

문제는 플랫폼의 자연스러운 수익모델인 수수료가 플랫폼의 성립을 어렵게 한다는 데 있다. 수수료를 받는 소개, 알선, 중개의 모델은 이전에도 존재했고 그 모습을 인터넷에 대규모로 구현했다 해서 그 본질은 바뀌지 않는다. 그 대상이 무엇이든 말이다. 하지만 성공한 플랫폼 기업들은 이 수수료라는 개념을 자신의 플랫폼에서 잘 보이지 않게 만들었다. 수수료를 없애거나 수수료를 안 보이게 만드는 방법을 택한다.

그리하여 성공한 플랫폼 기업들은 기업이 추구하는 가치, 즉 플랫폼이 만들어내는 사회적 가치와 플랫폼의 재무적 성과를 위해 필요한 수익을 철저하게 구분하였다. 구글이 지식을 팔아 돈을 벌고, 페이스북이 미디어 장사로 돈을 번다는 그런 인식은 플랫폼의 성장에 장애가 되기 때문이다. 이렇듯 추구가치와 수익을 분리하는 것이 성공을 위한 마지막 요소이다.

독점의 대가

성공한 플랫폼은 독점적인 시장 지위를 갖게 되고, 이 지위는 시장과 규제집단으로부터 견제를 받게 된다. 언젠가 독점기업은 자신의 지위를 이용해서 시장의 후생을 저해할 것이라 예상되기 때문에 독점은 경제학적으로 부정적인 측면이 있다.

구글이 EU로부터 10조 원이 넘는 벌금을 처분받은 이유 역시 모바일, 검색, 광고라는 세 가지 영역 모두에서 독점적 지위 때문이었다. 하지만 EU의 주장대로 독점적 지위를 이용해 기업으로서 수익극대화를 위해 노력했다는 증거는 많지 않다. 다만 안드로이드라는 전 세계 75퍼센트 스마트폰을 지배하는 모바일 플랫폼 위에서 돌아가는 검색 플랫폼과 이를 기반으로 한 광고 플랫폼 간에 아무런 연관성이 없다고 주장하는 것도 설득력을 갖기 어렵다. 이 사건 이후 모든 플랫폼 기업이 독점이란 잣대에서 평가받을 가능성은 커졌다. 플랫폼 기업들이 수익이 아닌 다른 가치를 추구해야 하는 또 하나의 이유가 독점이라는 성공의 대가가 달콤하지만 쓰기 때문이다. 이런 이유로 성공적 플랫폼 기업들은 수익이 아닌 가치를 추구하는 모습을 보이고 있다. 이를 단순히 이미지 마케팅이라 보기에는 이들이 이 가치를 추구하기 위해 보이는 행동이 일반 기업들과는 많이 다르다.

구글의 추구가치와 수익분리

구글은 검색 서비스를 제공하면서 그 대가로 검색 사용자로부터 수익을 취하지 않는다. 검색에 참여하는 지식공급자와 지식소비자를 연결함으로써 창출되는 가치는 '지식과 정보의 공유'라는 경제적 개념을 초월한 사회적인 가치를 취할 뿐이다. 구글은 이 가치를 추구하면서 거대한 플랫폼으로 성장했고 그 이면에 광고라는 비즈니스 모델을 독립적으로 구축했다. 즉 가치를 창출하는 플랫폼의 고유기능과 수익을 창출하는 기능을 분리하여 설계한 것이다. 구글의 검색을 사용해보면 광고와 검색 서비스는 아무런 관련이 없어 보인다. 구글은 검색결과와 어울릴 만한 광고를 선별하여 게재하는 방식으로 애드워즈와 애드센스라는 도구를 활용한다. 양면시장 참여자들의 눈에는 구글이 검색 과정에 명시적으로 수익을 추구하는 것으로 보이지는 않는다. 즉 수익모델이 '지식과 정보의 공유'라는 가치와는 분리되어 보인다. 그 결과 구글은 경제적인 수익을 추구하는 것이 아니라 지식 공유라는 본질 가치를 추구하고 있는 것처럼 비친다.

여기에서 한발 더 나아가 구글이 '지식과 정보의 공유'라는 가치를 추구하는 모습은 다양한 방식으로 나타난다. 저궤도에 풍선을 띄워 인터넷 접속이 되지 않는 지역에 인터넷망을 만드는 프로젝트 룬Project Loon이나 세상의 모든 도서를 스캔하여 지식을 보존하려는 구글 라이브러리Google Library 프로젝트는 이러한 가치 추구의 대표적 사례이다. 구글은 안드로이드, 픽셀폰, 파이네트워크 등 '지식과 정보의 공유'를 위한 수많은 프로젝트들을 진행하면서 자신이 수익을 추구하는 기업이 아닌 세상의 모든 지식과 정보를 모두에게 접근할 수 있고 유용하게 만드는 기업으로 인식되기를 바라고 있다.[18]

18
구글은 스스로의 미션을 다음과 같이 정하고 있다. 'Our mission is to organize the world's information and made it universally accessible and useful.'

페이스북의 추구가치와 수익분리

페이스북도 마찬가지다. 참여자의 지지를 통해 콘텐츠를 유통하는 페이스북은 공정하고 중립적이며 독립적인 이야기를 나누는 장소이다. 이곳에서는 누구나 미디어에 참여할 수 있고 유통되는 콘텐츠를 무료로 누릴 수 있다. 페이스북이 제공하는 가치는 '새로운 미디어'로서의 가치이지, 금전적 가치가 아니기 때문이다. 수익은 뉴스피드를 통해 제공되는 콘텐츠 중에 슬그머니 들어오는 '스폰서Sponsored' 광고로 만들어진다. 구글의 애드워즈와 마찬가지로 회원의 성향에 맞추어 거슬리지 않을 수준의 광고가 집행된다. 페이스북이 만들어내는 가치는 미디어로서의 가치이며, 광고를 통한 수익은 역시 본질 가치와 분리되어 있다.

하지만 페이스북은 구글처럼 자연스레 광고를 노출할 방법이 없다. 누군가의 뉴스피드 중간에 들어가는 광고는 아무리 자연스러워봐야 광고일 수밖에 없다. 이런 이유로 2018년 뉴스피드에 상업적 콘텐츠를 대폭 줄이는 개편을 단행한다. 물론 알고리즘의 정책 변경을 통해 친구와 가족들의 콘텐츠가 보다 많이 보이도록 변경한 것이다. 결과는 페이스북의 수익은 급감했고 하루 만에 1,000억 달러라는 기업가치가 증발했다. 이러한 페이스북의 행동은 상식적인 기업의 행동으로 비치지 않았고 추구하는 가치가 일반적 기업과는 다르다는 인식을 만들었다. 페이스북은 자신을 따뜻한 인간관계를 기반으로 한 미디어로 정의하며 세상을 보다 개방되고 연결되게 만드는 것이 미션이라 이야기한다.[19] 이에 대한 단적인 예로 페이스북은 공유라는 개념을 맹신하는 것을 들 수 있다. 매년 열리는 개발자회의의 명칭을 'F8'이라 칭한 것을 보면 잘 알 수 있다. F8을 빠르게 발음하면 'fate', 즉 운명이 된다. 사업 초기부터 페이스북은 개방과 공유라는 운명적 사명을 통해 성장해야 한다는 철학적 배경을 이 이름에서 드러낸다.

미디어 플랫폼으로서 페이스북은 지속적인 권력집중에 대한 견제를 받고 있다. 페이스북의 등장은 미디어 업계의 지각변동을 만들면서 더 이상 신문이나 잡지는 (예전만큼) 팔리지 않는다. 모두가 페이스북을 포함한 인터넷 광고에 의존하게 된다. 이 결과는 황색언론Yellow Journalism[20]의 범람이다. 이 문제를 돌파하기 위해 페이스북은 페이스북 저널리즘 프로젝트Facebook Journalism Project를 운영하고 있다. 이는 고품질의 뉴스와 논평을 지원하는 프로젝트로, 독점적 지위를 가진 미디어로서 핵심 콘텐츠인 뉴스와 논평의 품질을 올리려는 노력을 보이고 있다.

19
페이스북은 미션을 2017년 'Making the world more open and connected'로 변경한다. 2004년 설립 시 미션은 'To give people the power to build community and bring the world closer together'이었다.

20
선정적인 주제를 바탕으로 독자의 주목을 받아내는 언론을 뜻한다. 인터넷상에서 광고 모델이 일반화되면서 황색언론이 많아지기 시작했다.

아마존의 추구가치와 수익분리

아마존은 거래 플랫폼의 특성상 중간자Middleman로서 수수료라는 수익을 취한다. 명시적으로 플랫폼이 수익을 취하는 모습을 보일 수밖에 없다. 하지만 아마존은 두 개의 시장 중 소비자에 천착함으로써 이러한 추구가치의 문제를 해결하였다. 오픈마켓이 단순히 판매자와 구매자를 연결함으로써 수수료를 받는다면 아마존은 고객을 위한 가게를 만들기 위해 투자하고 판매자와 구매자들로부터 그 인프라를 사용한 대가를 받는다. 소비자를 찾아준 대가로 거래 수수료를 받는 것이 아니라 나의 인프라를 활용한 대가를 받는다는 의미이다. 종이 한 장의 차이로 느껴지지만 아마존의 고객지향과 인프라지향이라는 원칙이 이런 이미지를 만들어내고 있다.[21]

유통 역시 다른 사업과 다를 바 없이 경영의 제1 목표는 수익창출에 있다. 하지만 아마존은 스스로를 'unStore'라 명명하며, 철저히 소비자에 집중하면서 수익을 제로에 맞추려는 노력을 지속해왔다. 즉, 아마존은 소비자를 위한 거래이며, 기존의 공급자 중심의 유통 혹은 거래를 소비자 중심으로 옮기는 것을 지향한다. 아마존이 추구하는 가치는 소비자를 위한 가게이고, 판매자와 구매자에게 인프라를 빌려주

21
아마존은 판매자들에게 FBA를 제공하면서 역시 수수료를 받는다. 형식적으로 보면 당연히 고객을 소개하는 수수료의 개념이다. 단지 고객에 대한 강조, FBA를 통한 셀러를 대상으로 한 서비스 제공이 수수료를 전면에 드러나지 않도록 하고 있다.

고 받는 금액을 수익가치로 보이게 만들고 있다.

현실적으로 상거래라는 사업에서 수익을 추구하지 않기란 어렵지만, 아마존의 재무성과를 살펴보면 수익을 0퍼센트에 근접시키려는 노력이 보인다. 발생하는 모든 수익을 유통센터와 다양한 고객 편의 도구 개발에 투자하기 때문이다. 실제로 2019년 들어 매 분기 영업이익은 감소하는 모습을 보였다.[22] 또한 투자설명회에서 현재의 차익일 배송을 익일배송One day delivery으로 바꾸기 위한 투자를 집행하고 있다고 발표했다. 소비자의 입장에서 아마존의 이 노력을 수익 추구로 이해하기는 쉽지 않다. 고객 중심의 회사라는 아마존의 미션을 보면 매우 직설적이다. 고객이 편리하게 모든 상품을 살 수 있는 가게가 바로 아마존이 추구하는 바이다.

수수료를 통한 수익추구

우버는 아마존과 명확히 다른 모습을 보인다. 우버는 플랫폼을 통해 이뤄진 매출의 20~25퍼센트의 수수료를 수익으로 가져간다. 플랫폼이 설계되는 시점부터 정해진 원칙으로, 이 원칙을 가지고도 충분히 매력적인 양면구조를 설계해냈다. 이러한 설계가 어떻게 가능했을까?

승차공유 서비스가 처음 시작된 미국의 서부 지역은 이동 서비스라

22
아마존은 2019년 1사분기 44.2억 달러, 2사분기 30.8억 달러, 3사분기 30.2억 달러의 영업이익을 보고했다.

는 측면에서 보면 시장실패가 발생한 곳이다. 사람들의 이동에 대한 니즈는 많았지만 택시 공급은 충분하지 못했고 서비스도 훌륭하지 못했다. 즉 개인이 제공하는 승차공유라는 서비스가 성공할 가능성은 충분했다. 그래서 우버의 등장은 양면시장 모두에게 승차공유 영역에서 새로운 가치를 창출했다. 우버는 이 중 일부를 플랫폼의 몫으로 가져갔고 우리는 이를 수수료라 부른다.

우버의 성공 잔치에 기사들이 앱을 끄는 스트라이크를 한 것은 우버의 추구가치와 수익가치가 동일하기 때문이다. 우버는 승차공유라는 가치를 키우는 것이 플랫폼의 목적이다. 동시에 수익도 추구한다. 만약 우버가 수수료 없이 플랫폼을 운영했다면 우버 앱을 끄는 그 날의 사건은 발생하지 않았을 것이다. 물론 적자 폭은 훨씬 더 커졌겠지만 말이다. 우버가 규모확보를 통해 적자의 늪에서 벗어나더라도 우버의 수수료는 지속적으로 견제를 받을 것이다. 그 견제는 단순히 기사들의 낮은 수수료 요구만이 아니라 낮은 수수료로 시장에 진입하고자 하는 경쟁자로부터 올 것이다.

중국 디디추싱의 수수료는 20퍼센트 남짓이다. 경쟁의 과정에서 수수료의 대부분이 기사들의 보조금으로 나가고 있기에 아직은 기사들의 불만이 크지 않다. 하지만 언젠가 디디추싱이 흑자로 돌아서고 기사를 위한 보조금이 사라지면 어떤 일이 벌어질지는 예상이 가능하다. 메이투안디엔핑美团点评(이하 메이투안)이 새롭게 이 시장에 진입하면서 선언한 수수료는 8퍼센트인 것만 봐도 알 수 있다. 디디추싱이 흑자로 돌아서는 순간 그들을 기다리는 것은 명백한 수수료 인하일 것이다.

플랫폼 기업의 가치

플랫폼 기업이 시장을 독점하게 되면 새로운 형태의 도전에 직면한다. 독점이라는 권력은 어느 때건 마음만 먹으면 권력을 수익으로 바꾸는 것이 가능하다. 따라서 플랫폼이 성립되고 규모가 갖춰지면 보다 조심스레 수익화를 설계해야 한다. 물론 영원히 수익화를 미룰 수는 없지만 참여자들의 이익과 직결되는 수수료의 개념은 감춰질 필요가 있다. 또한 후생저하라는 독점의 폐해를 정부가 언제나 주시하고 있다는 점을 기억해야 한다. 너무 많은 권력이 플랫폼에 몰리는 순간 그 권력을 약화시키려는 권력이 있기 마련이다.

플랫폼은 양면시장이라는 기존의 단선적 사업형태와는 완전히 다른 특징을 갖는다. 즉 두 시장 모두를 대상으로 삼는 새로운 사업형태가 플랫폼이다. 양면시장을 대상으로 하기에 시장에서 인정을 받는 '성립'이라는 표현이 생겨나고, 양면시장이기에 교차 네트워크 효과라는 '규모'를 추구해야 하는 이유가 존재한다. 그리고 그 결과가 권력의 독점, 시장의 독점이라는 이상적이면서도 부정적인 모습으로 귀결되기에 수익화라는 관점을 언제나 고민해야 한다.

플랫폼은 이런 의미에서 기업가들이 꿈꾸는 환상의 세계로 여겨질 수 있다. 하지만 그 플랫폼으로 경제를 만들어가는 나라가 있다. 거래,

커뮤니케이션, 이동, 검색, 미디어, 콘텐츠 등 모든 영역이 플랫폼으로 해결되는 곳이 바로 중국이다. 중국의 플랫폼은 지금까지 설명해 온 미국의 플랫폼들과는 조금 다르다.

중국은 한국과 가장 가까운 거리에 있는 국가이다. 그리고 중국이 경제 강국으로 등장할 것이라 이미 예상되어 있다. 중국 플랫폼을 이해하는 것은 다가올 미래를 대비하는 길일 것이다.

2

플랫폼의 정석을 보여주다, 알리바바

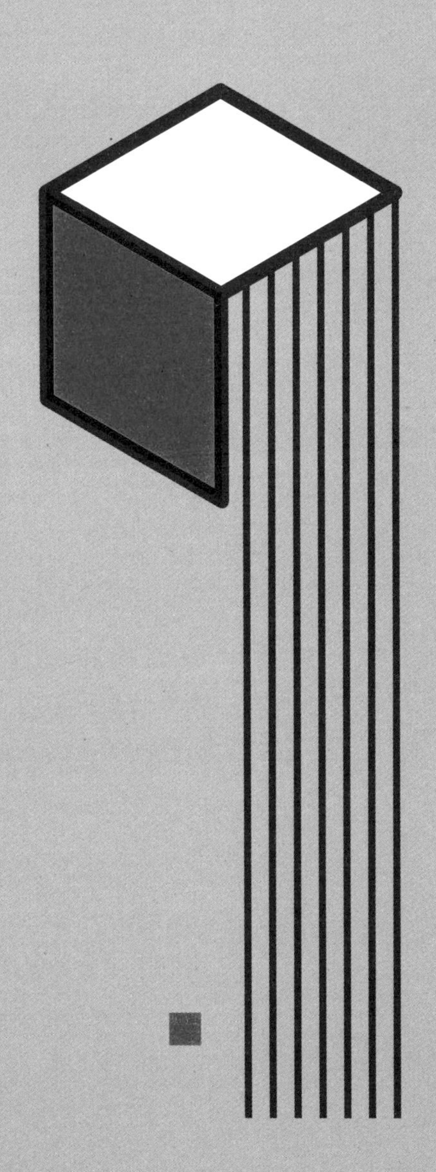

CHINA PLATFORM

카카오 모빌리티의 대리운전은 전형적인 플랫폼 중 하나이다. 대리기사를 하고자 하는 공급자와 대리기사를 필요로 하는 수요자를 최적으로 연결해주는 것이 플랫폼의 핵심 도구이며, 이를 통해 대리운전이라는 기능이 진일보하는 결과를 낳았다.

카카오 모빌리티는 최근 서포터즈라는 새로운 기능을 선보였다. 밤 9시부터 새벽 1시까지 카카오대리 파트너기사로 등록하면 실적에 관계없이 4시간에 56,000원(시급 14,000원)을 지급하기로 한 것이다. 등록된 대리기사는 4시간 동안 카카오가 지시하는 대리기사 업무를 수행해야 하며 불가피한 경우가 아니면 지시된 업무를 거부할 수 없다. 대리기사는 보다 많은 콜을 받기 위해 손님을 재촉할 필요 없이 친절하게 4시간의 근무를 수행하기만 하면 된다. 서포터즈는 지원자 중에 지난 4주간의 운행이력을 분석하여 오더 취소비율, 과실사고, 평점을

카카오 서포터즈 모집 공고.

출처: 카카오 모빌리티

기준으로 선발한다. 아마도 프리미엄 대리와 같은 형태의 신규서비스가 이 서포터즈를 통해 제공될 것으로 보인다. 카카오 모빌리티의 설명을 보면 긴 시간 대기를 원하는 경우나 회사의 임원, VIP 손님을 모시는 경우, 그리고 환자 이송과 같은 섬세한 배려가 필요한 경우 등 한 차원 높은 서비스를 요구하는 고객을 대상으로 이를 준비하다고 밝혔다.

이처럼 카카오는 새로운 서비스를 도입하려는 것이다. 현재의 카카오 기사들이 예상하는 것처럼 서포터즈 기사들에게 먼저 일거리를 제공하거나 서포터즈가 아닌 기사에게 자투리 업무를 배정하지는 않을 것(물론 이는 신뢰의 문제이다)이며, 높은 가격의 프리미엄 서비스가 새롭게 등장할 것이다. 우린 이런 프리미엄 서비스의 제공을 이미 카카오택시에서 경험한 바 있다(스마트호출, 여성전용택시 등).

개방된 플랫폼에서 일정한 수준의 품질을 유지하는 것은 쉽지 않다. 카카오는 중개하는 역할만 할 뿐 실질적인 서비스의 제공은 대리기사와 손님 간에 이뤄지기 때문이다. 물론 어느 정도 수준의 품질관리는 가능하지만 제한적이고, 이 역시 사후적인 평가로만 가능하다. 하지만 카카오가 직접 운영하는 서비스 형태로 만들면 보다 높은 수준의 관리가 가능하다. 일단 고객으로부터 낮은 평가를 받으면 카카오 서포터즈 기사로 참여가 불가능하고, 고정급이기에 기사들에게 새로운 수준의 품질을 요구할 수 있기 때문이다. 밤 9시부터 새벽 1시까지 서포터즈는 카카오 모빌리티의 계약직 직원[1]이 되는 셈이다.

하지만 이 서비스가 도입되면 대리기사 소득의 하향평준화라는 이슈가 발생한다. 대리를 부르는 고객의 특성상 가격에 매우 민감한 계층은 아니다. 그리고 음주 후에 이용하는 서비스의 특성상 프리미엄 서비스가 주는 가치는 기존의 서비스보다 높을 수도 있다. 즉 이 서비스의 등장으로 많은 콜들이 신규 프리미엄 서비스로 이동할 수 있고 그 결과 기존 방식에 의존하던 대리기사들의 콜이 줄어드는 결과가 나타날 것이다. 결국 많은 대리기사가 이제 밤 9시부터 새벽 1시 사이

1
이를 플랫폼 노동자라 정의할 수 있다. 현재 플랫폼 노동자에 대한 정의는 명확하지 않지만 공급자가 노동자가 되는 개념과 플랫폼의 핵심 도구로 일하는 두 가지 경우가 존재한다. 카카오 파트너즈의 경우는 핵심 도구로 일하는 형태이다.

에는 56,000원의 소득에 만족해야만 하는 결과가 나타날 수 있다. 물론 새벽 1시 이후에는 플랫폼에서 추가적인 소득을 만들 수 있지만 피크 타임에서의 수익이 고정된다는 한계가 있다. 대리기사를 전업으로 하는 기사들의 월 소득이 300~400만 원에 이른다는 점을 감안하면 생계형 대리기사들에게 카카오의 신규 서비스는 반갑지 않은 뉴스일 수밖에 없다. 피크타임 소득만 감안하면 25일을 근무한다고 했을 때 소득이 140만 원에 불과하기 때문이다.[2]

반대로 서비스 제공을 통해 품질은 일정 부분 상승할 여지도 존재한다. 카카오가 보다 상세하게 대리기사의 품질을 관리할 수 있을 것이고 대리기사는 카카오의 피계약자이기에 이러한 관리가 가능할 것이다. 적절한 관리를 통해 일하기 싫은 날에 업무를 한 기사는 인센티브를 받을 수 있기에 비가 와도 어느 정도 수준의 기사 확보는 가능할 것이다. 또한 온전히 나의 시간만 제공하면 되는 환경(콜을 잡기 위해 스마트폰을 계속 봐야 하는 데서 오는 긴장상황과 달리)은 보다 많은 사람들을 대리라는 환경으로 유인할 수도 있을 것이다. 이런 이유로 플랫폼에 서비스를 추가하는 것은 모든 플랫폼 사업자들에게 유혹이자 옵션이다.

플랫폼과 서비스에 대해 살펴보자. 먼저 플랫폼은 개방적이고 자유롭다. 즉 누구나 자신의 판단과 의지에 의해 일을 받을 수 있고 선택할

2
기본급을 140만 원으로 이해할 수도 있지만, 대리운전의 대부분의 소득은 밤 9시에서 새벽 1시 사이에 발생하므로 기존의 300~400만 원이라는 소득을 기대하기 쉽지 않다.

수 있다. 그러나 플랫폼을 운영하는 입장에서는 플랫폼의 제공가치가 일정하지 않을 수 있다. 축구 경기가 있는 날도, 비가 오는 날도, 추운 날도 대리기사를 필요로 하는 고객은 존재하고 대리기사가 고객의 상황에 맞춰 충분한 시간을 기다려 주기를 바라는 경우도 많다. 하지만 현재는 시간이 기사들의 자산이기에 플랫폼 운영자가 개입할 수 있는 여지가 없다. 시장은 술 취한 고객과 한 건이라도 더 뛰어야 하는 대리기사 간의 묵시적 합의에 의해 운영되기 때문이다. 즉 플랫폼의 품질이 공급자의 특성에 의해 낮아지는 결과가 발생하고 플랫폼 운영자는 이를 해결하기 위해 직접 개입하게 된다.

서비스 형태로 플랫폼 운영자가 플랫폼에 직접 개입하기 시작한 것은 아마존이었다. 오픈마켓이라는 시장에서 플랫폼 운영자는 판매자와 구매자를 만나게는 해주지만, 거래 그 자체에는 책임지지 않는다. 바꿔 말하면 품질을 끝까지 관리할 수 없다는 뜻이다. 그러나 품질을 올리고 싶었던 아마존은 플랫폼에 아마존이 직접 참여하는 서비스를 도입한다. 바로 FBA를 통해 판매되는 상품을 직접 관리하기 시작한 것이다. 모든 상품이 아마존 박스에 담겨 아마존의 이름으로 배송되면서 과거 판매자에게 의존했던 배송 방식보다 안정적이며 고품질의 서비스를 제공할 수 있게 되었다. 뿐만 아니라 이를 통해 경쟁자 이베이를 물리치게 된다.

아마존의 시작은 자신이 상품을 구매해서 직접 소비자에게 판매하는 것이었다. 이후 오픈마켓의 개념을 추가하면서, 이베이와 동일하

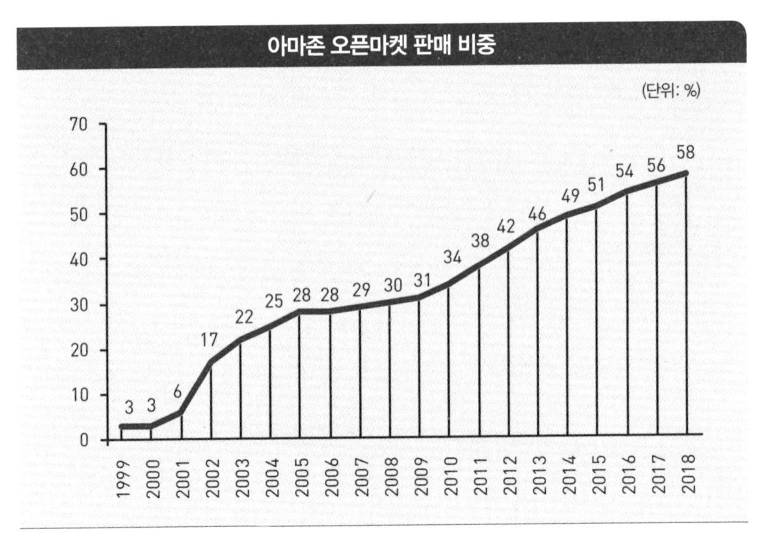

출처: 아마존 2018년 투자자 서신

게 오픈마켓 플랫폼을 운영하였다. 오픈마켓의 품질을 올리기 위해 FBA를 시작한 것을 플랫폼 사업자의 시장 개입이라 생각할 수도 있고 새로운 플랫폼 도구의 도입이라 이야기할 수도 있을 것이다.

아마존은 2018년을 자체 평가하며 제3자 셀러3rd Party Seller[3]의 판매 비중이 58퍼센트에 도달했다고 발표했다. 그렇다면 얼마나 많은 제3자 셀러들이 FBA를 통해서 관리되고 있을까? 현재 이에 대한 정확

3
아마존에서 상품을 판매하는 주체는 '아마존'과 아마존이 아닌 '제3자 셀러'로 구분된다. 오픈마켓과 달리 아마존도 판매에 참여한다.

한 비율은 보고되지 않고 있다. 하지만 오픈마켓을 통한 판매 비중이 증가하고 있는 것은 사실이다. 이 비중은 매년 상승하고 있어 아마존은 자신이 직접 판매하는 비중을 줄이면서 프리미엄 오픈마켓으로 변화하고 있는 것이다.

문제는 서비스가 너무 우월하면 플랫폼의 개방성이 자리를 잃는다는 것이다. 아마존의 거래량 중 100퍼센트가 FBA와 아마존프라임을 통해 이뤄진다 생각해보자. 판매자가 아마존이든 셀러이든 플랫폼이 서비스 형태로 거래에 관여하게 된다. 판매자들에 대한 아마존의 권력은 어마어마하게 상승할 것이다. 플랫폼 운영자에서 서비스 운영자로 아마존의 역할이 변하는 것이다.

거래라는 영역에서 아마존은 단순히 이베이만이 아닌 오프라인 유통사인 월마트도 상대해야 했기에 개방과 공유라는 이상적인 플랫폼만으로는 원하는 수준의 거래 품질을 만들어낼 수 없었다. 그 결과 제한적 개방이라는 합의를 통해 이상적인 플랫폼의 모습과는 약간은 동떨어진 서비스와 플랫폼이 결합된 새로운 모습이 탄생한 것이다. 그리고 '서비스의 내재화를 통한 품질제고'라는 아마존의 공식은 미국을 넘어서 한국에서도 쿠팡을 통해 맞아 떨어지는 모습을 보이는 듯하다. 알리바바가 만들어 놓은 중국의 유통 플랫폼을 자세히 살펴보기 전에는 말이다.

플랫폼의 원칙을 다시 열어보다, 타오바오

중국의 유명한 맥주 브랜드 칭다오맥주青岛啤酒에는 위엔장原浆이라는 상품이 있다. 일반적인 맥주 생산의 마지막 공정에서 효모를 죽이는데 위엔장은 그 효모를 죽이지 않기에 또 다른 수준의 맥주의 맛을 느낄 수 있다. 단지 문제는 상미기간 혹은 유효기간이 7일로, 쉽게 상한다는 단점이 있다. 이런 이유로 일반 오프라인 슈퍼에서 쉽게 찾기 힘들다. 마치 신선식품처럼 7일이 지나면 팔 수 없는 상품이 되어 버리기 때문이다. 이런 위엔장을 타오바오에서는 손쉽게 구할 수 있으며, 청두(중국 사천성의 성도) 시내 어느 곳으로도三环内[4] 즉시배송이 가능하다. 타오바오에서 주문을 하면 판매자가 소비자가 요구하는 시간에 맞춰 당일 생산된 상품을 배송 직전에 냉장고에서 꺼내 구매자에게 30분 내에 배송한다. 가장 완벽한 상태로 가장 손쉽게 칭다오 위엔장을 살 수 있는 플랫폼이 타오바오인 것이다. 오픈마켓에서 부정적으로 생각했던 서비스 품질이 타오바오에서는 긍정적으로 작용하는 것이다. 타오바오가 직접 위엔장을 판매하려 했다면 이토록 효율적인 프로세스는 불가능했을 것이다.

4
중국은 일반적으로 도시의 구획이 원으로 되어 있다. 중심에서 첫 번째 원을 1환, 두 번째를 2환으로 부른다. 즉 숫자가 클수록 도심에서 멀어짐을 의미한다. 필자가 2년 동안 청두에서 사업을 한 경험이 있기에 청두라는 지역이 선택되었으며, 특별한 의미는 없다. 즉 중국의 모든 도시가 동일하다.

타오바오에서 위엔장을 구매하는 화면.

미국 아마존의 경우를 보면 상거래 플랫폼에서 시장 승리를 가능하게 했던 경쟁요소는 품질이자 신뢰였다. 아마존은 스스로 FBA라는 도구를 제공함으로써 소비자에게 구매의 모든 과정을 아마존이 책임진다는 인식을 만들었고 이를 통해 시장에서 승리했다. 플랫폼에 아마존의 서비스가 도입된 것이다.

하지만 보다 상식적으로 접근하면 아마존의 이러한 접근은 분명 고비용 구조이다. 판매자와 구매자 간에 신뢰가 있고 커뮤니케이션이 원활하다면 아마존의 이런 역할이 필요하지 않을 수도 있을 것이다.

사용자가 가장 많은 전자상거래 플랫폼(월간 사용자 기준)

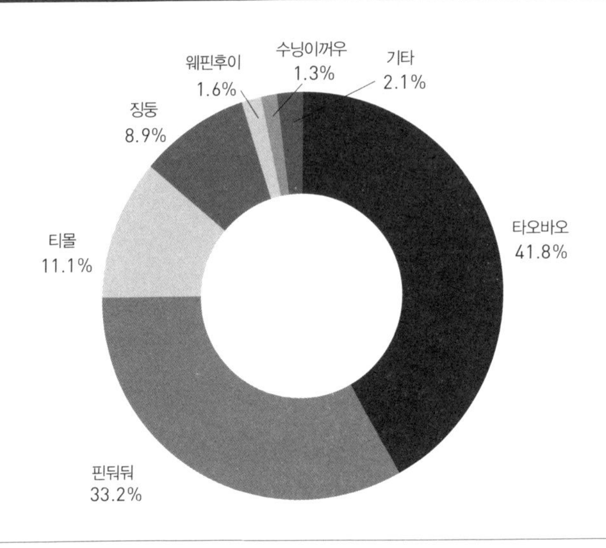

출처: JG데이터, 2018. 11.

그리고 아마존만을 위해 전국적인 물류망을 구축한다는 것은 독점을 가정해도 비효율적이다. 아무리 효율적이라 해도 인구가 적거나 거래가 적은 지역에서 독점적인 물류망은 비효율적일 수밖에 없다. 그리고 그 결과는 전체적인 비용 상승을 의미한다. 물론 중국에도 징둥이라는 아마존과 유사한 모델을 가져가고 있는 사업자는 존재한다. 하지만 여전히 중국 전자상거래에서의 강자는 C2C 형태를 기본으로 하는 타오바오이다. 플랫폼의 개방의 원칙이 가장 잘 지켜지는 형태인 타오바오가 가격도 가장 낮고 상품 구색도 가장 많기 때문이다. 물론 알리바바는 물류에 대해서도 일반적인 오픈마켓과는 달리 차이냐오라는 물류시스템을 통해 중국 내에 24시간, 글로벌 72시간 내의 배송을 목표로 하고 있다. 아마존에서 아마존프라임 상품에 한정되어 제공하는 서비스 목표가 72시간[5](2일 후 배송이므로 최대 3일이 소요된다)이라면 알리바바의 목표는 중국 내는 24시간, 글로벌은 72시간인 것이다.

질문의 시작점이긴 하지만 플랫폼의 경쟁전략에서 양면시장에서 제한적 개방이라는 단어를 꺼내게 만들었던 곳이 상거래 영역이었다. 플랫폼의 개념상 완전한 개방이 분명 최고의 선善이겠지만 금전이 오고 가는 상거래 영역에서는 양쪽 시장을 일부 제한한 아마존의 선택이 옳다고 시장이 판단했기 때문이다. 그러한 소비자의 선택이 중국에서는 다시 완전한 개방이 옳다는 쪽으로 방향을 바꾼 것이다.[6] 알리바바는 아마존의 제한적 개방을 통한 품질관리가 아닌 완전한 개방을 통한 플랫폼의 이론적 이상향을 구현하려는 것으로 보이기 때문이다.

2019년 3월 말 기준 타오바오와 티엔마오天猫, Tmall(이하 티몰)을 합한 월간 사용자수가 3.2억 명에 달했고, 그 전 해보다 각각 0.3억 명 상승하면서 아직도 성장하고 있음을 보여줬다. 2018년 11월 기준 사

5
아마존은 2019년 이를 하루로 줄이려는 노력을 시작했다.

6
물론 징둥이 아직은 시장에서 의미 있는 지위를 갖고 있으므로 모든 소비자가 동일한 생각을 하는 것은 아니다.

용자 점유율을 보면 두 플랫폼을 합해 53퍼센트 수준을 차지하고 있다. 2위인 핀둬둬拼多多가 저소득층을 타깃한 공동구매사이트라는 점을 감안하면 진정한 의미에서 경쟁자인 징둥의 8.9퍼센트와는 큰 차이를 보이고 있다. 중국의 상거래 플랫폼의 지배자는 타오바오를 가진 알리바바인 것이다.

플랫폼 사고의 시작, 알리바바닷컴

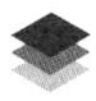

타오바오가 중국에서 상거래 플랫폼으로 자리 잡은 시기는 2005년이다. 2003년 창업한 후 2년 만에 중국 전자상거래 시장의 67퍼센트를 점유하게 된다. 이때 타오바오와 플랫폼 경쟁을 펼친 대상은 바로 미국의 이베이[7]였다. 이 두 사업자 간의 경쟁은 정확히 오픈마켓 간의 경쟁으로 누가 더 많은 공급자와 소비자 네트워크를 확보하는 가의 게임이었다. 2년의 시간이 흐른 뒤 그 싸움의 승자는 타오바오였다. 알리바바에 관련된 대부분의 책에서 타오바오의 승리 요인을 마윈의 뛰어난 비전과 조직관리로 꼽는다. 물론 이베이의 중국 시장 경영에서의 몇 가지 중대한 실수도 타오바오의 승리를 손쉽게 만들었던 것은

7
이베이가 미국에서 아마존에게 추월당하는 시기는 2012년경인데, 2003년 이베이는 미국에서 분명한 전자상거래의 리더 자리를 차지하고 있었다.

사실이다. 이런 이유로 이베이는 단 2년 만에 중국 시장에서 퇴각하게 되었지만 플랫폼적으로 사고하면 다른 이유들을 발견할 수 있다.

그 첫 번째 이유는 타오바오 이전에 알리바바닷컴이 있었다는 점이다. 타오바오를 론칭하는 시점에 알리바바닷컴은 이미 백만 개의 공급자를 보유하고 있었고 이 사업자들은 알리바바를 통해 세계와 소통하고 있었다. 이베이 차이나의 사업 시작이 타오바오보다 몇 년 앞섰지만 타오바오가 그 차이를 극복할 수 있었던 것은 알리바바닷컴이 갖고 있던 공급자 네트워크의 역할이 컸을 것으로 보인다. 전자상거래에 있어서 고객 못지않게 중요한 것은 다수의 양질의 공급자를 갖는 것이기 때문이다.

알리바바닷컴은 알리바바가 가장 먼저 시작한 인터넷 상거래이다. 기업 간의 거래를 도와주는 플랫폼으로 1999년 중국이 세계적인 공장으로 자리매김하기 시작하는 시점에 중국 기업들의 해외진출과 해외기업들의 중국 파트너 검색을 도와주는 플랫폼으로 성공하였다. 지금은 비록 알리바바그룹의 일원[8]으로 남아 있지만 알리바바그룹의 시작점과 플랫폼에 대한 사고의 시작은 알리바바닷컴이었다. 중국 내의 생산능력을 갖춘 공급자와 중국 밖의 수요를 가진 기업을 연결시켜주는 전형적인 플랫폼의 양면시장을 만든 것이 바로 알리바바닷컴이었

8
2007년 홍콩증시에 상장했고, 2012년 2월 상장폐지됐다.

기 때문이다. 이후 B2B인 알리바바닷컴과 C2C인 타오바오가 합쳐져 알리바바그룹의 B2C를 만들어낸 것은 지극히 당연한 덧셈이었다. 이후 티몰로 진화하게 되는 B2C모델은 수많은 제조기업들(B2B의 B)이 직접 소비자(C2C의 C)를 만날 수 있는 통로를 알리바바가 만들어준 것이다.

알리페이라는 매력적인 플랫폼 도구

타오바오의 경쟁전략은 아마존처럼 프리미엄 전략은 아니었다. 중국의 소비자들은 아직은 신뢰나 품질보다는 가격과 상품 구색에 관심이 더 많았기 때문에 고급화를 지향할 필요가 없었다. 게다가 인터넷상에서 상거래할 수 있는 인프라, 특히 신뢰의 기본이 되는 결제 인프라도 제대로 구성되지 않았었다.

그런 이유로 타오바오가 이베이를 무찌르기 위해 시장에 제시했던 가장 핵심적인 도구는 바로 알리페이라는 결제도구였다. 타오바오와 알리바바닷컴의 결제수단으로 알리바바가 만들어낸 알리페이는 신용카드가 일반적이지 않았던 중국의 사업환경에서 전자상거래 그 자체를 가능하게 했던 아주 매력적인 솔루션이었다. 물론 경쟁자인 이베이는 알리페이를 사용할 수 없고, 외국 기업인 이베이가 자신의 결제도구인 페이팔을 중국판으로 변형시키는 것도 쉽지 않았다.[9] 결국 알리페이는 타오바오가 2년 만에 이베이를 누르고 시장의 67퍼센트를 차지하는 데 결정적인 역할을 한다.

알리페이는 아주 단순한 에스크로Escrow 서비스다. 타오바오에서 거래가 이루어질 때 구매자의 대금지급은 타오바오로 이루어진다. 이후 상품이 배송되고 문제가 없음이 확인되면 타오바오가 보관하고 있던 대금을 판매자에게 지급하는 방식이다. 타오바오에 대한 신뢰만 있다면 구매하는 데 아무런 문제가 없다. 이 방식은 현재 한국의 모든 오픈마켓에도 적용되고 있는 '구매확정'이라는 과정으로, 구매자가 '구매확정'을 하면 일정 시간 후 대금이 자동으로 판매자에게 지급된다. 또한 알리페이는 구매자가 알리페이에 충전한 후 충전된 금액으로 대금을 지급하는 방식도 제공한다. 구매자에게 알리페이는 일종의 은행이자 체크카드의 역할을 담당하는 것이다.

역설적으로 이러한 에스크로 방식의 원조는 타오바오의 경쟁자였던 이베이의 페이팔이었다. 하지만 중국 정부는 외국사업자가 알리페이와 같은 금융기관으로서의 역할을 할 수 있게 허용하지 않았기에 결국 제대로 시작도 못해본 채 이베이는 중국 사업을 접어야 했다. 반대로 이야기하면 중국 정부는 알리바바에 은행과 같은 사업을 할 수 있게 규제를 완화해준 것이다. 초기 투자를 해외투자자로부터 받은 알리바바도 이후 알리페이의 정상적인 운영을 위해 알리페이를 위한 별도의 국내법인을 세우게 된다. 바로 앤트파이낸셜의 탄생이다.

9
지불결제 수단은 일종의 금융업으로, 중국 정부가 외국사업자에게 금융업을 허가하지는 않았다.

알리페이는 중국 초기 전자상거래 시장에서 그 무엇보다도 매력적인 플랫폼 도구였다. 중국인들이 배송 서비스에서의 차별점을 느끼지 못하는 상황에서 타오바오는 알리바바닷컴을 통한 공급자의 확보와 알리페이를 통한 신뢰 제공을 통해 플랫폼을 성립해낸 것이다. 알리페이에 대한 보다 구체적인 이야기는 이후에 앤트파이낸셜의 이야기에서 본격적으로 다루도록 하겠다. 알리페이가 단순한 에스크로 서비스에서 멈추지 않았기 때문이다.

알리페이와 더불어 중요한 역할을 담당한 것이 알리왕왕이다. 알리왕왕은 우리가 잘 알고 있는 카카오톡과 같은 메신저다. 모든 상품 페이지에서 알리왕왕의 접속이 가능하기에 중국의 구매자들은 언제든지 판매자를 호출하여 상품에 대한 문의가 가능하다. 즉 아마존이 어렵게 얻어낸 온라인 거래상의 신뢰를, 타오바오는 판매자를 메신저 앞에 대기시킴으로써 해결한 것이다. 중국의 구매자들은 이 메신저를 통해 판매자의 현실적인 존재감을 느낄 뿐만 아니라 가격 협상에까지 활용했다. 이베이에서는 불가능했던 양면시장 간의 대화가 타오바오에서는 당연한 일이었다.

무료 수수료 정책

알리페이와 알리왕왕阿里旺旺과 같은 플랫폼 도구들이 이베이 차이나와의 경쟁에서 중요한 역할을 한 것은 사실이지만 타오바오가 이베이 차이나를 꺾을 수 있었던 가장 큰 이유는 '무료 수수료 정책'에 있다.

경쟁 상황에서 이베이 차이나가 유료 수수료 정책을 고집한 것은 글로벌 회사라는 한계도 있었지만 중국 시장에 대한 이해가 부족했다 볼 수 있다. 당시 중국은 결제 인프라도 충분히 형성되지 못했지만 배송 인프라도 충분한 수준에 이르지 못했다. 결국 오픈마켓의 기능이 판매자와 구매자를 연결시키는 데 한정되기에 판매자가 구매자와 인터넷상에서 접촉이 이뤄지고 난 이후에 플랫폼은 쓸모 없는 존재[10]가 되어버리는 것이다. 거래를 위해 배송도 결제도 판매자가 해결해야 했기에 '쓸모없는' 중간자 이베이는 배제되기 시작했다.

즉 이베이가 요구했던 플랫폼의 수수료는 판매자 구매자 모두에게 불필요한 추가 비용이기에 플랫폼에서 거래가 종결되는 비율이 높지 않았다. 만남은 플랫폼에서 이뤄졌지만 거래의 종결은 전화나 오프라인에서 이뤄지는 경우가 많았던 것이다.[11] 결국 본질적으로 수수료를 청구하기가 어려운 시장이었고 이 수익화가 불가능한 상황을 타오바오는 당연한 것으로 받아들이며 무료 수수료 정책을 고집하게 되었다.

타오바오는 사업 초기부터 거의 최근까지 판매자나 구매자의 등록 비용부터 거래에 따른 수수료를 한 푼도 받지 않았다. 플랫폼의 규모를 늘리기 위해 문을 활짝 열어 둔 것이다. 타오바오의 무료 수수료 정

10
이를 전문용어로는 'disintermediation(중간자 배제)'라 한다.

11
이런 이유로 이베이에서는 판매자와 구매자의 전화번호 정보를 공개하지 않았다. 타오바오만이 편하게 전화번호를 공개하는 플랫폼이었다.

중국 내 타오바오와 이베이의 시장점유율

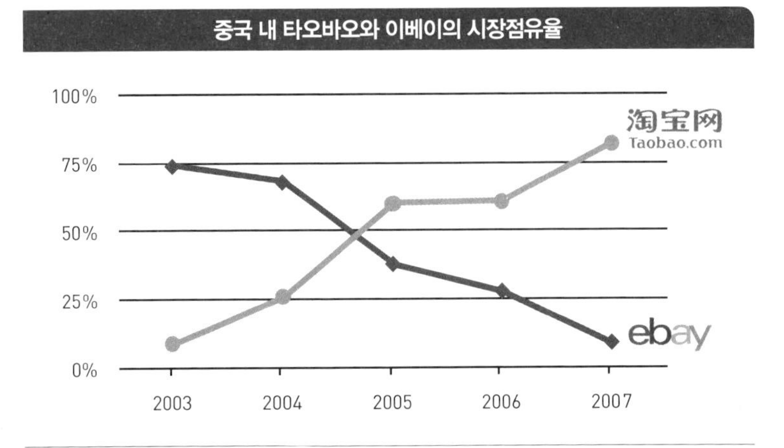

책은 판매자가 거래를 위해 굳이 플랫폼을 떠날 이유를 찾을 수 없게 했고, 그 결과 양면시장의 고객들과 그들 간의 거래를 모두 플랫폼 안으로 끌어들이는 데 성공했다.

타오바오는 '무료'라는 어쩔 수 없는 선택을 통해 플랫폼의 성장을 위한 기본 중의 기본인 개방원칙을 철저히 지켜냈다. 물론 타오바오의 무료 정책에 따른 수익모델의 부재는 투자자들에게 큰 고민을 안겨주었지만 이후 시장의 장악과 점진적 광고모델의 도입으로 해소된다. 결국 2005년 타오바오는 이베이 차이나를 추월하고 2007년에 시장의 80퍼센트를 장악하는 지배적 플랫폼으로 자리 잡게 된다.

새로운 경쟁자의 등장

타오바오가 이베이 차이나를 꺾고 중국의 지배적 상거래 플랫폼으로 자리 잡은 후 타오바오의 성장은 본격화된다. 플랫폼이 교차 네트워크 효과를 받기 시작하면서 타오바오는 엄청난 속도로 성장하기 시작한다. 모든 공급자들이 타오바오로 몰리기 시작했고 미국에서 '구글'이 '검색'이라는 단어를 대체했듯이 중국에서는 '타오'가 '쇼핑'이라는 단어를 대체하기 시작했다.

이 지배적 플랫폼 타오바오의 아성에 도전장을 내민 자는 바로 '징둥'[12]이었다. 징둥은 중국 내에서는 B2C 플랫폼으로 분류되는데, 이는 초기의 아마존처럼[13] 스스로가 상품을 매입해서 판매하는 형태를 띠기 때문이다. 타오바오가 C2C로 정의되어 수수료나 광고비만을 매출로 인식하는 반면, 징둥은 판매 대금을 모두 매출로 인식한다는 차이가 있다. 이러한 이유로 타오바오, 징둥, 심지어 아마존을 비교할 때 매출이라는 수치는 큰 의미를 갖지 못한다. 사업방식이 다르기에 회계기준 역시 다르기 때문이다. 이미 어느 정도 시장을 장악한 타오바

12
JD의 창업은 1998년으로, 알리바바보다 1년 일찍 창업했다. 하지만 정식으로 온라인 쇼핑을 시작한 것은 2004년으로 CD와 DVD가 핵심 상품이었다. 이후 가전제품을 포함하여 꾸준히 상품 구색을 늘려 현재의 징둥에 이르게 됐다. 징둥의 핵심 주주로는 미국의 유통 자이언트인 월마트와 텐센트가 있으며, 2014년에 미국의 나스닥에 상장하여 현재 448억 달러의 기업가치를 보이고 있다.

13
물론 아마존은 B2C와 C2C가 혼재되어 있다.

오에 새로운 플랫폼으로 도전장을 내민 징둥은 아마존과 같이 한 차원 높은 신뢰의 서비스를 경쟁도구로 제시했다. 즉 미국에서의 아마존과 이베이의 사례를 그대로 적용하면, 징둥은 타오바오를 누르고 중국의 아마존이 될 수 있었을 것이다. 이는 현재 한국에서 벌어지고 있는 쿠팡과 타 오픈마켓들 간의 경쟁과도 유사한 모습을 보인다. 객관적으로 징둥의 서비스가 타오바오 대비 우월했기 때문이다.

타오바오가 인터넷 쇼핑 시장을 지배하기 시작했던 2007년 징둥은 자체 물류시스템을 갖추기 시작했다. 2009년 이를 위한 물류회사를 설립했고 2017년에 이르러 소화물, 대형화물, 냉동, B2B, 수출입 그리고 제3자 물류에 이르는 6대 영역을 아우르는 물류그룹을 만들어 낸다. 세계에서 유일한 모든 물류시스템을 갖춘 기업이 탄생한 것이다. 물론 이러한 물류시스템은 징둥닷컴의 핵심경쟁력이 되면서, 중국 내 전체 판매의 90퍼센트를 24시간 내에 배송할 수 있는 역량을 갖추었다.

여기에 또 한 가지 중요한 사실은 징둥을 지원하고 있는 기업이 텐센트라는 점이다. 중국의 IT업계 지도는 BAT 혹은 BATX로 칭해지는 바이두, 알리바바, 텐센트, 샤오미로 대표된다. 하지만 바이두와 샤오미의 기업가치와 시장지배력이 나머지 두 회사와 큰 차이를 보임에 따라 중국의 IT 지도는 알리바바와 텐센트에 의해서 양분되는 모습을 보인다. 그 텐센트가 징둥을 통해 알리바바에 도전장을 낸 것이다.

징둥의 영업이익 추이

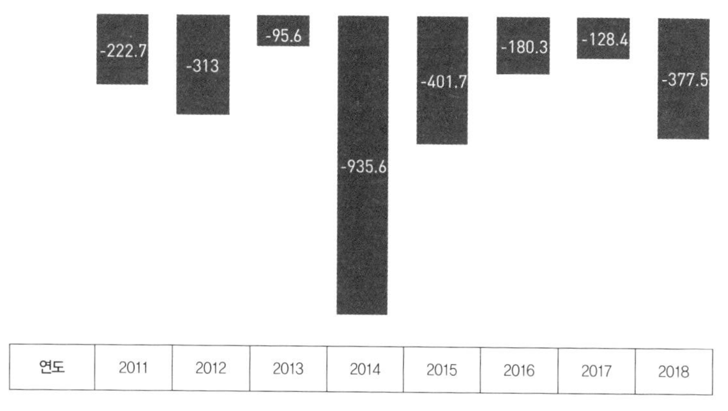

징둥과 타오바오의 경쟁

징둥은 타오바오가 갖고 있던 다양한 아픈 지점Pain Point을 집중적으로 공략했다. 브랜드몰이 생겨났고 모든 상품들이 징둥의 자체 물류망을 통해 배송되었다. 아마존과 유사한 플랫폼의 도구들이 등장하면서 또 한 번의 플랫폼 전쟁이 촉발된 것이다. 그리고 그 경쟁은 아직도 진행 중이다. 하지만 징둥이 누적되는 적자로 고생하며 생존 중인 반면, 타오바오의 입지는 계속해서 견고해지고 있다. 아직 평가하기엔 이르지만, 현재로서는 타오바오의 승리가 점쳐지고 있다.

미국과 한국, 그리고 유럽에서 좋은 반응을 얻었던 아마존식 전략이 중국에서는 정확하게 작동되지 못했다. 물론 사업모델 간의 비교라는

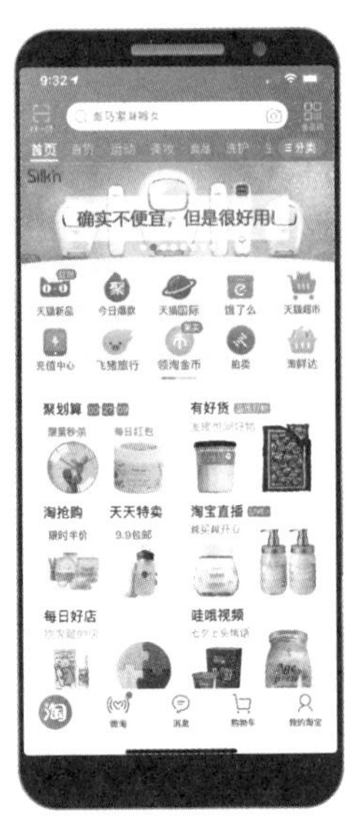

타오바오 앱 초기 화면. '天猫'라고 쓰인 메뉴는 모두 타오바오 내에 있는 티몰 서비스들이다.

관점에서 아마존식 B2C 모델인 알리바바의 티몰와 징둥의 거래량을 합하면 타오바오를 넘어서는 것은 사실이다. 즉 중국 시장도 아마존식의 고품질 서비스에 대한 니즈가 나타나기 시작했다. 하지만 티몰이 타오바오의 트래픽을 바탕으로 성장했다는 점과 중국 구매자들은 티몰을 상당 부분 타오바오의 일부로 생각한다는 점을 볼 때 타오바오가 여전히 시장의 지배자임은 분명하다.

그림을 보면 대부분의 메뉴에 티몰이 보이지만 이 모바일 화면은 타오바오이다. 타오바오는 티몰을 하나의 서비스로 포지션시키고 있는 것이다. 새로이 요구되는 소비자의 니즈를 티몰이라는 새로운 형태의 모델로 대응하면서 이를 자연스레 타오바오라는 브랜드로 통합하고 있다. 중국 소비자에게 타오바오는 티몰이라는 브랜드몰도 갖고 있는 전자상거래의 지배자인 것이다.

다시 말해 징둥의 아마존식 공격에 타오바오의 방어전략이 효과적으로 작동되고 있음을 의미한다. 징둥이 들고 나온 고품질의 전자상거래 플랫폼에 대응하기 위해 알리바바가 만든 것이 티몰 하나만은 아니다. 징둥의 자체 물류시스템에 대응하기 위한 차이냐오라는 새로운 물류정보 시스템과 양면시장을 위해 앤트파이낸셜이 만들어낸 새로운 플랫폼 도구들은 알리바바를 진정한 상거래 플랫폼으로 만들어 놓았다.

물류정보시스템, 차이냐오

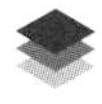

오픈마켓과 아마존 간 물류에서의 차이점은 물류에 대한 통제권을 누가 갖고 있는가에 있다. 아마존에서 이뤄지는 대부분의 주문은 자체 유통센터와 강력한 제휴를 통한 배송망을 기반으로 아마존의 전적인 책임 하에 물류 관리가 이루어진다. 반면에 오픈마켓의 물류는 판매자의 책임 하에 다양한 물류기업에 의해 자유롭게 이뤄진다. 따라서 오픈마켓의 물류 품질은 아마존의 수준을 따라갈 수는 없다. 징둥의 아마존식 책임물류시스템의 등장은 타오바오에게는 명확한 위협이었

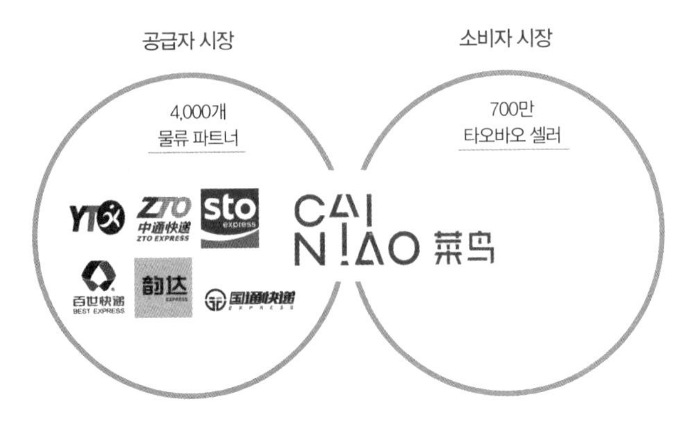

다. 이미 시장의 대다수를 장악하고 많은 경우 하루에 최대 10억 개(물론 11월 11일의 경우)의 배송을 처리해야 하는 상황에서 모든 물류를 타오바오가 책임지는 방식으로 전환하는 것은 무리가 있었다.

타오바오는 다른 방법을 찾아냈는데, 그것이 차이냐오라는 플랫폼 방식의 물류시스템이었다. 여기서 플랫폼 방식이라는 것은 물류를 자체 서비스가 아닌 중국 내에 존재하는 수많은 물류회사와 협력할 수 있는 또 하나의 플랫폼, 즉 물류 플랫폼 구조를 만들었다는 뜻이다. 차이냐오는 정보시스템을 통해서 판매자와 물류회사를 연결해주는 또 하나의 플랫폼이다. 양면시장의 한 축은 물류회사들이고 또 한 축은 타오바오에서 활동하는 판매상들이다.

차이냐오 사업의 핵심을 살펴보면 '협동'과 '사회'라는 표현을 발견할 수 있다. 대외적으로 알리바바는 징둥의 자체물류라는 대척점에서서 타오바오를 위한 물류시스템을 구축할 뿐만 아니라 중국 사회

차이냐오 물류시스템

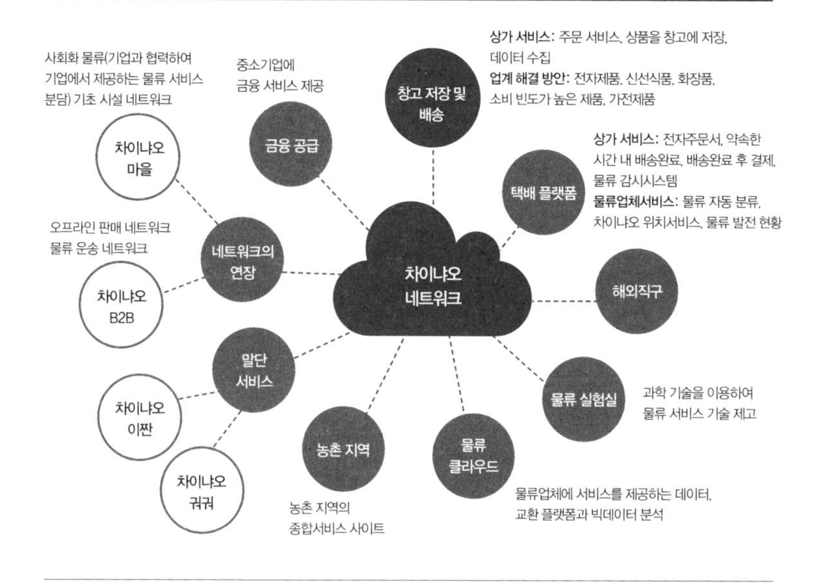

출처: 차이냐오 홈페이지

전체의 비용효율을 올리는 데 집중하고 있다. 현재 중국 정부의 인공지능 개발 프로젝트에서 알리바바가 스마트도시 부분을 책임지고 있는 것도 같은 맥락이라 할 수 있다. 협동과 사회라는 맥락에서 알리바바와 주요 물류업체들이 차이냐오를 공동 소유하고 있다. 알리바바를 대표해서 티몰이 43퍼센트를 소유하고 있고 나머지는 물류에 관련된 파트너들이 나눠 소유하고 있다.[14]

차이냐오 플랫폼의 목표는 다음과 같다. 첫째 일체화된 배송시스템으로 징둥과의 경쟁에서 자체물류시스템을 보유한 것과 동일한 수준의 고객경험을 제공하는 것이다. 현실적으로 경쟁에 있어 고객경험을 징둥과 동일한 수준으로 만드는 것이 필수이기 때문이다. 둘째 국가 차원의 최적화된 공급망을 구축하는 것이다. 이미 목표로 제시한 국가 차원의 물류효율을 올리기 위한 방안을 찾겠다는 의미다. 셋째 글로벌 판매와 구매가 가능한 국제물류시스템을 실현시키겠다는 것이다. 이를 위해 차이냐오는 전 세계 다섯 군데에 물류 거점을 선정했으며 여기에는 중국의 항저우, 말레이시아의 쿠알라룸푸르, 러시아의 모스크바, 중동의 두바이, 벨기에의 레이쥬Liege가 포함되었다. 넷째 소비자가 직접 체험할 수 있는 시스템의 구현으로 픽업과 반품 시스템을 구축하는 것이다. 이는 차이냐오이짠菜鸟驿站이라는 픽업센터와 물류에 대한 소비자 앱인 차이냐오궈궈菜鸟裹裹를 통해 구현되고 있다. 그리고 마지막으로, 중국의 다음 소비시장인 농촌시장을 위한 물류시스템을 구축하는 것이다.

타오바오에서 주문이 접수되면 차이냐오의 시스템은 누가 어떤 경로로 배송하는 것이 최적인지를 계산해서 파트너 물류사에게 업무지시를 내린다. 차이냐오는 모든 파트너사들의 물류 네트워크 정보를 갖고 있기에 가장 빠르고 효율적인 업무배정이 가능하다. 현재 차이

14
2013년에 설립된 차이냐오는 알리바바, 인타이그룹, 푸춘펀드 그리고 4개의 물류회사의 합작으로 만들어졌다. 중국의 5대 물류기업 중에서 4개 기업(申通, 圆通, 中通, 韵达)이 참여했다.

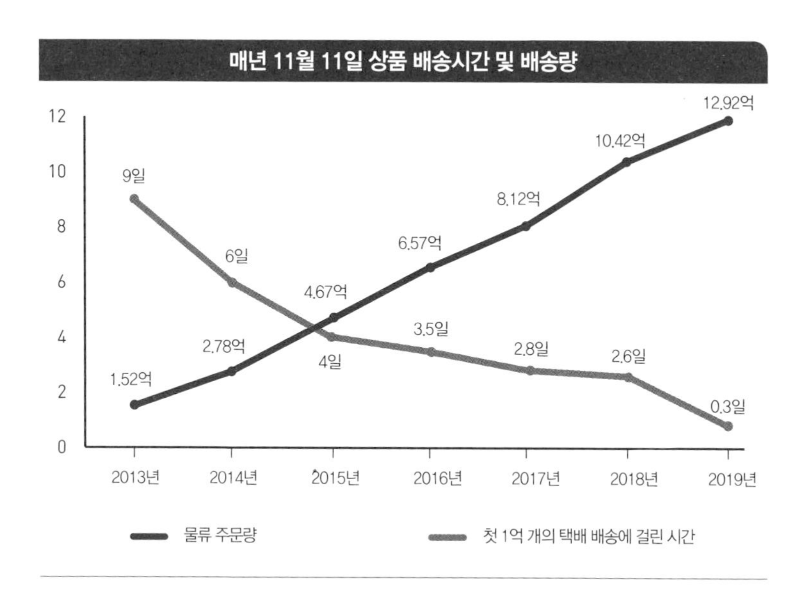

냐오와 계약된 물류회사는 중국 전체에 4천여 개이고 이들은 차이냐오 물류시스템에 의해 한 몸처럼 움직인다.

소형 판매상들은 주문이 들어오면 포장은 판매상이 하지만 배송을 위한 라벨은 시스템에 연결된 프린터에서 자동으로 출력된다. 라벨이 부착된 상품은 차이냐오가 지정한 배송회사에 의해 픽업되어 고객에게 배송된다. 그리하여 판매상들은 배송에 대한 고민을 차이냐오에 맡기면 된다.

현재 차이냐오 물류시스템은 128개의 물류거점과 20여 개의 지역 파트너 거점, 18만 개의 배송거점, 4만 개의 픽업센터 등으로 이루어져 있다. 타오바오는 이 차이냐오 물류시스템을 통해 2018년 광군절에 10.42억 개의 상품을 배송했고, 2019년 광군절에는 13억 개를 실어 날랐다. 첫 1억 개 상품의 배송에 소요된 평균시간은 2018년 2.6일에서, 2019년 8시간으로 엄청나게 단축되었다. 인공지능과 사물인터넷을 적극적으로 활용한 시스템의 진화가 이러한 변화를 만들어냈다. 배송사업자의 능력을 감안한 작업배치가 이뤄지는 것은 물론 실시간 교통정보를 활용하여 최적의 배송루트를 제공함으로써 배송시간을 단축하고 있다. 차이냐오는 6백만여 개의 배송루트를 4,000여 개의 파트너 배송회사와 함께 운영하고 있다고 한다.

징둥이 모든 물류 네트워크와 정보시스템을 자체적으로 소유하는 것과 달리 타오바오는 전국에 존재하는 모든 물류기업과 협력하는 방식으로 물류 플랫폼을 구축한다. 하루 수억 개라는 충분히 많은 일거리를 바탕으로 아마존에 비견할 만한 배송시스템을 플랫폼 방식으로 만들어낸 것이다. 알리바바의 국가사회 관점에서의 물류에 대한 플랫폼적인 접근은 알리바바의 물류처리량이 중국 전체의 50퍼센트를 차지함에 따라 보다 의미 있어졌다. 향후 알리바바가 중국 상거래에서 차지하는 비중이 얼마까지 낮아질지는 알 수 없지만 물류시스템 측면에서 알리바바는 이미 중국의 전체 물류를 자신의 물류라는 관점에서 접근하고 있다.

물류서비스 제공을 위해 자체 물류를 가져가지 않을 뿐만 아니라 수많은 물류회사를 파트너사로 만들어 국가 차원의 서비스를 제공하

중국의 택배 배송량과 차이냐오에서 배송하는 물류량 비교

(단위: 억 개)

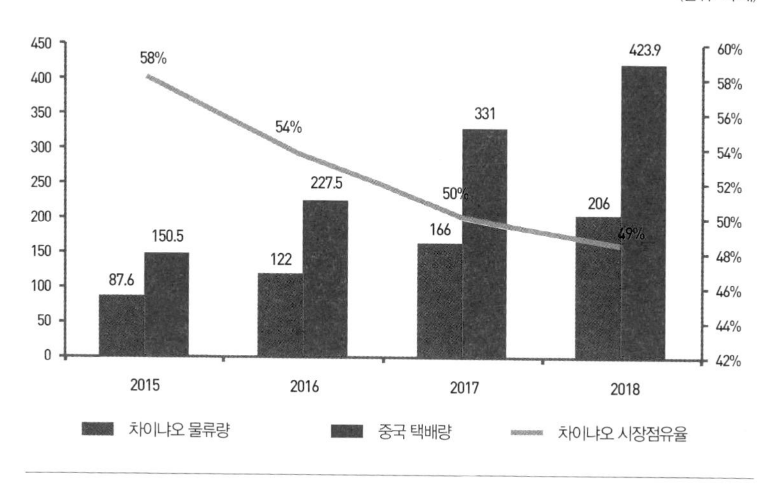

출처: 국가우정국, 알리바바 연간 보고서, 흥업증권경제 및 금융 연구원

고 있다는 것은 플랫폼을 통한 물류 경쟁력이 서비스를 통한 경쟁력과 대등하게 경쟁할 수 있다는 뜻이다. 이는 전자상거래 플랫폼에서 오픈마켓이 여전히 유효한 옵션이라는 결론으로 이어진다.

상거래에 은행이 등장하다, 앤트파이낸셜

아마존, 징둥과 비교할 때 타오바오가 가진 또 하나의 장점은 공급자, 즉 판매자들에 대한 배려다. 아마존과 징둥이 판매자들로부터 상품을

구매하는 것과 달리 타오바오는 직접 구매하지 않는다. 구매 과정은 현금의 이동이 있다는 뜻이고 아마존의 CCCCash Conversion Cycle(재고가 현금으로 돌아오는 데 걸리는 시간)[15]가 16일이 넘어가는 것을 감안하면, 판매자는 상품이 고객에게 판매되고 난 후 16일 후 대금을 수령한다고 볼 수 있다. 아마존의 입장에서는 좋은 일이지만 판매자에게는 현금이 잠기는 경영상의 불이익이 존재한다.

타오바오는 전형적인 오픈마켓이므로 판매자의 대금 수령은 판매가 이뤄지고 상품이 구매확정(상품의 배송완료)이 이뤄지면 바로 지급된다. 판매자 입장에서는 타오바오에서의 거래가 아마존 대비 현금회전이 빠를 수 있다. 여기에 알리바바는 앤트파이낸셜을 통해 금융서비스를 제공한다. 일종의 은행처럼 판매자들이 금융 니즈가 존재할 때 판매자와 알리바바 간의 거래 기록을 바탕으로 대출을 제공하는 것이다. 다시 말해 타오바오에서 일정 수준의 거래를 만들어내고 신뢰관계가 성립한다면 판매자는 앤트파이낸셜을 통해 규모를 키울 수 있다.

아마존이나 징둥도 동일한 맥락에서 금융상의 지원이 가능하다. 아주 단순하게 상품 매입에 대한 대금지급을 빠르게 하면 된다. 하지만 형평성의 이슈와 어마어마한 거래규모를 감안할 때 함부로 결정할 수 있는 요소는 아니다. 물론 알리바바처럼 금융을 통해 지원할 수도 있

15
2018년 3Q 기준으로 아마존의 CCC는 15.9일이다. 하지만 과거 아마존의 CCC는 최고 35일까지 늘어난 적이 있었다. 즉 판매자는 상품 인도 후 최대 한 달 후에 판매대금을 수령한다는 뜻이다.

겠지만 매매라는 거래관계가 명시적으로 존재하는 상황에서 뭔가 어색함이 보인다.

앤트파이낸셜은 알리페이를 위해 만든 회사이다. 알리바바그룹이 해외자본을 통해 성장하면서 국내 지불결제를 위한 알리페이를 해외자본이 대주주인 알리바바에 둘 수 없었기에 별도의 국내 법인(마윈이 80퍼센트의 지분을 가진)[16]에게 알리페이를 매각하게 된다. 금융산업에 대한 외국인의 참여제한은 일반적인 일이기에 이에 대한 개연성은 존재했지만 알리페이가 가진 엄청난 잠재력을 감안할 때 그 당시 알리바바의 대주주였던 야후와 소프트뱅크로서는 어이없는 일이었을 것이다. 이 문제로 알리페이를 가진 앤트파이낸셜의 존재는 세상에 부각되었고 그 가치는 1,500억 달러를 넘어서게 된다. 이로써 타오바오를 중심으로 한 이커머스 플랫폼의 다음 단계 도약을 위한 또 하나의 도구가 준비된 것이다.[17]

16
최근 마윈의 은퇴와 더불어 알 수 없는 5인에게 양도된 마윈의 앤트파이낸셜 지분에 대한 의혹이 제기되고 있다.

17
2018년 5월 앤트파이낸셜은 1,500억 달러의 가치로, 100억 달러의 투자 유치에 성공한다.

신용카드를 대신하다, 화뻬이

알리페이의 시작은 현금거래를 중개하는 것이었다. 타오바오에서 상품을 구입하기 위해서는 은행구좌에 잔고가 있어야 하고, 매매가 성립되면 매매금액은 은행에서 앤트파이낸셜로 송금된다. 이 기능은 이미 설명했듯이 타오바오가 이베이와 경쟁하던 시점에 중요한 경쟁우위 요소로 작용했다. 전형적인 에스크로 서비스로 시작했던 알리페이가 한 단계 진화하여 신용서비스를 제공하기 시작했다. 바로 마이화뻬이蚂蚁花呗이다.

마이화뻬이는 영어로는 'Ant Check Later'로, '나중에 지불'한다는 뜻이다. 간단히 말해 신용을 제공하여 지불을 미루는 시스템이다. 이 서비스는 단순히 인터넷상에서 알리페이를 통해서만 제공되는 것이 아니라 병원과 같은 다양한 오프라인 영역에서 활용되고 있다. 물론 가장 활발히 사용되는 방식은 알리페이를 통해서다.

구매자가 상품을 구매하는 시점에 은행에 충분한 잔고가 없을 경우 앤트파이낸셜은 구매자의 신용평가를 통해 5백 위안에서 5만 위안까지 여신을 제공한다. 거래가 이뤄지고 구매자는 빌린 금액을 다음 달에 상환하면 된다. 물론 상환기간이 길어질수록 이자도 늘어난다.

화뻬이의 근거가 되는 신용등급 시스템은 쯔마신용芝麻信用으로, 역시 앤트파이낸셜에 의해 제공된다. 정부에서 제공하는 신분정보와 신용평가, 인맥관계(어떻게 측정하는지 알 수 없지만), 지급능력과 전자상거

화뻬이의 지불 장소

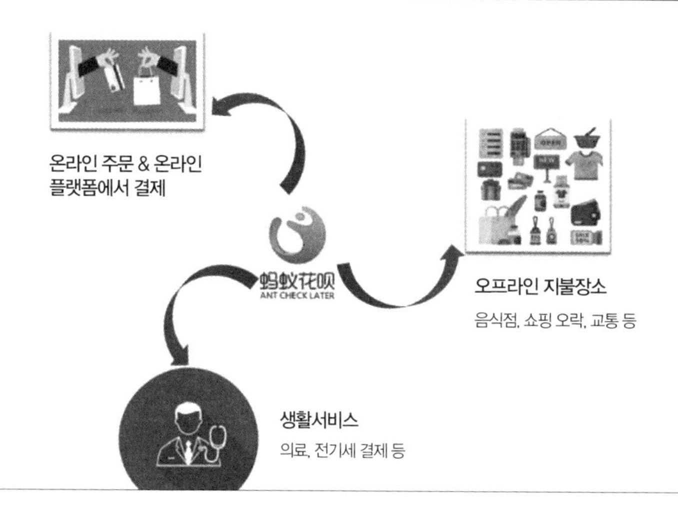

래 거래실적을 감안하여 쯔마신용의 신용점수가 계산된다. 이 점수를 바탕으로 얼마까지 여신을 제공할지가 결정된다. 신용점수를 결정할 때 이 다섯 가지의 원칙에 대한 배분율이 어떻게 정해져 있는지 알 수 없지만 타오바오에서 거래가 많은 일반적인 대학생이 700점 이상의 고신용등급을 받고 있는 것을 보면 거래실적이 상당히 중요한 역할을 하는 것으로 보인다.

2016년 광군제의 총 거래액은 1,207억 위안[18]이었고 이 중 화뻬이

18
한화로 20조 수준이다. 2019년에는 12.92억 위안, 원화로 44조 원의 거래액을 기록했다.

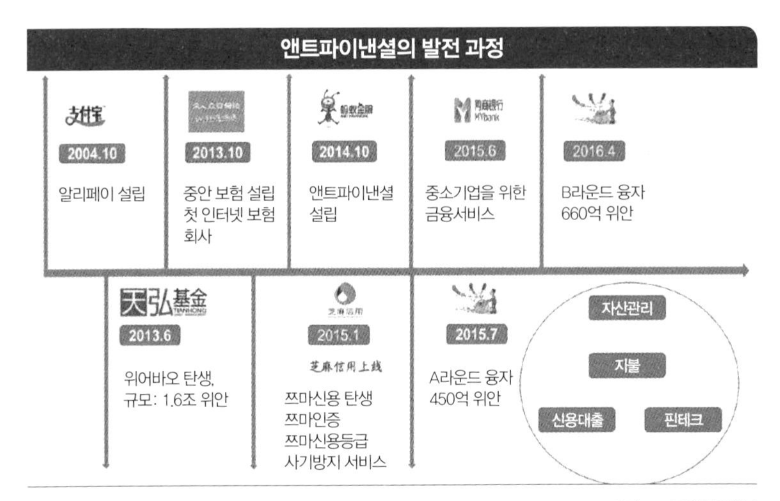

출처: GF증권 연구센터

를 통해 만들어진 거래는 237억 위안으로 20퍼센트에 육박했다. 알리바바 자체 연구에 따르면 구매자가 화뻬이를 활용함에 따라 소비능력은 대략 10퍼센트 증가했고, 월 소비액이 1,000위안(한화 17만 원) 이하의 중·저소득 구매자들에서는 50퍼센트가 증가했다고 한다. 화뻬이라는 플랫폼의 금융도구가 거래를 증가시키고 있음을 보여준다.

앤트파이낸셜의 역사를 보면 현재의 서비스 개념을 쉽게 이해할 수 있다. 앤트파이낸셜은 2004년 알리페이로 시작했지만, 진정한 금융서비스로 진화하기 시작한 것은 2016년 위어바오余额宝를 출시하면서부터다. 위어바오는 알리페이를 통해 펀드에 투자가 가능한 서비스이다.

대부분의 중국인들에게 금융기관을 통한 투자의 개념은 뚜렷하지

않다. 하지만 타오바오에서 물건을 사듯이 펀드를 구매할 수 있게 해주자 많은 중국인들이 이에 관심을 보이기 시작한다. 이것이 바로 위어바오이다. 모든 구매자는 타오바오에 자신의 은행과 알리페이가 구매 과정에서 필요하므로 이미 연동되어 있고, 적게는 100위안으로도 펀드를 구매할 수 있었기에 누구나 접근이 가능했다. 현재 티엔홍지진天弘基金이라는 펀드를 통해 운영되고 있는 위어바오의 규모는 16조 위안에 달한다. 은행과 현실적인 거리가 있던 중국인들에게 위어바오는 아주 편리한 투자처 역할을 한 것이다. 알리바바가 알리페이와 타오바오를 통해 모든 중국인을 거래 영역으로 들어오게 했다면, 앤트파이낸셜은 쯔마신용의 신용점수를 바탕으로 중국인들을 상대로 여신(위어바오)과 수신(화뻬이, 지에뻬이) 업무를 하는 은행이 된 것이다.

이 과정을 잘 들여다보면 플랫폼이 보인다. 수신의 영역을 보면 모두가 알리페이의 사용자들이다. 즉 타오바오의 구매자들이다. 이들은 자신의 여유자금을 앤트파이낸셜에게 위탁한 것이다. 여신의 영역을 보면 역시 알리페이의 사용자이자 타오바오의 구매자들이다. 앤트파이낸셜은 금융이라는 영역에서 플랫폼을 구축했다. 금융의 프로슈머처럼 중국인들은 알리바바를 통해 서로 돈을 빌려주고 빌려쓰고 있다.

타오바오가 지속적인 성장을 위해서는 중국이라는 국가의 인프라가 먼저 발전해야 한다. 알리바바는 그 인프라를 만들면서 시장을 개척하고 있는 것으로 보인다. 앤트파이낸셜은 그런 맥락에서 신용 플랫폼으로 자리 잡고 있다. 중국에서 쯔마신용 등급으로 알리바바 이외의 영역에서 무언가 혜택을 받을 수 있는 곳은 아직 많지 않다. 하지만 공유자전거와 같은 소소한 영역에서 이미 쯔마신용을 통한 보증금 면제가 시작되었다.

타오바오의 앤트파이낸셜의 역할은 알리바바의 시장을 키우는 도구로 이해하면 될 듯하다. 알리바바 안에서 만들어진 구매력 상승은 단지 타오바오의 거래액 증가로만 나타나는 것이 아니라 앤트파이낸셜의 여신 증가로 이자라는 새로운 수익을 만들어낸다. 화뻬이와 지에뻬이借呗[19]는 모두 단기금융이고, 이자도 높지 않다. 단지 수많은 참여자들을 통해 엄청난 자금 회전이 이뤄지는 것이다. 중국에서 일반인에게 금융기관의 문턱은 높다. 담보를 필요로 하고 예금을 강요하기도 한다. 하지만 쯔마신용은 데이터를 기반으로 비용 없이 평가한다. 무엇보다 중국인들의 신용이 여기에서 만들어지고 있다는 데 의미가 있다.

19
화뻬이가 신용카드 형식의 금융도구라면, 지에뻬이는 대출 형식의 도구이다.

새로운 플랫폼 왕국

알리바바의 상거래 플랫폼을 보면 아마존처럼 소비자에 집중하지 않는다. 플랫폼을 통해서 국가경쟁력을 올리겠다고 마윈이 공공연하게 이야기하는 것처럼 공급자에 대한 고려가 상당하다. 중국에서 애플과 삼성 같은 강한 제조업 기업이 나올 수 있도록 알리바바는 국가 유통 플랫폼의 역할을 담당하겠다는 이야기를 세상에 던지고 있다. 균형의 관점에서 보면 그 중심이 공급자에게 많이 가 있다. 물론 이를 통해 소비자는 충분히 저렴한 쇼핑을 즐길 수 있기에 그 균형은 충분히 맞춰져 있다고 보인다. 물론 운영자인 알리바바 역시 충분한 이익을 만들어내고 있다. 2019년 3월 기준으로 매출은 561억 달러, 영업이익은 119억 달러를 기록하였듯 안정적이면서 균형 잡힌 플랫폼이다.[20]

플랫폼이라는 개념은 '메이드 인 USA'로, 구글과 페이스북이 만들었으며 미국이 플랫폼의 원조임은 사실이다. 하지만 이제는 중국이 플랫폼 왕국임을 알리바바는 선언하고 있다. 다른 어떤 나라와 비교해도 압도적인 우위를 가지며 쇼핑도, 물류도, 은행도 플랫폼에 의해서 이뤄지고 있다.

20
알리바바는 나스닥 상장기업이기에 결산 보고는 US달러로 한다.

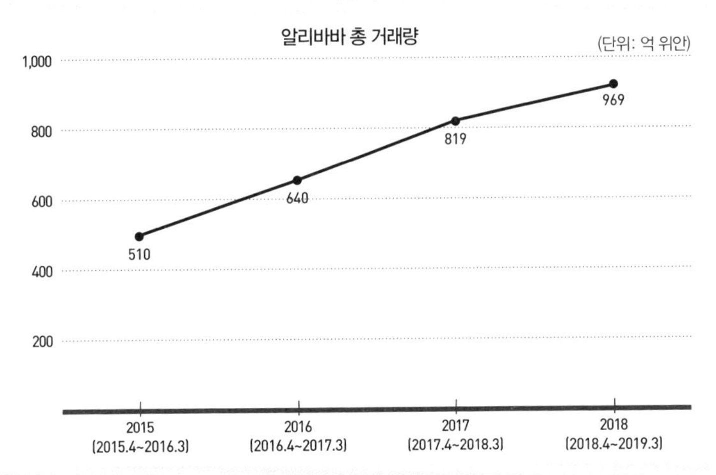

	구분	알리바바				
		2015 (2015.4-2016.3)	2016 (2016.4-2017.3)	2017 (2017.4-2018.3)	2018 (2018.4-2019.3)	2019 Q2 (2019.4-2019.6)
재무지표	GMV(총거래량) (단위: 조 원)	510	640	819	969	–
	타오바오MAU (월간 사용자) (단위: 억 명)	2	2.5	2.7	3	4.6
	매출액 (단위: 조 원)	17.2	26.9	42.5	64.1	19.5
	영업이익 (단위: 조 원)	4.9	8.2	11.8	9.7	4.1
	매출액 성장율 (단위: %)	33	56	58	51	–
	경상이익 (단위: 조 원)	12.1	7	10.4	13.6	3.3
	총자산 (단위: 조 원)	61.9	86.2	121.9	164.1	173.4
	총부채 (단위: 조 원)	19.4	31.1	47.2	59.4	63.5
	기업가치 (단위: 억 달러)	–	2,286	4,478	3,567	4,557
기타	웹사이트	https://www.tencent.com/				
	전화번호	0755-83765566				

3

폐쇄에서 개방으로 변화하다, 텐센트

CHINA PLATFORM

싸이월드는 2000년대 초반 국민적인 관심을 받던 SNS였다. 이 곳을 통해 누군가의 생일 축하 소식이, 또 누군가의 부음이 들리기도 했다. 수많은 정치가들도 너나 할 것 없이 미니홈피를 만들어 변화를 수용하는 노력을 보이기도 했었다. SK그룹의 일원이었다가 분리되어 운영된다는 소식이 있었고 암호화폐를 발행했다는 소식도 있었지만 임금이 체불되었다는 반갑지 않은 소식도 있었다. 최고 자리에 있던 싸이월드는 왜 사라지게 되었을까?

미니홈피를 중심으로 한 네트워크 서비스는 회원들이 많아지면서 네트워크 효과가 더해져 거의 모든 국민이 미니홈피를 갖게 만들었다. 미니홈피는 나의 생각을 전하는 홈페이지였고 친구가 나에게 소식을 알리는 우체통이었다. 콘텐츠를 올리고 얼마나 많은 사람들이 방문했는지를 보는 것도 하나의 즐거움이었다. 2005년 내가 싸이월드 본부장을 맡았던 시절은 싸이월드의 전성기였다. 200명이 넘는 본부 직원이 엄청난 열정으로 매일 200만 명이 접속하는 서비스를 관리하며 새로운 기능을 만들어내고 있었다.

하지만 싸이월드는 플랫폼이 아니라 서비스에 그쳤다. 일부 꾸미기 상품을 만드는 협력업체가 있었지만 품질관리를 위해 최소한으로 제한하여 운영했다. 도토리라는 디지털 화폐를 만들었고 미니룸, 배경음악, 폰트 등을 파는 것으로 수익을 만들었다. 물론 이후 광장이라는 게시판을 도입함으로써 광고모델도 시도했었다. 문제는 이 모든 것들을 싸이월드 운영진이 외부에 개방하지 않고 내부적으로 수행했다는 점이다. 싸이월드는 플랫폼이라는 용어를 사용하지 않았고 SNS라는 표현을 사랑했다. '사이좋은 사람들'이라는 캐치프레이즈가 의미하는 것처럼 건전하고 아름다운 소셜 네트워크 서비스를 지향했다.

싸이월드가 유명해지고 보다 많은 연령대의 사용자가 진입하자 악화가 양화를 구축하는 상황이 벌어지기 시작했다. 초등학생들의 진입은 네트워크를 혼란스럽게 만들었고 자체적으로 제공되는 서비스는 사용자에게 피로감을 주기 시작했다. 헤어진 연인들이 네트워크를 떠났고 대학생이던 사용자가 직장인이 되면서 실제 인간관계가 바뀌자 네트워크를 떠나기 시작했다. 이러한 오프라인의 변화가 싸이월드의 쇠락을 만든 것이다. 모든 연령대에 맞출 수 없었던 미니홈피라는 포맷이 성공의 열쇠이자 쇠락의 이유가 된 것이다. 게다가 싸이월드가 모회사인 SK텔레콤과의 관계에서 모바일이라는 새로운 변화에 제때

적응하지 못한 것도 하나의 이유다. 모바일 싸이월드라는 서비스를 통해서 만들어지는 고전적인 수익[1]에 너무 취해 있었기 때문이다.

나는 싸이월드에서 2년 정도, 정확히는 1년 8개월 동안 수장으로 있었다. 만약 타임머신이 있어 내가 그때로 돌아가 싸이월드를 바꿀 수 있다면 다시 예전의 모습으로 살려낼 수 있을까 하는 상상을 해본다. 플랫폼에 대해 이만큼 공부했으니 싸이월드를 플랫폼으로 만들 수 있을지도 모르겠지만, 완전히 폐쇄된 서비스를 플랫폼으로 만들기란 쉽지 않을 것이다. 하지만 중국에서 이런 일이 일어났다. 완전히 닫혀졌던 서비스에서 완전히 개방된 플랫폼이 탄생한 것이다. 바로 텐센트의 '위챗'이다.

알리바바가 모범적인 플랫폼의 모습을 유지하며 성장했다면, 텐센트는 플랫폼과는 가장 동떨어진 모습으로 성장해왔다. QQ라는 메신저를 기반으로 8억 명의 고객을 모으고 그 안에서 모든 서비스를 제공함으로써 수익을 창출했다. 모든 서비스는 QQ 안에서 이뤄졌고 누구에게도 그 시장을 개방하지 않았다. 완벽하게 폐쇄된 서비스가 바로 QQ였다. 텐센트가 이러한 모습으로 모바일 플랫폼 시대를 맞았다면 아마도 시장에서 사라졌을 것이다. 그러나 텐센트는 현재 위챗, 즉 QQ와는 완전히 다른 개방형 플랫폼으로 중국을 지배하고 있다. 어떻

1
싸이월드는 SK텔레콤의 모바일 데이터 서비스의 일부로 모바일 싸이월드를 제공했고 데이터 수익의 일부를 분배받았다.

텐센트는 완벽한 개방 속에서 완벽한 폐쇄를 추구하고 있다.

게 완벽하게 폐쇄적이었던 기업이 완벽하게 개방적으로 변신했는지의 과정은 명확하게 밝혀진 바 없다. 하지만 그 둘 간에 존재하는 생태계적 사고는 동일하기에 그 관점에 대한 이해가 필요하다. 그래야 현재의 위챗이 추진하고 있는 '앱 이후의 세상Post Application Age'을 이해할 수 있기 때문이다. 미니프로그램이라는 새로운 '앱 속의 솔루션In Application Solution'은 위챗 하나로 모든 것이 해결되는 세상을 준비하고 있는 것이다. 어찌 보면 텐센트는 완벽한 개방 속에서 다시 완벽한 폐쇄를 추구하고 있는 것이다.

중국의 네이트온, QQ

2007년 한국에는 네이트온이라는 메신저가 있었다. 친구 간이든 기업 내 업무를 위해서든 네이트온은 필수적인 도구였다. 네이트온은 마이크로소프트라는 윈도우를 만드는 글로벌 거대기업이 내놓은 MSN 메신저를 누르고 한국 시장을 차지했다. 이때 동시접속자가 700만 명이었으니 그 영향력을 가히 짐작할 수 있을 것이다.

한국에 이러한 네이트온이 있었다면 중국에는 QQ가 있었다. 한국의 네이트온은 모바일 시대와 함께 나타난 카카오톡이라는 모바일 기반의 메신저에게 자리를 내어준 데 반해 중국의 텐센트는 모바일 메신저 위챗으로 굳건하게 시장을 지키고 있다.

텐센트 이야기를 '폐쇄'와 '개방'이라는 아주 추상적인 두 개의 단어로 시작하는 이유는 이 두 단어가 텐센트라는 기업의 시작과 현재를 아주 잘 표현하기 때문이다. 텐센트가 QQ를 가지고 중국의 인터넷 시장을 거의 평정했을 즈음인 2010년 7월에 쉬레이许磊 기자는 다음과 같은 글을 〈컴퓨터월드计算机世界网〉에 발표한다. 이 글은 모두가 동의했지만 차마 말하지 않았던, 텐센트의 '혁신하지 않고 모방한다', '세상을 적으로 돌렸다', '개방을 거부한다'라는 비판으로 이야기를 시작한다.

중국 인터넷 발전사에서 텐센트가 참석하지 않은 잔치

> 는 거의 없었다. 처음에는 남이 하는 대로 뒤따르다 치밀하게 모방해 단호하게 초월했다. 실제로 텐센트는 인터넷계에서 '파렴치한 모방 표절'로 악명이 높아, 전 노선에서 적을 만들어 모든 화살의 과녁이 되었다. 점차 많은 인터넷 기업이 시시각각 텐센트를 경계하기 시작했으므로 텐센트도 더는 이전처럼 마음대로 거둬들이지 못할 것이다.[2]

QQ는 PC 기반의 메신저이다. 메신저는 커뮤니케이션 수단으로 전형적인 네트워크 효과의 사례로 쓰인다. 네트워크 효과의 정의, 즉 '네트워크가 커짐에 따라 네트워크의 가치가 커지고 이로 인해 네트워크 안에 있는 참여자의 가치는 지속적으로 커진다는 의미'를 생각해보면 메신저라는 도구에 네트워크 효과가 어떻게 적용되는지 쉽게 이해할 수 있다. 메신저도 일종의 전화와 같이 보다 많은 사람들이 메신저를 사용해야 그 메신저의 효용도 올라가기 때문이다. 그 결과 그 네트워크 효과를 누리는 메신저를 새로운 메신저가 뛰어넘는 것은 불가능에 가까운 일(네이트온과 카카오톡의 사례를 보면 불가능은 아니지만)이다. QQ는 중국에서 그런 지위를 차지했고 그 고객 규모를 바탕으

2
우샤오보, 《텐센트 인터넷 세계의 새로운 지배자》, 처음북스, 2017.

로 다양한 서비스를 제공함으로써 수익을 창출했다. 아바타를 꾸밀 수 있게 했고, 네트워크 게임을 제공했고, 음악을 듣는 것이 가능하게 했다. 뉴스포털을 시작했고 서구의 SNS와 같은 서비스(QQ공간)도 있었다. 이미 아주 단단한 QQ 네트워크 안에 수억 명의 고객이 있었기에 텐센트는 그 어떤 서비스 영역도 마음만 먹으면 들어갈 수 있었고 진입 후에는 아주 손쉽게 시장을 점령했다. 그 결과 텐센트에게는 '개 같다'는 형용사가 부여되었다. 모든 서비스 사업자들이 QQ의 행보를 주시했고 텐센트가 특정 서비스 영역을 지목하는 순간 대책을 강구해야 했다.

텐센트의 QQ 가입자를 기반으로 한 서비스 제공 방식을 보면 지극히 폐쇄적인 모습을 볼 수 있다. 여기서 '폐쇄적'이란 모든 서비스를 QQ 운영자가 직접 제공하는 것을 의미한다. 예를 들어 특정 게임이 인기를 끌고 있으면 텐센트는 유사한 게임을 만들어 QQ 내에서 유통한다. QQ의 프리미엄 서비스인 다이아몬드 프로그램에 가입한 고객은 한 달에 적은 금액[3]만 지불하면 게임에서 특별한 대우를 받을 수 있고, 친구 관계 속에서 얻을 수 있는 기능(카카오톡에서 친구에게 하트를 요청하는 것과 같은)들을 제공받을 수 있었다.

경쟁자의 입장에서는 어렵게 개발한 게임이 이제 갓 시장에서 유명

3
보통 10위안, 원화로 170원 수준이다.

세를 얻자마자 그 자리를 텐센트에게 내어주는 경우가 빈번할 수밖에 없었다. 수억 명의 메신저 고객과 고객의 컴퓨터에 이미 설치되어 있는 실시간 커뮤니케이션 메신저 프로그램 QQ를 바탕으로 텐센트는 누구보다도 우월한 서비스를 제공할 수 있었다. 이는 음악, 뉴스포털에서도 마찬가지였다. 즉 미국의 페이스북이나 구글이 외부 기업들과의 자연스런 협업과 상생하던 모습이 텐센트에게서는 전혀 보이지 않았다. 모든 서비스는 텐센트 소유 하에서 이뤄지고 모든 수익은 텐센트로 귀속되었다. 물론 기업적 관점에서는 가장 안전한 최고의 수익 확보 방식이라 할 수 있다. 텐센트는 폐쇄성을 통해 수익을 창출했고 그 수익을 통해 중국의 다른 인터넷 기업들이 역사 속으로 사라질 때 굳건히 자리를 지킬 수 있었다. 인터넷이라는 세상에서 플랫폼이 아닌 서비스로 살아남은 것이다.

이러한 텐센트는 위챗이라는 모바일 메신저를 만들어 내면서 기존과는 다른 전형적인 플랫폼식 접근 방식인 '개방'을 택한다. 위챗은 모방이나 싸움보다는 보다 많은 아군을 확보하는 개방전략을 중심에 두고 중국에서 가장 개방적인 플랫폼으로 진화하게 된다. QQ를 통해 쌓았던 폐쇄의 경험을 개방이라는 새로운 미래로 바꾼 것이다. 현재 텐센트의 선발투수는 QQ라기보다는 위챗이다. 하지만 그 위챗을 만들어낸 것은 분명히 QQ 그 자체와 QQ를 통해 얻은 경험일 것이다.

메신저를 통해 수익을 창출하다

우리가 QQ에게 배울 점은 수익화에 대한 지치지 않는 열정이다. 중국의 인터넷 업계를 살펴보면 텐센트만이 유일하게 수익을 내면서 성장해왔다. 바이두, 알리바바, 시나 등 모든 인터넷 벤처들이 적자상태에서 투자유치로 조달한 현금으로 성장해온 반면 텐센트는 사업 초기부터 수익을 창출하며 성장해왔다. 역설적으로 투자를 유치하는 것이 상대적으로 힘들었기에 수익을 추구했다고 해석할 수도 있다. 텐센트의 QQ는 이스라엘에서 개발된 걸출한 메신저 서비스인 ICQ를 모방해서 만들었기 때문이다. 중국이 아무리 가짜의 나라라고 하지만 그 당시 인터넷 서비스에 투자를 집행했던 주체는 모두 해외 투자자들이었고, 그들에게 ICQ의 카피캣인 텐센트는 매력적인 투자대상이 아니었다. 이런 이유로 텐센트는 엄청나게 강한 생명력을 갖게 된다.

QQ의 폐쇄성을 기반으로 한 서비스에 대한 이야기는 단지 과거의 이야기만이 아닌 현재도 텐센트의 수익원으로 존재하지만 그 미래는 밝아 보이지 않는다. QQ는 플랫폼이라기보다는 서비스이고 이런 형태의 서비스는 이미 여러 곳에서도 쉽게 찾아볼 수 있기 때문이다. 반면에 우리가 QQ에서 관심을 두어야 하는 영역은 게임, 음악 등의 서비스를 제공함에 있어 QQ가 사용하고 있는 방식에 있다. 이후에 이야기하겠지만 위챗이 슈퍼앱으로 성장함에 있어 QQ의 생태계 운영방식이 그 모태가 되었다고 볼 수 있다.

텐센트는 메신저 서비스를 통해 확보한 고객들에게 다양한 콘텐츠를 제공하는 것을 기본 사업구조로 갖고 있다. 게임, 음악, 만화, 비디오, 실시간 영상 등의 서비스가 메신저와 관계없이 독자적으로 제공될 수도 있지만 이미 형성된 메신저 서비스에 연동될 때 그 가치는 더 커질 수 있기에 텐센트의 사업구조가 성공할 수 있었다.

텐센트가 메신저를 통해 만들어낸 추가적인 가치는 다음의 세 가지이다. 첫째는 인증과 결제가 요구되는 서비스에서 통합된 아이디가 제공하는 편리이고, 둘째는 이미 형성된 친구 네트워크를 콘텐츠 내에서도 활용할 수 있다는 점이다. 셋째는 프리미엄 서비스를 통해 콘텐츠 사용이 편리해질 수 있다는 것을 시장에 학습시킨 것이다.

텐센트는 중국 게임산업의 지배자이다. 2019년 기준으로 시장의 반을 지배하고 있다.[4] 게임의 특성상 새로운 게임의 등장은 시장의 지형을 바꾸기 마련인데, 텐센트는 50퍼센트 이상의 지배력을 1년 넘게 지키고 있다. 이러한 배경에는 위게임Wegame이라는 장치가 있다. 위게임은 일종의 '론처Launcher' 프로그램으로, 게임을 시작하기 위한 장치이다. 모든 중국의 PC방에 설치되어 있고 게임을 좋아하는 유저들의 컴퓨터에는 필수 설치요소이다. 예를 들어 MMORPG를 함께 즐기기 위한 단체대화방이나 실시간 대화기능과 같이 게임을 즐기기 위한 모든 장치가 이 론처를 통해 제공된다.

4
텐센트가 51퍼센트, 넷이즈가 17퍼센트, 그리고 그외 수많은 게임 업체들이 나머지 시장을 차지하고 있다.

새로운 게임이 출시되고 이를 텐센트가 퍼블리싱한다 가정하면 게임유저는 자연스럽게 위게임에서 QQ 아이디로 게임에 접속한다.[5] 즉 텐센트 게임 론처인 위게임은 아주 당연하게 QQ 아이디를 요구한다. 다른 게임 퍼블리셔들이 제공하는 게임을 위해 별도의 계정을 만들어야 하는 것을 생각하면 압도적으로 편리한 방식이다. 만약 컴퓨터에 QQ 메신저가 작동하고 있다면 별도의 로그인도 필요하지 않다. 이미 QQ 메신저가 사용자를 인증하고 있기 때문이다.

유료 서비스나 콘텐츠를 구매할 때도 QQ에서 QQ페이를 이용할 수 있다. 전체적인 콘텐츠 생태계가 QQ 안에서 움직이는 것이다. 이제는 모든 콘텐츠 서비스 로그인에 위챗 계정도 사용되고 지불결제 수단으로 위챗페이가 더 선호되는 상황이지만 QQ가 만들어 놓은 생태계에 위챗이 올라탄 것으로 볼 수 있다. 물론 이 과정에서 다른 결제 수단은 거의 보이지 않는다. 메신저를 통한 사용자의 장악과 이후에 구매 시 결제수단의 장악이 텐센트의 콘텐츠 사업의 핵심인 것이다. 그리하여 한번 QQ에 들어온 고객은 탈출이 불가능하지만 그 안에서 불편을 느끼지 않는다.

QQ는 네트워크 효과를 완벽하게 활용하여 시장을 장악했고 그 시장을 위해 다양한 서비스들을 제공했다. 그리하여 훌륭한 콘텐츠 생

5
현재는 위챗 아이디로도 접속이 가능하지만 텐센트 이외의 ID로는 접속이 불가능하다.

텐센트 위게임의 화면.

태계를 만들었다. 비록 폐쇄적이라는 한계가 있고 공급자들의 자발적 참여를 통해 그 생태계가 플랫폼의 모습으로 성장하지는 않았지만 충분히 매력적인 세상을 만들어낸 것이다.

플랫폼이 아닌 서비스인 카카오톡

한국에 카카오톡이 있다면 중국에는 위챗이 있다. 위챗은 카카오톡과 마찬가지로 모바일 환경에서 친구들과의 커뮤니케이션을 가능하게 해주는 도구이다. 하지만 카카오톡은 아직 메신저 서비스에 머물러 있다. 물론 처음보다 많은 진화를 했지만 아직은 플랫폼이라는 용어를 붙이기보다는 메신저 서비스로 이해하는 것이 적절하다. 하지만 최근 카카오채널을 통해 만들고 있는 변화는 상당히 플랫폼적이라 평가할 수 있다.

2016년 카카오 내부에서 청소서비스(혹은 파출부 서비스)를 기획하고 있다는 뉴스가 처음 등장했을 때만 해도 '대리주부'와 같이 시장에서 청소 서비스로 플랫폼 사업을 준비하고 있던 스타트업들에게는 사형선고와 같았다. 카카오가 청소서비스에 진출하려 한다는 뉴스는 스타스업들의 투자를 위한 노력을 무력화시키기에는 충분했기 때문이다. 비록 이런저런 이유로 사업을 포기하고 프로젝트에 참여했던 구성원들이 퇴사 후 창업하는 결과[6]를 낳았지만 카카오가 개방형이 아닌 폐쇄적 서비스에 집중하고 있다는 것을 보여주는 단적인 예이다. 동일한 맥락에서 카카오 모빌리티는 국정감사에서 주차장 사업의 진출에 대해 골목상권 진입이라는 질타를 받기도 했지만 이 사업은 여전히 확대 중이다.

카카오뱅크와 멜론 같이 대형자본과 정부의 승인을 필요로 하는 서비스는 제외하더라도 네비게이션 서비스 '김기사'의 인수를 통한 네비게이션, 택시호출, 대리기사 서비스, 카풀 스타트업 '럭시' 인수를 통한 카풀 서비스, 주차장 예약서비스, 메이커스, 쇼핑, 스타일, 미용실 예약 등의 서비스도 개방보다는 카카오가 직접 운영하는 방식을 택하고 있다. 비록 큐레이션을 통해 선택된 사업자와 협업하고는 있지만

6
현재의 청소연구소이다.

이 역시 정확한 의미에서의 개방이 아닌 카카오 서비스 내에서의 모양새다. 카카오가 4,300만 명이라는 모바일 네트워크 안에서 다양한 서비스 통해 수익을 확대하려는 노력은 텐센트가 QQ를 바탕으로 해왔던 노력과 비슷해 보인다.

플랫폼형 메신저 위챗

카카오톡이 플랫폼이 아니고 위챗이 플랫폼이라면 둘은 어떤 차이가 있을까? 메신저라는 기능 면에서 보면 차이는 거의 없다. 제공하고 있는 서비스 메뉴에서도 마찬가지다. 하지만 서비스 안으로 들어가 보면 큰 차이가 보인다.

위챗의 지갑 메뉴로 들어가면 131쪽 상단 그림과 같은 메뉴가 나타난다. 위쪽에는 텐센트가 제공하는 서비스들인데 금융 서비스와 공익 서비스뿐이다. 실생활에 필요한 서비스는 'Powered by third party operator'들에 의해 제공된다. 기차·항공 예매, 모빌리티, 스페셜, 영화티켓, 로컬 비지니스, 호텔, 공동구매, 여성 스타일, 플래쉬 세일, 중고품, 부동산이 위챗 지갑의 첫 화면에서 발견할 수 있는 서비스들이다. 그런데 이 메뉴들을 하나씩 클릭하고 들어가면 모두 위챗의 서비스가 아닌 굵직한 제휴사들의 서비스로 연결된다.

기차·항공 예매, 호텔은 동청이룽同程艺龙, 모빌리티는 디디추싱滴滴

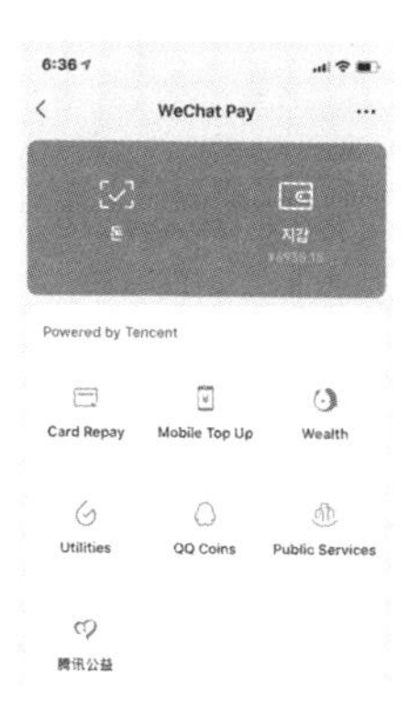

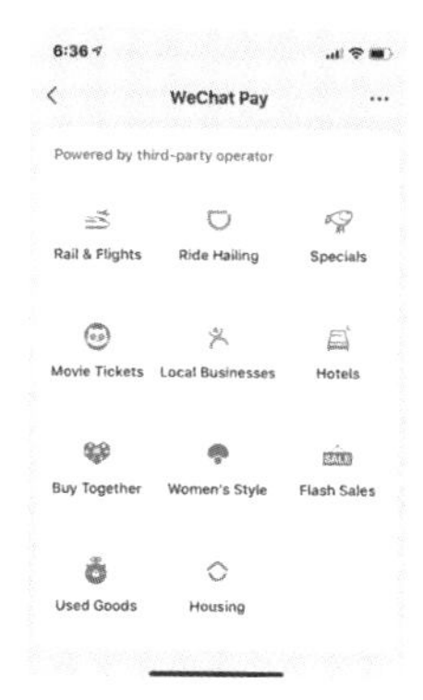

위챗의 지갑 메뉴. 텐센트 제공 서비스와 제3자 제공 서비스.

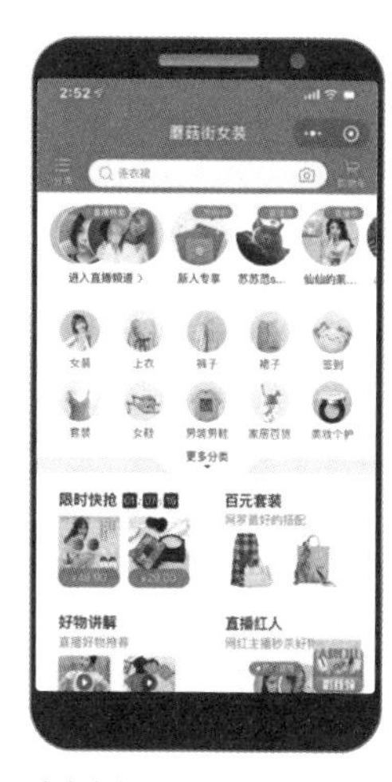

여성패션쇼핑, 음식평가주문, 여행예약 서비스의 모바일 메인화면이다. 위챗의 메인페이지에서 클릭으로 접근되며 모두 시장의 리더들이다. 화면의 우측 상단을 보면 동그란 표적 같은 것이 보이는데 언제든 위챗으로 돌아갈 수 있는 아이콘이다.

위챗 제휴사별 텐센트의 지분과 제공 서비스

로고	앱	텐센트 지분	설명
	同程艺龙	24.92%	– 2017년 12월 29일 同城旅行, 艺龙 두 회사가 합병 – 여행 서비스 제공 앱
	滴滴出行	11.40%	– 2012년 출시 – 온라인 차량 예약 앱
京东	京东	17.80%	온라인 종합 쇼핑 센터
美团外卖	美团外卖	20.14%	– 2013년 11월 출시 – 메이투안에서 출시한 배달 앱
	猫眼电影	11.55%	메이투안에서 출시한 영화티켓 구매 앱
	大众点评	20%	– 2003년 4월 출시 – 맛집, 오락, 호텔, 미용 등 일상생활의 정보 공유 – 사용자들의 평점으로 맛집 추천
	拼多多	17%	– 2015년 9월 출시 – 친구, 가족, 이웃 등과 함께 단체로 팀을 이뤄 더욱 저렴한 가격에 구매
蘑菇街	蘑菇街	17.20%	– 2011년 출시 – 여성상품 판매 앱
唯品会	唯品会	7.80%	– 2008년 12월 8일 출시 – 브랜드 상품, 가구 등을 할인해서 판매
转转	转转二手交易网	20%	– 2015년 11월 12일 출시 – 우바퉁청의 중고매매 담당 (우바퉁청은 집 매매, 취업정보, 자동차 매매, 중고품 매매 등 다양한 생활정보를 제공하는 플랫폼)
贝壳	贝克找房	2.32%	– 2018년 4월 말 출시 – 链家(집 구하기 앱)의 플랫폼 버전

出行, 스페셜(쇼핑)은 징둥꺼우京东购物, 영화티켓은 디엔잉옌추사이스电影演出赛事, 로컬 비즈니스는 다충디엔핑大众点评, 공동구매는 핀둬둬와 제휴하여 서비스를 제공하고 있다. 모두 각자의 영역에서 선도적 위치에 있는 사업자들이다. 물론 텐센트가 일부의 투자지분을 갖고 있는 것은 사실이지만 위챗의 서비스는 자신의 서비스가 아니라 실력 있는 파트너들과 협력하고 있는 것이다. 당연한 이야기지만 메뉴에서 하위 서비스로 나갔을 때도 위챗과의 연결을 유지하고 있다. 131쪽 하단 그림들의 우상단을 보면 표적과 같은 동그라미가 보이는데 공통적으로 위챗으로 돌아가는 버튼이다. 함께 일하는 파트너에게 고객을 보내주기도 하지만 그들 역시 위챗이라는 환경 안에서 서비스를 제공한다는 의미이다.

물론 폄하하자면 대단한 차이는 아니다. 네이버나 카카오가 대부분의 서비스를 내부적으로 소화하는 것과 비교하면 제휴를 통해서 해결한다는 정도로 해석할 수 있다. 하지만 플랫폼이 갖는 개방성이라는 지향성을 생각하면 그 조그만 차이는 결과적으로 엄청난 결과를 만들어낼 수 있고 이미 만들어지고 있다.

132쪽의 표는 위챗의 첫 화면에 있는 제휴사들에 대한 상세정보들이다. 모두가 텐센트가 아닌 별도의 법인이고 텐센트가 대주주 지분을 보유하고 있지는 않다. 많게는 25퍼센트 수준이고 대부분 10~20퍼센트 수준의 지분율을 유지하고 있다. 여행, 이동, 쇼핑, 음식배달, 영화, 식당 평가, 공동구매, 패션, 할인판매, 중고차, 부동산 등 일상생활에 필요한 기능들을 업계에서 선도적 위치에 있는 기업들을 입점시켜 고객의 편리를 추구하고 있다. 카카오톡이 대부분의 서비스를 직접 운영하는 것과는 매우 대조적이다.

여기서 플랫폼적이라는 의미는 위챗의 고객에게 내가 아닌 고품질 공급자의 서비스를 제공한다는 맥락에 있다. 위챗에서 공동구매 서비스를 원하는 고객이 있다면 위챗이 선정해 놓은 핀둬둬를 이용하면 된다. 만약 핀둬둬가 고품질의 서비스를 제공하지 못한다면 위챗은 다른 서비스 제공자로 교체하면 된다. 이 발상이 플랫폼적이라는 뜻이다. 그렇다고 선정이 안 된 서비스를 위챗에서 사용할 수 없는 것은 아니다. 거의 모든 서비스가 위챗상에 존재한다. 이 첫 페이지는 단지 위챗상의 좋은 자리를 배려해주는 것일 뿐이다.

이러한 맥락에서 플랫폼 안에 있는 제휴 플랫폼보다 하위 단계[7]에 있는 일반적인 서비스와 위챗 간의 협업 모델을 살펴보자. 즉 공간상의 제약으로 위챗의 첫 페이지에는 없지만 수많은 서비스 사이트가 인터넷 상에 존재하기 때문이다. 위챗은 두 가지 방식으로 모든 서비스들이 위챗과 협업할 수 있도록 지원하고 있다. 이해를 돕기 위해 우리가 잘 알고 있는 기업의 서비스가 각각 위챗과 카카오에서 어떻게 제공되고 있는지를 비교해보자.

7
낮은 수준의 서비스라기보다는 보편적 서비스라 보는 것이 맞다.

먼저 카카오톡 카카오채널에서 '스타벅스'를 검색하면 20여 개의 결과물이 나온다. 최상단에는 스타벅스 고객센터가 나오고 '스타벅스 본사 고객센터', '스타벅스 상담계정', '스타벅스 공식 고객센터', '스타벅스 공식 고객센터' 등이 이어서 나온다. 스타벅스 로고를 가진 채널만 10개가 넘는다.[8] 어느 것이 대표인지를 구분하기가 힘들다. 물론 '공식', '대표' 등의 단어가 남발되고 있는 것도 신뢰를 떨어뜨리지만 덜 정비되어 있다는 느낌을 준다. 물론 예전의 스타벅스 이름을 도용한 플러스친구는 사라졌다.

위챗에서 스타벅스인 '싱바커星巴克'를 검색하면 공식계정과 미니프로그램이라는 두 개의 결과만 나타난다. 모두 스타벅스 중국이 공식적으로 운영하는 것이다. 물론 과거 한국의 스타벅스 플러스친구처럼 도용되는 경우는 없다.[9] 공식계정은 법인이 참여하는 위챗의 계정이고 미니프로그램은 이 계정을 통해 위챗상에서 운영하는 공식 홈페이지다. 기업이 크건 작건 단 하나의 공식계정과 미니프로그램이 존재한다. 여기서 도용이라는 개념도 매우 중요한데, 위챗에서 도용이 불가능한 것과 과거 카카오에서 누구나 쉽게 스타벅스라는 브랜드를 사

8
카카오가 플러스친구를 채널로 개편하기 전에 스타벅스는 공식채널을 갖고 있지 않았다. 이때는 스타벅스의 이름을 도용한 플러스친구만 몇 개 있었다.

9
스타벅스로 카카오에서 검색하면 '스타벅스#고객센터#사칭주의'라는 채널이 존재한다. 이전에 있었던 스타벅스를 사칭했던 채널들에 대응하기 위한 장치로 보인다.

용할 수 있다는 점은 신뢰도 측면에서 큰 차이를 만들어낸다.

기업계정이 2천만 개라는 의미는 위챗이 카카오와 같은 단순한 메신저가 아니라는 것을 웅변해준다. 그 안에는 11억 명의 중국인과 2천만 개라는 거의 모든 중국의 기업(상인, 가게, 식당)이 존재한다. 공급자인 기업은 고객에게 재화와 서비스를 제공하고, 고객은 위챗을 통해 그를 누린다. 공급자는 미디어의 형태를 취하기도 하고 제조사의 모습을 취하기도 한다. 물론 상품을 판매하는 판매상도 있고 서비스를 제공하는 기업과 식당도 있다. 모두 위챗이라는 새로운 도구를 통해 고객을 상대한다.

소비자가 아무 제한 없이 위챗을 사용할 수 있는 반면 공급자들은 위챗의 통제를 받는다. 물론 그 통제가 아주 엄격한 것은 아니다. 위챗이 진실·합법·유효한 플랫폼이 되기 위해 몇 가지 제한을 가하는 것이다. 그런 이유로 도용되거나 함부로 브랜드를 사용하는 경우는 없다. 그 제한의 첫 단추가 '공식계정'이다.

공식계정

위챗이 양면시장을 지향한다는 점을 가장 쉽게 설명하는 요소는 공식계정公众号이다. 공식계정은 사업자가 위챗에서 활동하기 위한 일종의 아이디로, 페이스북으로 치면 기업의 페이지에 해당한다. 기업이 공식계정을 만들면 위챗에서는 친구처럼 활동할 수 있다. 페이스북에서 기업이 활동하기 위해서 페이지를 만들듯 위챗에서는 공식계정이 필

위챗 공식계정의 종류와 차이점

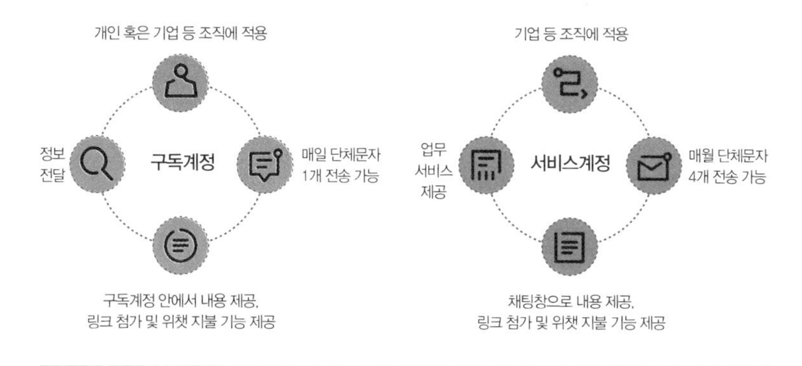

출처: Quest Mobile, 2019.3.

요하다. 그리고 이 공식계정은 플랫폼 내에서 공급자가 소비자를 만나기 위한 경로이자 장치이다. 이 공식계정에서 '공식'이라는 단어가 중요하다. '공식'은 법적인 의미를 갖고 동시에 무게감을 갖는다. 그래서 도용이 불가능하고 그 의미를 지키는 노력이 필요하다. 위챗은 언제든지 자신이 정해 놓은 원칙을 어길 경우 공식계정을 정지시키기 때문이다.

공식계정은 크게 두 가지 종류가 있는데 하나는 미디어적 특성을 지닌 구독계정이고 다른 하나는 서비스적 성격을 지닌 서비스계정이다.[10] 먼저 구독계정은 매일 한 번씩 친구들에게 이야기를 전달할 수 있어서 일종의 신문과 같은 역할을 한다. 페이스북의 엣지랭크처럼 플랫폼이 당신의 취향을 반영하여 뉴스를 배달해 주는 개념이 아니라, 친구关注를 맺으면 그 미디어가 뉴스를 제공하는 전통적인 구독 방식이다. 일종의 친구 미디어가 하루에 한 번씩 이야기해주는 개념으로 이해하면 된다. 결국은 내가 읽고 싶은 미디어를 선택하고, 그 미디어는 하루에 한 번이라는 제한 속에서 친구들에게 자신의 이야기를 할 수 있다. 물론 그 미디어의 친구 신청을 받아들이는 것은 필수다.

구독계정을 통해서 위챗은 통상적인 미디어 역할을 한다. 매일 하나의 단체문자 제공이 가능하기에 ○○일보라고 생각하면 된다. 재미가 있든, 이슈가 되든, 공유할 만한 뉴스가 있을 때 사용자는 그 뉴스를 나의 대화창이나 단체방 혹은 미니홈피 격인 펑요우췐朋友圈, moment(이하 모멘트)에 공유하면 뉴스는 나의 친구 관계망을 통해 전파되는 방식이다. 이런 이유로 페이스북의 미디어 유통방식이 다수의 지지를 통해 단계적으로 이뤄지는 데 비해 위챗의 전파속도는 매우 단순하다. 가짜뉴스와 같은 미디어의 부정적 기능을 제어하는 노력 역시 극단적이다. 미디어의 뉴스가 가짜로 판명되거나 진실을 왜곡하면 그 계정은 순식간에 일방적으로 폐쇄된다.

서비스계정 역시 친구를 맺어야 한다는 점은 동일하지만 기능 면에서는 구독계정보다 다양하다. 기존의 서비스 홈페이지가 위챗 안에

10
이 외에도 기업이나 조직 내에서 직원들이 소통할 수 있는 인트라넷과 유사한 기업계정도 존재한다.

<table>
<tr><th>개인사업자 유형</th><th>기업 유형</th><th>정부 유형</th><th>매체 유형</th><th>기타 조직 유형</th><th>개인 유형</th></tr>
<tr><td>개인사업자 명칭</td><td>기업명칭</td><td>정부기관 명칭</td><td>매체명칭</td><td>조직기관 명칭</td><td></td></tr>
<tr><td>영업허가증, 사업자등록번호</td><td>영업허가증, 사업자등록번호</td><td>등록번호</td><td>조직기관 코드번호, 사업자등록번호</td><td>조직기관 코드번호, 사업자등록번호</td><td></td></tr>
<tr><td colspan="6">운영자 이름</td></tr>
<tr><td colspan="6">운영자 신분증번호</td></tr>
<tr><td colspan="6">운영자 전화번호</td></tr>
<tr><td colspan="6">거래가능 위챗 계정</td></tr>
</table>

공식계정 획득에 필요한 서류. 공식계정을 얻기 위해서는 영업허가증과 같은 공식 서류가 반드시 필요하다.

존재한다고 생각하면 된다. 위챗의 페이지 안에서 기업을 소개할 수도 있고 물건을 팔 수도 있고 서비스를 예약할 수도 있다. 위챗은 다양한 API와 SDK를 제공함으로써 서비스계정을 통해 예상할 수 있는 기본적인 기능을 제공하고 있다. 한 달에 네 번까지 전체 구독자를 대상으로 마케팅 커뮤니케이션이 가능하다. 최근에는 서비스계정의 한계를 인지하고, 샤오청쉬小程序, mini program(이하 미니프로그램)[11]라 불리는 새로운 기능을 제공하고 있다. 공식계정으로 보다 많은 기능을 구현

11
영어로 'Mini Program'이라는 표현이 이해하기 쉽기에 여기서도 '샤오청쉬'보다는 '미니프로그램'을 사용하겠다.

할 수 있게 만들어 놓은 Advanced SDK라 할 수 있고, 조용히 텐센트가 원하는 것이 무엇인지를 보여주는 진보이다.

새로운 의미의 포털, 미니프로그램

텐센트가 QQ를 통해 아주 폐쇄적인 서비스를 제공했다면 위챗에서는 아주 다른 모습을 보이고 있다. 그 시작이 공식계정이었지만 이제 그 중심축은 미니프로그램으로 넘어가고 있고 위챗의 마지막 지향점은 새로운 개념인 슈퍼앱, 혹은 앱 속의 세상In App Solution으로 보인다. 위챗의 사업 전략인 슈퍼앱의 개념을 이해하기 위해서는 모바일 플랫폼에 대한 기본적인 이해가 필요하다.

모바일이라는 스마트폰 환경에서 서비스를 제공하기 위해서는 카카오톡과 같은 애플리케이션이 필요하다. 하지만 그 전에 스마트폰이라는 기계와 이 기계를 움직이는 소프트웨어인 '모바일 OS'가 필요하다. 현재 애플의 iOS와 구글의 안드로이드가 이 영역을 지배하고 있고 중국의 샤오미와 같이 안드로이드를 기반으로 자기만의 UI를 운영하는 스마트폰 제조사도 있다. 이 모바일 OS 제공자들은 SDK라는 개발도구를 만들어 개발자 커뮤니티에 배포함으로써 자신의 플랫폼에 보다 많은 개발자들이 들어올 수 있도록 유도하고 있다. 물론 애플리케이션의 유통을 위해 시장역할을 하는 도구를 만들어서 운영하고 있는데 그것이 바로 애플의 앱 스토어와 구글의 플레이스토어이다. 모바일 플랫폼에 공급자로 참여하는 개발자들은 애플리케이션을 만들어 시장에 공급한다. 이 과정에서 OS 혹은 모바일 플랫폼들 간의 경쟁이 나타나고 이는 우리가 애플의 아이폰을 선택할 것인가, 삼성의 갤럭시를 선택할 것인가에 있어 가장 중요한 요소가 된다. 즉 스마트폰의 기계적인 기능성과 더불어 OS의 사용성User Experience이 소비자들의 스마트폰 기기를 구매함에 있어서 큰 선택기준이 되고 있다.

이러한 모바일 플랫폼 경쟁에 위챗이 '미니프로그램'이라는 개념을 제시한다. 미니프로그램은 말 그대로 작은 프로그램을 뜻하며, 언뜻 보기에 스마트폰에서 볼 수 있는 애플리케이션과 다르지 않다. 하지만 다른 애플리케이션처럼 스마트폰의 화면을 차지하지 않는다. 단지 위챗의 어딘가에 숨어 있다가 필요할 때 나타난다. 우리는 이미 스마트폰의 여러 페이지를 차지하고 있는 수많은 애플리케이션으로 인해 혼란을 경험하고 있다. 위챗의 미니프로그램은 이 모든 것을 위챗 안으로 숨겨버린 것이다. 새로운 의미의 '포털'이라 칭할 수 있다. 위챗은 2018년 말 기준 230만 개의 미니프로그램을 갖고 있는데, 이는 애플과 구글의 스토어에 등록된 애플리케이션 숫자와 유사한 수준이다. 차이점이 있다면 위챗이 이 자리까지 올라오는 데 걸린 시간은 단 2년에 불과하다는 점이다.[12]

미니프로그램은 기존의 공식계정에서 서비스계정의 한계를 극복하기 위해 개발된 것으로 보인다. 많은 왕홍들이 미디어계정을 통해 하루에 한 번 새로운 상품을 알리는 것은 가능하지만 이를 구매로 연결시키는 것이 어려웠다. 판매가 가능한 서비스계정을 사용하면 한 달에 네 번이라는 커뮤니케이션 횟수제한이 이를 어렵게 했다. 그래서 매일 상품을 소개하면서 위챗 외부에 별도의 사이트를 만들어 링크하는 방식으로 서비스를 제공해왔다.[13] 물론 위챗 외부로 나가는 순간 내 고객과의 커뮤니케이션은 단절된다. 위챗이 고객 정보를 외부로 연결시켜주지 않기 때문이다. 즉 위챗상의 사용자 정보를 가지고 외부 페이지로 가는 것이 불편했다는 뜻이다. 이것이 미니프로그램이 탄생한 가장 큰 이유이다. 미니프로그램은 이 모든 과정이 위챗 안에서 이뤄질 수 있게 만들어 준 것이다.

즉 미니프로그램은 새로운 것은 아니다. 이미 징둥과 같은 플레이어들(첫 페이지에 있는 제휴업체들)은 위챗상에서 별도의 앱을 만들어서 연동하고 있었다. 단지 모든 공식계정을 가진 기업들에게도 동일한 기회가 제공되었을 뿐이다. 수많은 중소규모 상인들이 스스로 하기 힘들었거나 할 수 없던 것을 위챗이 도구를 만들어 제공하는 것이다. 전형적인 매력적인 플랫폼 도구의 출현이다.

먼저 미니프로그램의 크기는 10메가를 넘을 수 없는데, 모든 호스

12
애플과 구글이 앱 스토어를 운영한 지는 10년이 넘었다.

13
위챗 내의 서비스계정과 연동하여 판매를 진행할 수도 있었지만 공식계정의 운영원칙이 이를 어렵게 만들었다.

팅과 운영을 위챗이 책임지기 때문에 너무 거대한 앱은 사양한다. 즉 애플리케이션을 갖기 위해 별도의 클라우드 서비스를 사용할 필요가 없다. 그리고 몇 가지 제약이 있다. 미니프로그램에서는 고객을 대상으로 한 푸쉬가 불가능하다. 기존의 공식계정의 미디어 기능을 사용하라는 뜻이다. 물론 개발은 위챗이 별도로 만들어 놓은 자바 스크립트를 사용해서 해야 하고 업그레이드 시 위챗의 승인이 필요하다. 오직 위챗에서만 사용되는 프로그램이기에 위챗의 의사결정이 절대적이다.

약간의 제약이 있지만 미니프로그램은 위챗에게 기존에 적극적 소비가 어려웠던 소비자를 끌어들이는 역할을 한다. 중국의 3, 4선 도시들은 아직도 무선데이터 트래픽에 대한 경제적 허들이 높아서, 애플리케이션의 다운로드가 부담스러운 고객들이 많다. 이 고객들은 위챗 상에서의 미니프로그램의 출현을 환영하는 것으로 보인다. 이러한 제약을 허물면서 새로운 시장을 개척한 것이 이후에 이야기할 핀둬둬이다. 핀둬둬는 3, 4선 도시의 소비자에 특화된 공동구매 서비스를 설계해서 시장의 주목을 받고 있다.

이는 공급자의 경우도 마찬가지다. 상상해보면 아주 당연한 일이다. 개인의 스마트폰을 열어보면 많게는 수십 개의 애플리케이션이 설치되어 있다. 기본 애플리케이션들이 있고 은행, 예약, 택시, 게임 등 애플리케이션을 선택해서 설치하는데, 설치의 기준은 사용빈도에 있다. 하지만 중국에는 2천만 개의 공급자가 있고 이 모든 공급자가 애플리

징둥닷컴의 도시수준별 애플리케이션과 미니프로그램 사용빈도

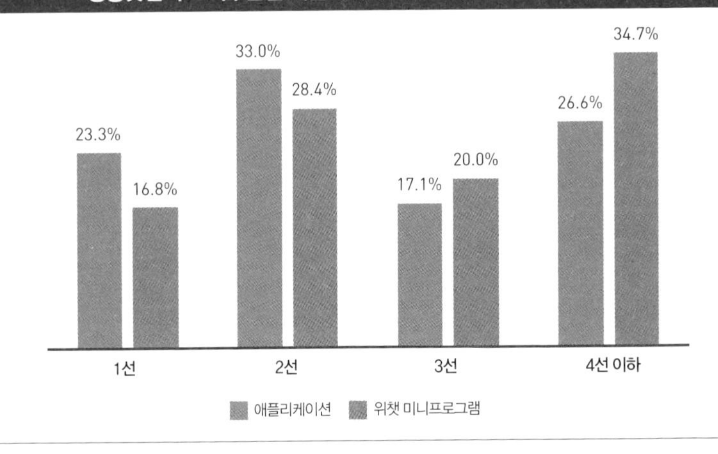

1, 2선 도시는 애플리케이션의 사용빈도가 높지만 3, 4선 도시로 가면 미니프로그램의 사용빈도가 높다.
출처: Quest Mobile

케이션을 만들지는 않는다. 모두가 스타벅스일 수는 없기 때문이다. 물론 사용자 입장에서도 한 달에 한 번 방문하는 식당을 위해 앱을 설치하는 것은 번거로운 일이다.

앱을 개발하기 위해서는 개발자원이 필요하고 또 그 앱을 유지하기 위한 시스템이 필요하다. 아무리 손님이 많아도 집 앞의 조그만 식당이 앱을 만들 이유는 없다. 하지만 그 식당도 스마트폰을 통해 예약을 받고 메뉴를 알리고 프로모션하고 결제하고 싶을 것이다. 위챗의 미니프로그램은 이 바람을 해결해준 것이다. 물론 그 바람을 실현하는 데 드는 비용은 제로에 가깝다.

미니프로그램의 가장 이상적인 사용은 수많은 팔로워를 가진 왕홍들이었다. 최근에 왕홍들의 방송과 커머스를 연결하는 샤오홍슈小红书와 같은 플랫폼들이 출현하고 있지만 동일한 기능이 위챗에서 가능해졌다. 왕홍들은 기존의 커뮤니케이션 방식인 채팅이나 모멘트, 공식계정의 미디어 기능을 통해서 상품을 소개하고 구매를 미니프로그램으로 연결시킴으로써 엄청난 매출 성장을 이루고 있는 것이다. 모든 것이 위챗 안에서 이루어지기에 정보의 흐름도 공유도 완벽하게 이루어진다.

메신저 그 이상의 진보

2018년까지 위챗이 만들어낸 성과를 살펴보면 위챗이 단순한 메신저가 아닌 이유를 알 수 있다. 위챗의 공식발표인 〈2018 위챗 데이터 보고서微信数据报告〉에 따르면 2018년 말 위챗의 월 사용자수用户保持活跃, Monthly Active User는 10억 8천만 명으로 이미 10억 명을 넘어 11억 명에 가까워지고 있다. 매일 발송되는 메시지 수는 450억 개로, 상상하기 힘든 수준의 성과를 보이고 있다. 하지만 가장 큰 변화이자 진보는 위챗이 미니프로그램을 통해 애플리케이션 경쟁의 다음 단계로 진화하고 있다는 것이다. 2018년 말 미니프로그램은 하루 2.3억 명의 DAU(하루 동안 해당 서비스를 이용한 이용자의 수)를 기록했고 2019년의 목표는 3.5억 명이었다. 위챗은 미니프로그램으로 세상을 바꿀 계획을 갖고 있다.

가장 많이 쓰이는 100개의 애플리케이션과 미니프로그램 간의 사용 비율(2018년 7월)

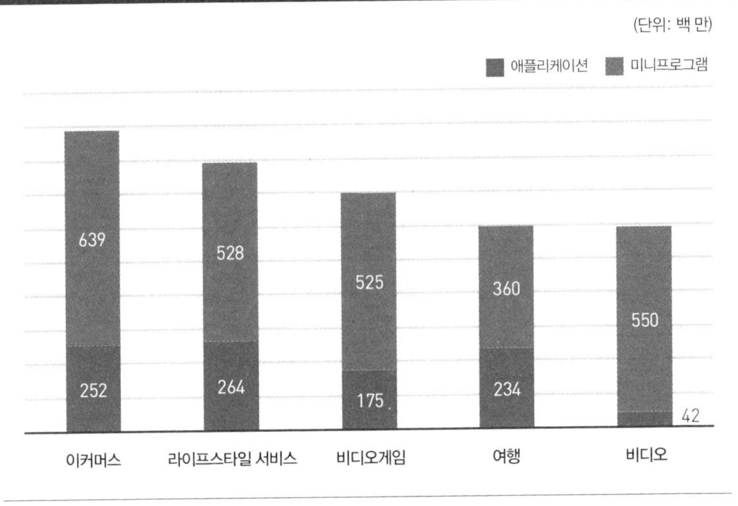

출처: Quest Mobile, 2018.

2018년 7월 기준으로 각 영역별로 미니프로그램과 애플리케이션을 모두 가진 상위 100개의 사업자들의 트래픽을 비교해보면 이미 미니프로그램이 많은 영역에서 지형을 넓혀가고 있는 것으로 보인다. 특히 왕홍들의 주요 무대인 이커머스와 비디오 분야에서 미니프로그램의 사용 비율은 압도적이다. 따라서 더 이상 기존의 애플리케이션을 통한 트래픽 확보 노력이 큰 의미가 없다는 판단이 나오고 있다. 실질적으로 플레이스토어의 의미가 사라지기 시작했다.

미니프로그램의 설계는 기존의 애플리케이션 설계와 차별된다. 미니프로그램은 그 자체로 고객으로부터 무언가를 얻으려는 시도를 하

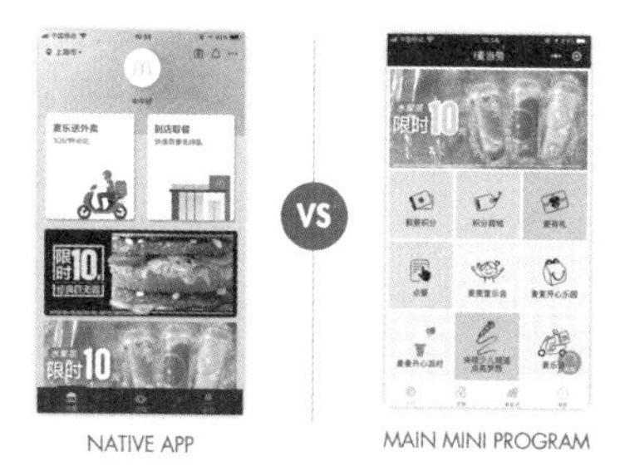

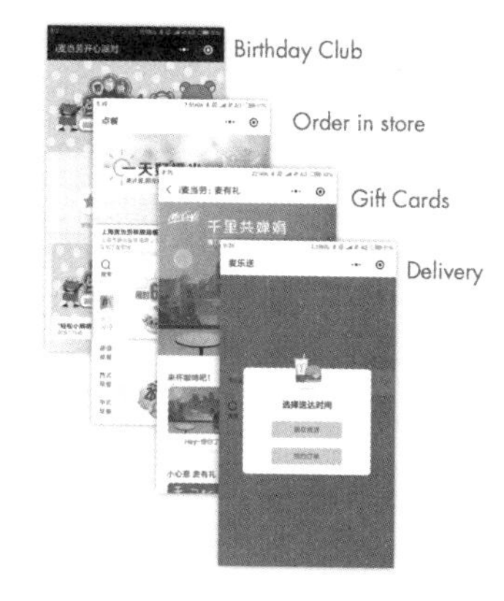

중국 맥도날드 미니프로그램.

출처: UX Planet

지 않는다. 일종의 결제도구처럼 고객이 원하는 것을 빠르고 편하게 제공하고 사라질 따름이다. 이 원칙을 'Use and Forget'이라 표현하는 이유도 그러하다. 미니프로그램의 설계는 단순하고 목표 지향적이어야 한다. 그런 이유로 동일한 애플리케이션이 복수의 작은 미니프로그램으로 재탄생하기도 한다.

위 그림에서 보이는 맥도날드의 애플리케이션 구조도(?)를 보면 미니프로그램이 어떤 역할을 하는지 알 수 있다. 먼저 맥도날드의 기존 앱은 예전처럼 존재한다. 여기에 맥도날드의 메인 미니프로그램이 추가된다. 위챗상에서 맥도날드를 대표하는 미니프로그램이다. 그리고 여기에 추가적으로 다양한 기능에 맞는 미니프로그램이 별도로 존재한다. 상황에 맞게 가볍게 개발되고 사라지는 프로그램의 의도를 가장 적절히 이용하고 있다. 상품권을 판매하기 위한 미니프로그램, 생일클럽을 위한 미니프로그램 등 다양한 작은 프로그램들을 별도로 만들어서 운영하고 있다.

미니게임

미니게임의 발전을 보면 위챗의 미니프로그램이 어떻게 기존의 애플과 구글이 지배하고 있는 애플리케이션 생태계를 뛰어 넘을지 상상할 수 있다. 2017년 말에 시작된 미니게임은 현재 7,000개의 게임과 1억 명의 DAU를 기록하고 있다. 위챗의 실질적인 DAU가 8억 명 수준임을 감안하면 15퍼센트의 사용자가 미니게임을 사용하고 있는 것이다. 2018년 12월에는 1억 명의 유저가 하루 6.4회 접속, 평균 17.4분 사용이라는 실적을 보이고 있듯이 실로 어마어마한 속도로 게임산업을 파고들고 있다. 미니게임 출시와 더불어 제공된 뛰뛰기跳一跳 게임은 출시 후 3일 동안 4억 명의 누적 사용자를 기록했고 1.7억 명이라는 DAU를 기록했다. 간단하면서 재미있는 게임이 다운로드 없이 위챗 상에서 제공되는 것은 분명한 변화다.

위챗, 즉 텐센트는 이 미니게임에 광고를 붙여 수익을 게임 개발자와 50대 50으로 나누는 원칙이 적용 중이다. 단순한 무료 게임뿐만 아니라 게임 안에서의 아이템 판매가 이뤄지는 게임도 점차 미니게임 안으로 들어오고 있는 것이다. 현재 미니게임의 시장규모는 600억 위안 수준이고 지속적으로 성장하고 있다.

618 쇼핑데이 이벤트에서 징둥의 미니프로그램 페이지.

이커머스

위챗에 존재하는 미니프로그램 중에 18퍼센트는 상거래용이다. 이미 언급했듯이 왕홍들의 수익모델로 미니프로그램이 적극적으로 활용되고 있다. 뿐만 아니라 위챗 대화창, 모멘트, 그리고 위챗페이와의 물 흐르는 듯한 연결은 모든 전자상거래 사업자들을 미니프로그램의 사용자로 만들고 있다. 즉 징둥이나 메이투안, 샤오훙슈 등 주요 전자상거래 플랫폼들이 미니프로그램을 자신의 메인 애플리케이션의 보조도구로 사용하고 있는 것이다. 위챗의 대표적인 커머스 서비스인 징둥을 살펴보면 제2의 광군절이라 불리는 2018년 618 쇼핑데이[14]에서 미니프로그램을 통해 1,592억 위안의 매출을 올렸다. 전체 징둥의 당일 매출액의 56퍼센트에 해당하는 실적이다. 미니프로그램이 가진 날렵함이 충동구매가 많이 이뤄지는 쇼핑데이에 적절하게 사용된 것이다.

커머스의 한 종류인 식당들의 미니프로그램이 만들어지고 사용되는 과정은 매우 자연스럽다. 식당에서 위챗페이로 결제하는 것은 매우 자연스러운 일이기에 한 번 위챗페이로 결제가 이뤄지면 이후 그 식당의 미니프로그램은 나의 미니프로그램 창에 나타난다. 만약 그 지역을 다시 지나가고 그 식당이 프로모션을 하고 있다면 분명히 쿠폰을 받는 대상이 될 것이다. 개발의 용이성, 사용의 용이성 그리고 접근 용이성이 모두 보이는 매력적인 플랫폼 도구의 운영방식이다.

광고모델

미니프로그램의 목적은 공급자들의 사업을 도와줄 뿐만 아니라 위챗의 수익에도 큰 변화를 만드는 데 있다. 위챗의 기존 광고방식은 사용자의 커뮤니티 영역인 모멘트, 공식계정에 광고를 게재하는 것이었다. 아무리 사용자의 특성을 감안한 광고라도 광고는 불편함을 준다. 하지만 미니프로그램의 경우는 완결성 측면에서 진일보했다. 즉 광고가 구매까지 일관된 흐름으로 이어지는 솔루션이 미니프로그램이기 때

14
징둥과 월마트가 주도하는 행사로 알리바바의 11월 11일의 광군절에 대항하여 만들어졌다.

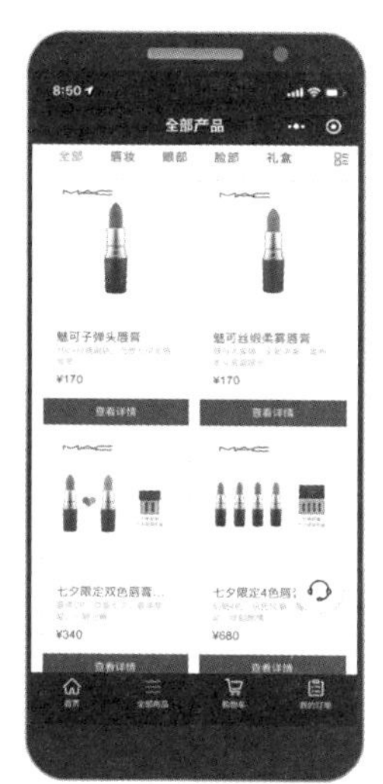

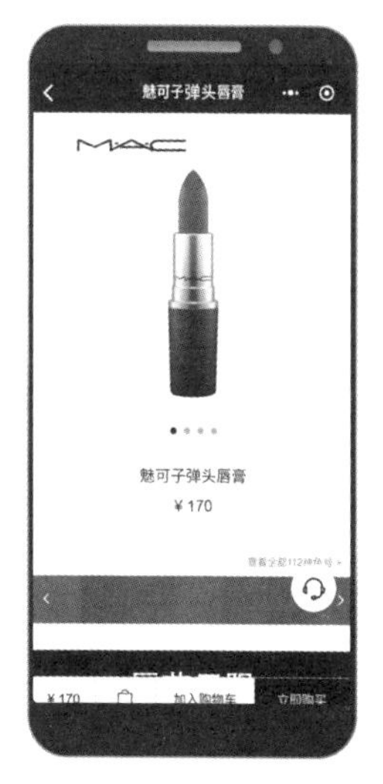

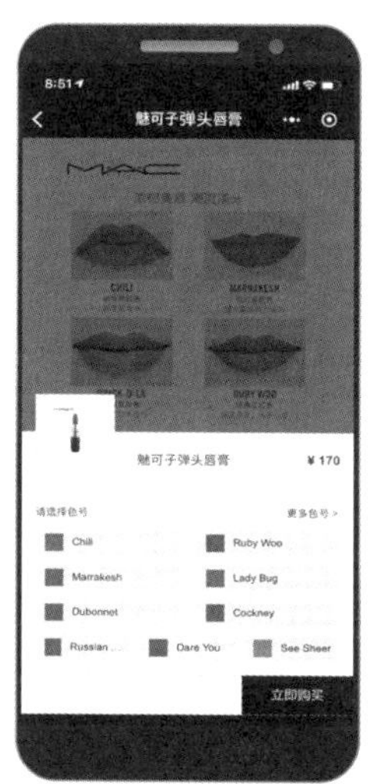

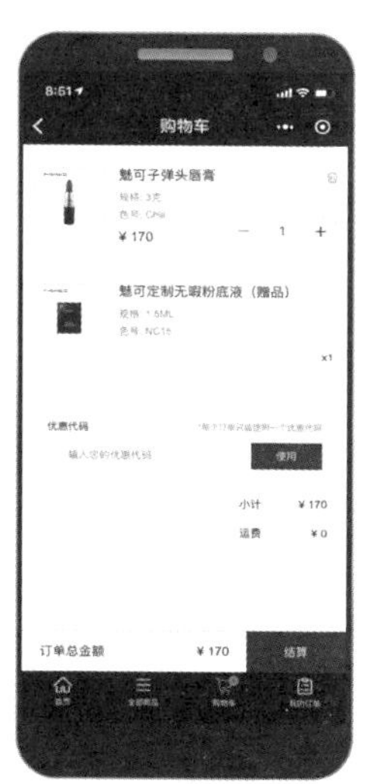

모멘트에 미니프로그램 형식으로 게재된 광고를 클릭했을 때 광고에서 구매로 이어지는 과정.

문이다.

먼저 미니프로그램 내에서의 상품 광고는 매우 자연스럽다. 페이스북이 뉴스피드에서 비즈니스 콘텐츠를 줄이는 것과 마찬가지로 위챗은 많은 광고를 담아내기에는 적합하지 않은 SNS라는 태생적 특징을 갖고 있다. 그 문제를 미니프로그램이 자연스레 해결해주고 있다. 광고가 게재되는 방식은 이전과 동일하지만 단순한 광고에 그치지 않고 실질적인 구매로 이어질 수 있기에 모멘트에 뜨는 광고는 보다 현실적이다. 많은 중국인들은 모멘트를 통해 상품을 홍보하고 추천해왔기에 미니프로그램이 연동된 광고는 보다 완성도 높은 광고가 된 것이다. 그런 이유로 다양한 광고방식이 탄생하고 있고 그 광고는 실질적인 구매와 참여를 이끌어내고 있다.

물론 이 광고가 가장 많이 활용되는 곳은 공식계정이다. 매일 미디어 계정을 통해 광고가 팔로워들에게 공급되고 서비스계정의 모든 이벤트는 광고로 이어진다. 이제 기업들은 이 광고방식을 위챗상에서 상품을 홍보하는 최고의 방법으로 이해하고 있다. 단지 중국인들의 위챗 대화창에서 공유되기 위해서는 보다 재미있고 창의적이며 유용한 광고를 만들어야 한다는 점만이 다를 뿐이다. 이제 새로운 광고창이 열린 것이다.

교통

2019년 기준 134개 도시에서 대중교통을 위한 위챗상의 미니프로그

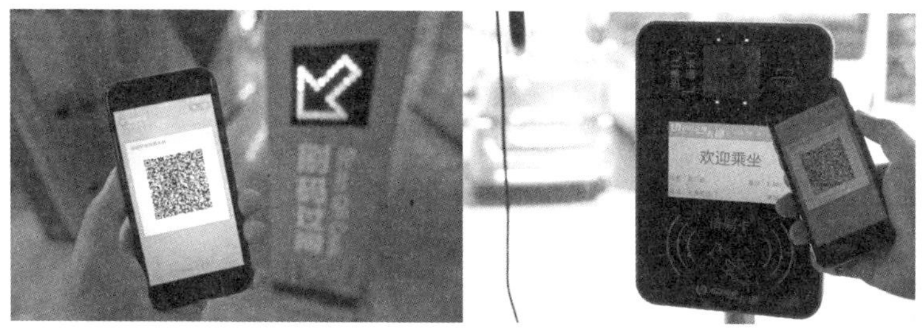

미니프로그램의 QR코드를 통해 편리하게 대중교통을 이용할 수 있다.

램을 운영 중이다. 신용카드로 버스와 지하철을 이용하는 우리에게는 전혀 대단한 일이 아니지만 중국은 아직도 지하철 카드를 가장 많이 사용하고 있다. 이 영역에 위챗이 미니프로그램을 들고 등장했다. 모든 중국인들[15]은 이용 중인 위챗에서 지하철 미니프로그램을 작동시키면 QR코드가 나타나는데 이를 지하철 출입구에 접촉하면 요금이 자동으로 지불된다. 결제는 위챗페이를 통해 이뤄진다. 지하철 미니프로그램은 지하철에 들어서는 순간 위치 인식을 통해 이미 나의 대화창 위에 대기 중이다. 상상할 수 있었다면 이미 가능한 일이었지만 애플리케이션이라는 장벽이 막고 있었던 영역이다. 중국의 모든 지하철과 버스는 한국처럼 지역자치단체의 통제를 받고 있었고 모두 개별적으로 애플리케이션을 만들기란 매우 어려운 일이었다. 하지만 이 문

15
현실적으로 정확한 사용비율을 추정하기는 어렵지만 90퍼센트 이상으로 예상된다.

제를 위챗은 한번에 해결했다.

현재는 선전深圳의 지하철과 상해上海의 버스 시스템이 대표적이고, 이들의 성공이 지속적으로 타 도시로의 확산을 만들어 내고 있다. 이 확산은 버스 DAU 2억 명, 지하철 DAU 5천만 명으로 이어졌다. 기존에 존재했던 모든 번거로움을 미니프로그램이 해결해준 것이다.

위챗만으로 모든 것이 가능한 세상

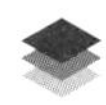

모바일 세상은 2007년 애플이 iOS가 장착된 아이폰을 출시하면서 시작되었다. 구글이 뒤를 이어 안드로이드를 만들었고 이 두 기업이 만들어 놓은 모바일 세상은 새로운 룰을 만들었다. 모바일 세상에 들어오기 위해서는 'Store'라는 관문을 통과해야 한다. 물론 그 관문을 애플과 구글이 지키고 있다. 이 문은 과거 PC 세상에 비하면 매우 개방적이지만, 모바일이 일상화된 지금 많은 사람들은 너무 많은 권력이 이 두 사업자에게 집중되어 있지 않은지 우려하고 있다.

포스트 앱 시대Post App Age[16]는 그런 맥락에서 애플과 구글이 지키고 있는 이 관문을 어떻게 바이패스할 것인가에 달려있다. 위챗은 그 관

16
지금은 모든 모바일 서비스를 사용하기 위해서 앱으로 통칭하는 애플리케이션을 다운받아야 한다. 위챗이 만들고 있는 세상은 애플리케이션이 없는 세상이고, 이를 '포스트 앱 시대'라 부른다.

위챗을 빼놓고는 중국을 이야기할 수 없다.

문을 가장 먼저 피해 자기만의 세상을 만들고 있다. 애플은 2018년 앱 스토어를 통해 개발자 커뮤니티에 1,000억 달러를 지불했다. 애플이 30퍼센트의 수수료를 취하므로 역산하면 420억 달러의 수익을 얻었다는 것이다. 만약 미니프로그램이 완벽한 성공을 거둔다면 위챗에게는 새로운 기회가, 애플과 구글에게는 위기가 될 것이다.[17]

이러한 기회가 생기는 것은 위챗의 플랫폼의 시소가 애플과 구글의 시소보다 균형 잡혀 있다는 의미다. 많은 개발자들은 이제 애플과 구글이 가져가는 30퍼센트라는 수수료, 그리고 인앱결제In Application

17
중국에서는 구글의 플레이스토어는 작동하지 않는다. 애플리케이션의 다운로드를 위해서는 모바일 웹을 이용하거나 알리바바나 텐센트가 만든 다운로드용 앱인 잉용바오(应用宝)가 사용된다.

Payment 정책에 반발하기 시작했다. 앱 스토어가 처음 등장했을 때의 환영과는 조금 다른 양상인 것은 어쩔 수 없는 일이지만 개발자 쪽의 시소의 균형은 조금 아래도 내려앉은 모양새이다. 여기에 위챗이 미니프로그램을 제시한다. 무료이고 심지어는 운영비용인 클라우드 이용료도 들지 않는다. 그리고 위챗이 갖고 있는 사용자의 정보도 끊김 없이 나의 서비스로 연결된다. 개발자, 공급자로서는 너무도 환영할 일이다. 위챗이 만들어 놓은 시소의 균형은 이런 맥락에서 공평하다. 물론 위챗이 향후 광고수익을 어떻게 나눌 것인가는 다른 문제이다. 이미 위챗상에서 수수료라는 개념이 사라지고 있다. 영원히 갈 줄 알았던 모바일 플랫폼에서의 수수료 개념이 사라지고 있는 것이다.

최근 두 번의 중국 출장 동안 단 한 번도 현금을 사용하지 않았다. 물론 환전도 하지 않았다. 출장 중의 모든 소통, 예약, 지불은 위챗으로 해결했다. 조만간 중국은 위챗만으로 모든 것이 가능해질 것이다. 위챗만을 탑재한 아주 단순한 스마트폰의 출현을 곧 보게 될지도 모른다.

한편 상해에서 지하철을 바코드로 사용해보려 했지만 사소한 문제로 실행에는 실패한 적이 있다. 동반자들의 위챗에 결제기능이 없었기 때문이다. 중국은 이방인들에게는 적응하기 어려운 나라로 변해가고 있다.

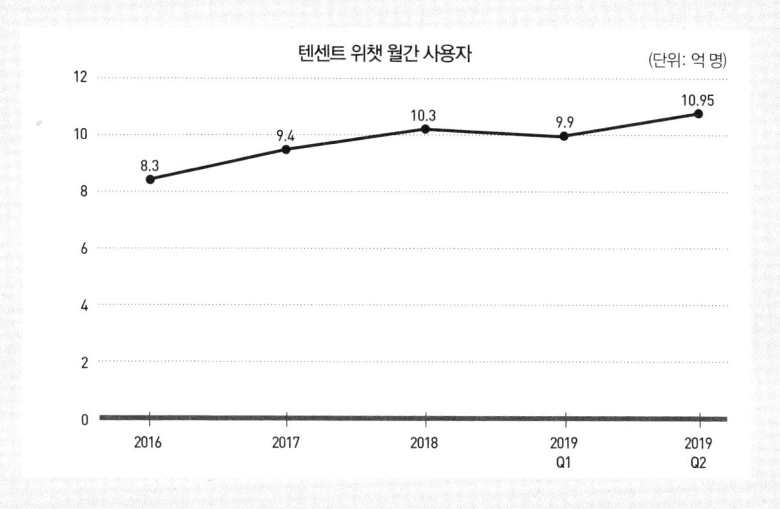

	구분	텐센트				
		2016	2017	2018	2019 Q1	2019 Q2
재무지표	위챗MAU (월간 사용자) (단위: 억 명)	8.3	9.4	10.3	9.9	10.95
	매출액 (단위: 조 원)	25.8	40.4	53.2	14.5	15.1
	영업이익 (단위: 조 원)	9.5	15.4	16.6	6.2	4.7
	매출액 성장율 (단위: %)	48	56	32	–	–
	경상이익 (단위: 조 원)	7	12.3	13.6	4.6	4.1
	총자산 (단위: 조 원)	67.3	94.3	123	132.7	138.9
	총부채 (단위: 조 원)	35.6	47.2	62.4	65	65.6
	기업가치 (단위: 억 달러)	2,302	4,947	3,816	4,493	3,968
기타	웹사이트	https://www.tencent.com/				
	전화번호	0755–83765566				

4

인공지능에 올인하다, 바이두

CHINA PLATFORM

몇 년 전만 해도 중국의 플랫폼 기업을 이야기할 때 쓰던 용어가 있었다. BAT로 바이두, 알리바바, 텐센트를 의미했다. 알파벳 순서도 아니고 그냥 발음하기 편하게 하기 위해 만들었지만 바이두는 우연히도 맨 앞에 자리를 잡고 있다. 하지만 알리바바와 텐센트가 5,000억 달러의 기업가치를 만들어내는 동안 바이두는 5년 동안 기업가치가 50퍼센트 하락하는 것을 경험해야 했다. 바이두가 검색이라는 가장 기술적으로 앞설 수 있는 영역을 선점하고도 앞서나갈 수 없었던 이유는 검색이 플랫폼으로 자리잡지 못했기 때문이다. 아직 중국에서 지식이라는 영역에 대한 관심이 적기 때문일 수도 있고 무엇이 옳은가에 대한 논쟁이 충분하지 않기 때문일 수도 있다. 어찌되었건 바이두는 검색이라는 영역에서 플랫폼으로 자리를 잡지 못했고 그 결과 중국의 3대 IT 기업 리스트에서 사라졌다. 이제 그 바이두가 인공지능 플랫폼을 가지고 반격을 시도하고 있다. 인공지능이라는 세상에 정식으로 바이두라는 플랫폼의 이름을 등장시키려 하고 있는 것이다.

중국의 구글

중국의 기술 공룡 기업 중 2019년 들어 가장 주목받지 못한 기업은 바이두이다. 한·중 무역분쟁, 글로벌 저성장, 중국의 6퍼센트대 성장률 추락 등의 이유 때문에 광고라는 거시경제와 맞물려 움직이는 수익모델을 가진 바이두는 침체 중이다. 심지어 2019년 1사분기에는 적자를 기록했다. 비록 2사분기에 흑자로 전환했지만 바이두 주가의 하락세는 멈출 기미가 보이지 않는다.

"바이두는 중국의 구글이다"라는 표현은 우리가 바이두라는 중국의 인터넷 기업을 설명할 때 쓰는 가장 편리한 방법이다. 2000년 창업한 이래 바이두는 중국의 검색시장에서 지배자적 위치였으며 2015년에는 시장의 80퍼센트를 점유하기도 했지만, 몇 년 사이 바이두의 검색시장에 대한 영향력이 점차 감소하고 있다. 163쪽 그림에서 볼 수 있듯이 바이두의 시장점유율은 점차 하락하여 2019년 1사분기에는 65퍼센트 수준에 머물러 있다. 알리바바가 쇼핑검색의 중요성을 외치며 2018년 션마神马로 재진입을 선언하고 전통의 검색 사업자인 소고우搜狗가 재도약을 부르짖고 있는 상황에서 바이두가 지키고 있는

바이두의 기업가치는 지속적으로 하락하고 있다.

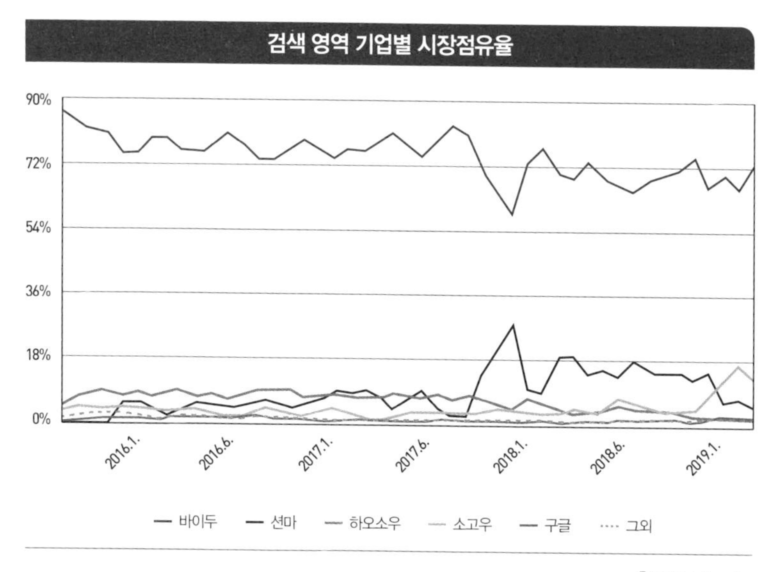

출처: StatCounter

검색시장의 방어선이 튼튼하지 않기 때문이다. 구글이 아직도 성장기조를 이어가고 있는 것과 달리 바이두의 미래는 불투명해 보인다. 물론 바이두를 긍정적으로 보고 있는 투자자들도 있다. 그들이 바이두를 긍정적으로 보는 데는 인공지능이 그 중심에 있다. 중국 정부가 바이두를 알리바바, 텐센트와 더불어 공식적으로 인공지능 주도 기업으로 선정했기 때문이다.

검색 서비스? 검색 플랫폼?

바이두의 검색엔진은 서비스일까, 플랫폼일까? 현재 바이두의 검색엔진은 서비스에 가깝다고 결론 내릴 수 있다. 아니 중국이라는 나라에서 검색이 플랫폼의 형태를 취할 수 있는지가 의문이기에 무의미한 논의일 수 있다. 플랫폼 형태의 검색 사업을 한다는 것은 검색결과에 플랫폼 운영자가 관여하지 않아야 하기 때문이다. 단지 검색엔진의 알고리즘에 의해 적절한 답을 제공하는 것이 검색 플랫폼의 기본 특징이다. 한국에서 네이버가 플랫폼이 아닌 서비스로 인식되는 것도 네이버가 검색결과의 많은 부분에 직간접적으로 관여하기 때문이다. 지식이라는 영역의 가장 중요한 공정성 측면에서 충분한 신뢰를 주지 못하고 있는 것이 검색 서비스가 가진 한계이다.

바이두의 검색 페이지를 보면 구글의 검색 페이지를 그대로 모방했기 때문에 플랫폼의 느낌이 든다. 하지만 검색결과 페이지를 보면 약간 다르다. 검색결과에 '바이두○○○'라는 바이두가 만든 검색결과가

바이두의 검색 페이지는 구글과 비슷해 보인다.

많이 노출된다는 점에서 그렇다. 많은 경우 바이두는 검색결과를 직접 만들어내고 있다.

가장 대표적인 사례가 '바이두 백과사전'이다. 중국에서는 여러 가지 이유로 위키피디아가 서비스되지 않는다.[1] 그래서 바이두는 직접 백과사전 서비스를 제공한다. 현재 중·일 간 영토분쟁의 대상인 '댜오위다오', 중국어로는 '钓鱼岛', 일본에서는 '센카쿠'라고 불리는 지역에 대한 검색해보면 상단에 검색결과가 나타난다. 내용을 자세히 살펴보지 않아도 중국 관점에서의 '댜오위다오'에 대한 설명이리라 예상될 것이다. 중립적인 의견이 아니라 중국 정부의 의견이 검색결과에 나타나는데, 그 콘텐츠는 바이두가 제작한 것이다. 검색 콘텐츠가 검색

1
구글 검색의 경우 위키피디아가 검색결과의 최상단을 차지하는 경우가 많다. 위키피디아는 집단지성을 통해 지식을 만들어내는 서비스로 검색 플랫폼의 상징적인 결과물이다.

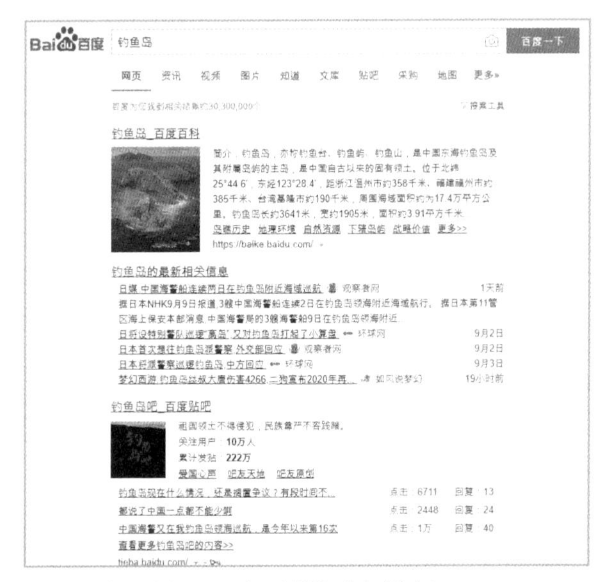

바이두에서 '댜오위다오(钓鱼岛)'를 검색했을 때의 검색결과.

사업자에 의해 제작된다는 것은 검색이 공정하지 않을 수 있다는 가능성을 포함한다. 물론 중·일 간의 국경분쟁에서 누가 옳은지를 판단하는 것은 중국 정부도 일본 정부도 아닌 제3자가 되어야 한다는 가정에 근거한 결론이다.

백과사전에 이어서 뉴스가 나타나고 역시 바이두가 제공하는 게시판 서비스인 '바이두 게시판'이 나타난다. 바이두는 검색결과 제공을 위해 바이두 동영상, 바이두 음악 등 다양한 서비스를 제공하고 있고 이들은 바이두 검색의 중요한 검색결과로의 역할을 한다. 결국 바이

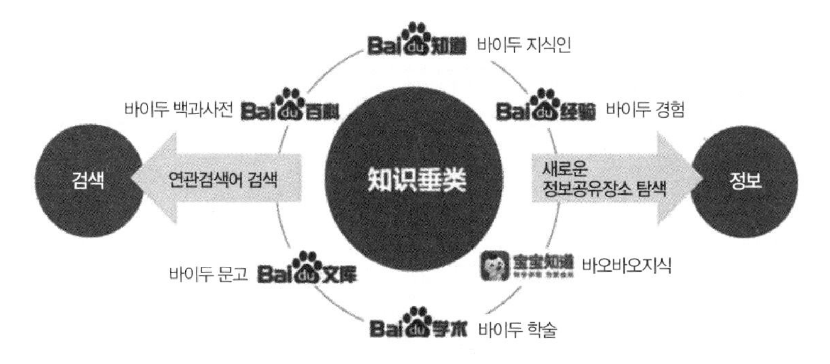

바이두에서 제공하는 자체 서비스.

두는 플랫폼이라기보다는 검색 서비스의 성격이 강한 검색 사업자이다. 다음은 바이두에서 제공하는 검색결과 서비스들이다. 살펴보면 네이버의 서비스와 유사한 점을 많이 찾아볼 수 있다.

- 바이두 백과사전百度百科: 2008년에 정식 개시된 개방형 인터넷 백과사전 서비스이다. 주요 내용으로는 개괄적 설명, 기본정보, 본문내용, 기타 보조정보를 제공한다. 전체 내용건수는 1,600만 건(2019년 8월 기준)에 달한다.
- 바이두 게시판百度贴吧: 2003년 12월 3일 발표한 중문 최대 게시판이다. 키워드를 검색하는 방식으로 동일한 주제에 관심이 있는 사람들이 온라인상에서 교류할 수 있는 서비스이다.
- 바이두 지식인百度知道: 네이버의 지식iN 서비스와 동일한 묻고 답하기 서비스로, 2005년 개시되었다. 사용자가 대중에게 질문을

올리고 대중이 답을 하는 방식으로, 포인트가 제공된다.

- 바이두 경험百度经验: 생활지식이나 새로운 상품에 대한 정보 서비스로, 2010년 개시되었다. 주로 사용법, 문제해결법 등을 다루고 있다.
- 바이두 문고百度文库: 인터넷상에서 문서를 공유하는 서비스이다. '바이두 지식인 문서공유 플랫폼'으로 불리었다. 교육자료, 시험문제, 전문자료, 공문작성, 법률문건 등 다양한 영역이 포함되어 있는데 사용자가 내용을 올리고 바이두의 심사에서 통과해야 다른 사용자들이 읽거나 다운로드 할 수 있다. 제공되는 문서는 총 2억 개(2018년 1월 27일 기준)에 달한다.
- 바이두 학술百度学术: 2014년 6월에 발표한 대량의 중문·영문 문헌을 검색할 수 있는 학술 자원 검색 플랫폼인데 학술저널, 회의논문 등이 포함되어 있다. 또한 학술논문도 유료와 무료로 나뉜다.
- 바오바오지식宝宝知道: 2014년 4월에 출시된 종합적인 육아 플랫폼이다. 이 플랫폼은 임신 준비 중인 여성, 임산부, 자녀가 6세 이하인 부모들을 대상으로 전문적인 육아도구와 방법을 제공한다. 플랫폼 안에는 전문가의 생방송, 전문가의 수업, 일대일 대화창, 경험 교류, 육아도구, 산모와 아이들의 제품 테스트 및 단체구매 등이 모두 포함되어 있다.

바이두가 플랫폼 방식의 검색이 아닌 서비스 방식을 선택한 이유는 아직 완벽한 언론의 자유가 보장되지 않는 국가적인 특성 때문이다. 구글 검색의 대표적 결과물인 위키피디아는 전형적인 집단지성의 산물이고 구글과는 아무런 관계가 없다. 누구나 특정 사안에 대해 자유롭게 의견을 피력하고 수정하는 방식을 취하는 대중참여형 집단지성 백과사전이다. 이러한 운영 방식은 아직 중국에서 완벽하게 허용되지 않는다. 과거와는 달리 의견 표출이 많이 자유로워진 것은 사실이지만, 집단지성으로 지식을 생산하는 것과 같은 완벽한 자유를 요구하기에는 한계가 있다. 같은 이유로 유튜브와 같은 동영상 플랫폼도 중국에서는 여의치 않다. 이런 환경이 바이두로 하여금 자체 서비스를 만들게 했으며, 바이두를 검색 서비스 사업자로 만든 것이다.[2]

플랫폼 사업은 80퍼센트 수준의 시장점유율에 이르면 자연스레 독점에 이른다. 교차 네트워크 효과가 발현되면서 공급자와 소비자가 그 플랫폼이 제공하는 네트워크 가치에 의해 자연스레 플랫폼에 종속Lock in되기 때문이다. 하지만 서비스의 경우 이야기가 다르다. 현재의 서비스 제공자보다 나은 서비스를 제공하는 경쟁자가 출현하면 시장 참여자들은 자연스레 이동한다. 전형적인 시장 논리가 작용하기 때문이다. 바이두가 80퍼센트대의 시장을 점유하면서도 독점에 이르지 못한 것은 알리바바의 션마가 쇼핑 중심의 검색이라는 새로운 서

2
이런 이유로 많은 중국인들이 VPN을 사용하여 구글 검색을 사용하고 있다.

비스를 제공하기 시작했기 때문이고, 바이트댄스와 같이 모바일 시대의 고객 사용행태를 기반으로 한 새로운 검색엔진, 검색 서비스의 등장을 제어할 수 없었기 때문이다. 이런 이유로 바이두는 자신의 미래를 검색이 아닌 인공지능에 걸고 있다. 바이두는 보유한 검색 기반의 빅데이터와 상대적으로 앞서 있는 기계학습을 기반으로 인공지능 플랫폼으로 변화를 꾀하고 있다.

중국의 안면인식 기술

> 중국의 안면인식 기술은 세계 최고 수준이다. 무단횡단을 한 후 5분 정도 지나자 주머니 속 휴대전화에선 알림음이 울린다. 교통법규 위반으로 벌금 30위안(약 5,000원)이 부과될 것이라는 문자메시지다. 도로 위에 설치된 LED 전광판에는 무단횡단을 한 사람의 이름과 신분증 번호 일부가 노출된다. 24시간 작동하는 카메라로 얼굴을 인식해 법규 위반자의 신분을 확인하는 것이다.
>
> –김성남, "중국, "안면인식기술 세계 최고…세계서 14번째 감시카메라 많은 도시"", 〈신한일보〉, 2019.10.8.

최근 중국에 관한 재미있는 뉴스가 있었다. 무단횡단하는 보행자를 안면인식 기술을 통해 찾아내고 이를 근거로 벌금을 매긴다는 것이다. 이는 이미 중국의 몇몇 도시에서 시행 중이다. 현재 중국은 안면인식, 나아가 영상인식에 있어서 세계 최고 수준이다. 인식율에서 98~99퍼센트라는 수치에 도달했고, 범죄검거를 비롯한 다양한 영역에서 이미 적극적으로 사용되고 있다. 게다가 5초 내에 안면인식을 통한 신원 확인이 가능하다고 한다.

먼저 횡단보도에 설치된 CCTV가 무단횡단하는 보행자의 얼굴을 찍고, 13억 명의 얼굴 데이터베이스에 있는 비교군과 대조하여 99퍼센트 일치하는 피의자를 찾아낸다. 최소 수십 명에서 수백 명의 데이터가 도출될 것이고 이중에서 거주지, 최근 출현 위치 등을 고려하면 한두 명으로 좁혀질 것이다. 이후 자동으로 근처 CCTV에서 보다 정밀한 비교를 통해 타깃을 찾아낼 것으로 추측된다. 보다 정확한 결과를 위해 한 번의 촬영 정보가 아닌 다양한 정보를 조합해 벌금을 부과할 것이다. 즉 이러한 일이 일어나려면 엄청난 빅데이터와 빠른 연산능력을 가진 슈퍼컴퓨터가 필요하다. 우린 이를 인공지능이라 이야기한다.

인공지능 기술은 슈퍼컴퓨팅과 빅데이터에 기반을 둔다. 수많은 데이터를 기계가 학습하고, 학습 결과를 바탕으로 기계가 스스로 판단할 수 있을 때 인공지능이라 할 수 있다. 이 점에서 중국의 안면인식 기술은 인공지능 수준으로 성장했는데, 무엇이 이를 가능하게 했을까?

첫째는 개인정보에 대한 유연한 정책이다. 중국 정부는 CCTV를 통해서 수집한 영상정보를 개인의 사진정보와 대조하는 기계학습을 지속적으로 진행함으로써 기술을 발전시켰다. 정부가 갖고 있고 통제하고 있는 개인의 사진과 영상 속의 사진을 대조하는 것은 한국이나 미국에서는 개인정보에 대한 이슈를 만들어낼 만한 일이다. 반면에 중국에서는 중앙정부의 의사결정으로 어렵지 않게 실현될 수 있다. 이 기술은 안면인식을 통한 결제, 수속 등의 서비스로 연결되는 결과를 낳았다. 그리하여 지갑 없이도 안면인식으로 은행에서 돈을 찾을 수 있는 기능刷脸取款은 인공지능의 미래를 보여주고 있다. 중범죄를 저지른 범죄자의 얼굴이 공항의 CCTV에 나타난 것을 바탕으로 공항에서 수속대기 중인 범죄자를 검거한 사례는 놀랍기도 하지만 섬뜩하기도 하다. 치안유지와 범죄자 검거를 위해 사용할 목적이지만, 개개인의 위치를 정부가 원하면 언제든지 파악할 수 있다는 점에서 사생활 침해라는 비판도 있다.

둘째는 중앙정부와 기업 간의 협력방식이다. 전 세계에서 인공지능 영역에서 가장 높은 기업가치를 인정받고 있는 곳은 센스타임商汤科技, Sense Time이라는 중국 기업이다. 이 기업은 다양한 분야에서 인공지능 기술을 연구개발하는데, 도로교통 인공지능 기술에 중점을 두고 있다. 이제는 교통법규를 어기고도 경찰에 걸리지 않았다고 안심해선 안 된다. 얼마 지나지 않아 스마트폰으로 범칙금 고지서가 날아올 것이기 때문이다. 차량번호와 운전자의 얼굴이 찍히면 인식율은 100퍼센트에 달하기에 교통법규를 자주 어기는 것은 운전면허 취소를 의미한

관광지에도 수많은 CCTV가 설치되어 있다. 언뜻 보이기에도 일반적인 CCTV보다는 고성능으로 보인다.

다. 중국 전역의 1억 7,000만 개의 CCTV를 통해 지속적으로 안면인식 대조를 할 수 있는 환경은 센스타임을 안면인식 기술에 있어서 세계 최고로 만들었다. 거리를 걷고 있는 모든 보행자의 안면을 실시간으로 인식하는 것은 어마어마한 컴퓨팅 자원을 필요로 하지만 중국은 이미 그런 단계에 거의 도달한 것으로 보인다.

안면인식 기술을 가진 또 다른 회사는 쾅슬커지旷世科技이다. 이 회사는 중국의 공안과 협조하여 티엔옌天眼이라는 시스템을 운영하고

중국 CCTV의 성능은 인간의 눈의 5배를 넘어섰고, 1,000명의 군중 속에서 안면을 인식할 수 있는 수준이라 한다.

출처: https://www.independent.co.uk

있다. 이는 중국 정부에서 찾아야 하는 범죄자나 주요 관리자의 얼굴을 집중적으로 찾아내는 시스템인데, 이 시스템으로 최근 부모를 살해한 범인을 공항 CCTV에서 찾아내 비행기 수속장에서 체포했다. 여러 개의 신분증을 위조하여 도주하던 피의자를 '하늘의 눈'이라는 티엔엔이 검거한 셈이다. 영화 〈마이너리티 리포트Minority Report〉에서 신분을 위장해서 도주하기 위해 안구를 교환하는 미래 이야기가 현실로 다가온 것이다.

문제는 이들 기업이 화웨이처럼 중국 정부와 밀접한 관련을 갖고 있다는 점이다. 중국은 기술력을 가진 회사를 간접적으로 통제하면서 필요한 기술을 적극적으로 개발하는 방식을 선호한다. 안면인식 기술은 이런 맥락에서 정부가 가진 빅데이터와 인공지능 기업의 알고리즘이 합쳐진 결과라 할 수 있다. 즉 중국 정부는 자신이 가진 자산으로 기업과 적극적으로 협력하여 기술의 진보를 이루었다. 같은 맥락에서 우리는 바이두의 인공지능 사업을 볼 때 역시 보통의 시장이 아닌 중국 시장이라는 특성을 감안하고 바라봐야 한다.

인공지능산업을 향한 경주

바이두는 다양한 측면에서 인공지능이라는 단어와 가깝다. 영원한 경쟁자인 알리바바와 텐센트 역시 동일한 목표지점을 향해 뛰고 있지만 바이두가 갖고 있는 중국어에 대한 경험을 감안하면 그 차이는 크다. 바이두는 검색 사업자로서 중국어에 남다른 전문성을 갖고 있고, 두 경쟁자와 비교할 수 없는 수준의 많은 정보를 취급해왔다는 강점이 있다. 검색을 서비스로 제공하면서 축적한 자체 데이터도 어마어마하기에 인공지능이라는 다음 단계로 진화하는 데 유리하다. 이런 이유로 바이두는 음성인식, 안면인식, 나아가 영상인식에서도 뛰어난 역량을 보이고 있다. 센스타임이 안면인식에 집중하면서 알리바바나 텐센

바이두의 인공지능 스피커에는 영상 재생 기능이 포함되어 있다.

트와의 협력으로 안면인식을 통한 결제와 같은 활용처를 만들어내는 것과 달리 바이두는 인공지능 스피커를 통해 대중과의 접촉 면을 늘려가고 있다.

두어OS

바이두의 인공지능 사업에는 두 가지 핵심요소가 있다. 인공지능 스피커의 등장으로 우리가 익히 알고 있는 음성·안면인식 기반의 인공지능 OS인 두어OS DuerOS와 차량이라는 새로운 대상을 위한 자율주행 인공지능 OS인 아폴로 Apollo이다.

먼저 음성·안면인식 인공지능 플랫폼인 두어OS는 바이두가 진행하고 있는 인공지능 프로젝트가 구현된 가장 현실적인 모습이다. 현

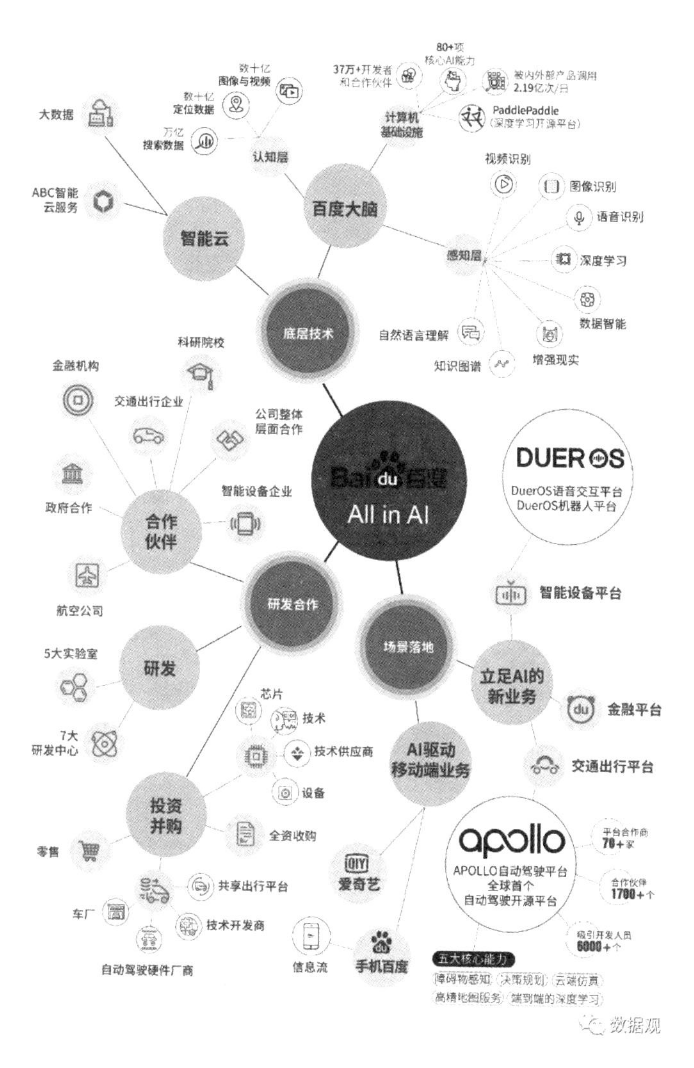

바이두의 인공지능 생태계.

재 인공지능 프로젝트는 슈퍼컴퓨터나 클라우드, 수많은 파트너들과의 공동연구가 진행되고 있지만 대외적으로 나타나는 모습은 인공지능 스피커 정도로 제한되기 때문이다.

인공지능이라는 영역이 워낙 광범위하고, 명시적으로 보이는 결과물이 제한되기에 얼마나 의미 있는 결과를 만들어낼지 알 수는 없지만, 인공지능 스피커라는 영역에서는 바이두가 중국 시장에서 선두를 지키고 있다.

바이두다나오

바이두의 인공지능 프로젝트의 핵심은 바이두다나오百度大脑, Baidu Brain이다. 바이두다나오는 4개의 층으로 구성되었다. 가장 하단의 기초층은 빅데이터와 알고리즘, 슈퍼컴퓨팅으로 구성된 기초 기술에 대한 것이고 그 위에 감지층과 인지층이 있다. 감지층은 언어, 그림, 동영상, AR/VR을 인식하기 위한 기술을 의미하고 인지층은 자연어 처리, 지식지도, 사용자 이해로 구성된다. 거의 대부분이 검색 사업자인 바이두가 축적해 온 기술과 데이터로 이해해도 될 듯하다. 인공지능 분야에서 바이두가 선두 업체일 수 있었던 데는 수많은 검색 질의를 처리하면서 축적한 경험과 기술력이 중요한 역할을 했다.

특히 바이두는 언어를 인식할 때 표의문자인 중국어가 가진 특성을 이해하는 것이 무엇보다 중요함을 강조한다. 이는 기계가 얼마나 정확하게 인간의 음성, 그림, 동영상을 인식하고 그 인식을 바탕으로 고

플랫폼층	AI 플랫폼과 생태계			
인지층	자연어 처리	지식지도	사용자 이해	
감지층	언어	그림	동영상	AR / VR
기초층	빅데이터	알고리즘	슈퍼컴퓨팅	

바이두 AI 플랫폼 시스템.

출처: 2018년 바이두 개발자 대회, 둥싱증권.

객이 원하는 바를 제시, 제공할 것인가에 대한 경쟁이다. 이 결과물로 만들어진 것이 두어OS라는 인공지능 운영체제이다. 바이두로서는 PC 시대의 윈도우, 모바일 시대의 iOS와 안드로이드에 이어, 인공지능 시대에는 두어OS가 그 역할을 담당하길 바라고 있다.

먼저 바이두 두어OS는 중국의 스마트폰 제조사인 화웨이, 비보VIVO, 오포OPPO 등의 스마트폰에 장착되었고 스마트TV에도 추앙웨이创维, Skyworth와 TCL에 탑재되었다. 현재 두어OS를 장착하는 기기 제조사는 지속적으로 늘어나고 있으며 스마트폰, 텔레비전, 가전 등으로 지속 확대될 것으로 보인다. 바이두는 이 OS를 바탕으로 구글의 안드로이드처럼 바이두 검색 서비스로의 트래픽 유입, 콘텐츠 제공, 광고수익의 증대를 기대하고 있다. 물론 미래에 라이선스 수익에 대한 기대도 갖고 있다. 문제는 두어OS가 중국 밖에서도 경쟁력을 유지할 수 있을 것인가에 있다. 중국에서는 경쟁력 있는 OS지만, 해외 진출 시 구글, 애플 등이 기다리고 있기 때문이다.

자율주행차 플랫폼 아폴로

바이두가 검색에서 플랫폼이 아닌 서비스의 형태로 사업을 영위하고 있다면 자율주행차량의 인공지능 영역에서는 플랫폼으로 자리 잡기 위해 노력하고 있다. 모든 자동차 관련 제조사와 기술기업들과 함께하는 개방적 전략을 취하고 있다. 단기적으로는 아무것도 얻을 수 없지만 협업을 통해 미래에 플랫폼으로써 어마어마한 가치를 얻기 위해서다.

미국은 자율주행 기술에 대해 금융시장이 매우 긍정적인 시각을 보내고 있다. 최근 진행된 투자들을 보면 미국 포드Ford의 자율주행 기술인 아르고 AIArgo AI는 폭스바겐의 투자를 통해 70억 달러라는 가치를 인정받았고, 미국 지엠GM의 크루즈Cruise는 소프트뱅크의 투자로 150억 달러 가치의 회사가 되었다. 정확한 기업가치가 산정된 적은 없지만 구글이 투자하고 지원하고 있는 웨이모Waymo의 기업가치는 1,750억 달러로 추정된다. 전 세계에서 가장 긴 거리의 자율주행 테스트를 한 웨이모에게 이런 수준의 기업가치를 부여하는 것이 비이성적으로 보이지는 않는다.

바이두는 중국 정부가 선정한 자율주행 기술 분야의 선도 기업이다.

중국의 AI 산업 청사진

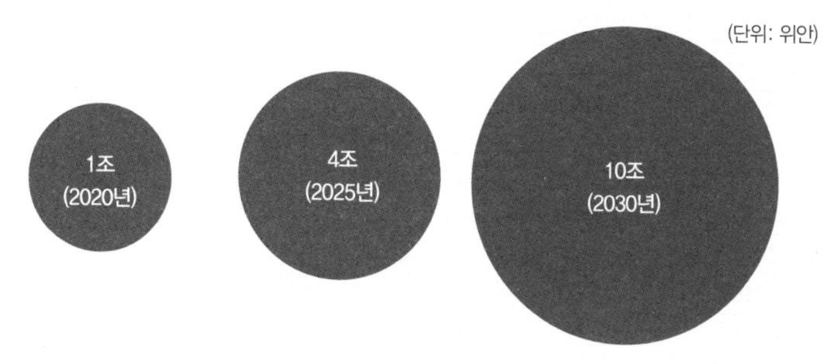

출처: 중국 국무원

AI 분야 선도 기업 지정

바이두	자율주행차 분야의 플랫폼 구축
	-내년까지 고속도로와 시내 도로에서 기술 테스트를 완료 -2019년에 자율주행차 상용화
알리바바	스마트 도시 건설 플랫폼 '시티 브레인' 개발
	-허베이성 슝안신구에 미래형 스마트 도시 건설 -3년 동안 AI 관련 기술 개발에 150억 달러(한화 16조 3,700억 원) 투자
텐센트	의료 및 헬스 분야 플랫폼 구축
	-미국 시애틀에 AI 연구소 세우고 50여 명의 AI 전문가 영입 -중국에서도 200명 이상의 엔지니어가 AI 분야 연구

출처: 중국 국무원

단계별 목표

2020년	AI 전체 기술 및 응용 발전 수준, 선진국과 같은 수준으로 제고
2025년	AI 기초 이론의 획기적인 돌파구 마련, 일부 AI 기술·응용분야에서 세계 선도
2030년	AI 이론·기술·응용 방면에서 세계 선도, 세계 AI 혁신 중심 국가로 자리매김

출처: 중국 국무원

중국 정부답게 인공지능산업의 시장규모를 2030년 10조 위안(한화 1,700조 원)으로 계획하고, 중국의 대표 인터넷 기업인 바이두, 알리바바, 텐센트에게 각각 자동차, 도시, 의료라는 영역을 배분했다. 정부의 이러한 특정 영역에 대한 관여는 중국에서는 일상적이며, 연구개발 영역에 대한 관여는 단순한 간섭이 아닌 정부 차원의 지원과 연결된다.

바이두가 자율주행차 분야에서 정부로 어떤 지원을 받고 있는지는 알 수 없지만 중국 내에 '자율주행차 플랫폼'이라는 단어에 대한 선언적인 소유권을 획득한 것은 분명하다. 2013년부터 바이두가 이끌고 있는 자율주행차 플랫폼 아폴로 프로젝트에는 자율주행이라는 주제에 어울리는 파트너들이 많이 참여하고 있다.

먼저 자율주행은 자동차에 내장되는 인공지능 소프트웨어이기에 이를 활용해 줄 완성차 기업, 핵심 부품 제조사, 칩 기업이 참여해야 한다. 이 가치사슬에서 벤츠를 필두로 한 다임러Daimler와 포드, HMC(현대자동차 그룹)와 같은 완성차 업체, 보슈Bosch, 콘티넨털Continental이라는 최고의 자동차 부품 기업, 소프트웨어 프로세싱을 도와줄 엔비디아NVIDIA와 인텔Intel 등이 참여하고 있다. 고정밀지도 콘텐츠를 제공하고 있는 톰톰TomTom이나 라이더 기술의 리더 벨로다인 라이더Velodyne Lidar 등의 참여도 당연하다. 아울러 미래 자율주행차의 주요 소비자로 예상되는 모빌리티 서비스를 제공하는 승차공유 서비스 사업자인 그랩Grab도 참여하고 있다. 미국의 포드나 지엠의 자율주행 파트너 리스트와는 비교되지 않는 118개(2019년 7월 기준) 파트너가 아폴로라는

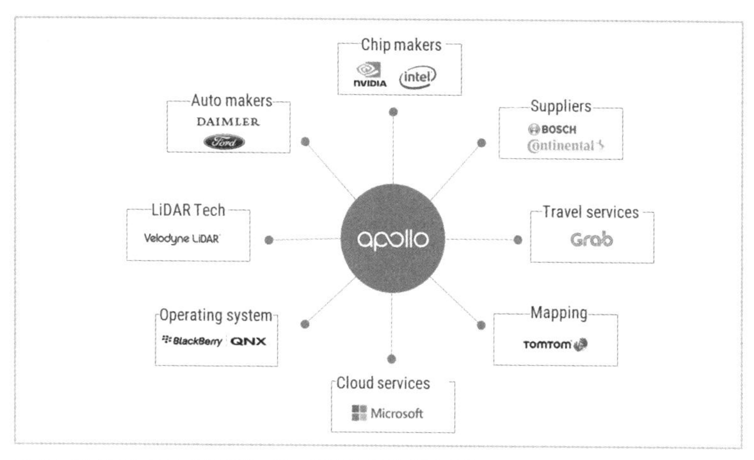

바이두 아폴로 프로젝트에 참여하고 있는 글로벌 자동차 관련기업.

출처: Apollo.auto.

자율주행 플랫폼의 등장을 기대하고 있다.

글로벌 파트너들이 미래의 중국의 자동차 시장에 관심을 갖는 것은 당연하다. 중요한 점은 실질적인 자율주행의 테스트베드가 될 예정인 중국의 자동차 기업들이 모두 아폴로에 대다수 참여하고 있다는 점이다. 중국의 5대 자동차 기업 중 알리바바와 밀접한 관련을 가진 상해 자동차를 제외한 4대 기업이 모두 아폴로에 참여하고 있다. 중국의 자동차 기업들은 모두 국영기업이고 중국 정부의 인공지능에 대한 정책에 협력하는 모습을 보이는 것은 당연하지만 아폴로라는 자율주행 플랫폼이 중국의 모든 자동차 모델에 적용된다면 그 파괴력은 엄청날 것이다. 플랫폼의 힘은 언제나 규모에서 나오기 때문이다.

자율주행 기술을 탑재한 바이두의 아폴로 미니버스.

자율주행 플랫폼을 만들고 있는 기술기업 입장에서는 그 기술을 탑재해줄 자동차 기업의 도움이 절실하다. 물론 그 기술이 탑재된 차량을 도로에 나가게 도와줄 정부의 정책의지 또한 필수적이다. 이 두 가지 아주 높은 언덕을 바이두는 이미 넘어선 것이다.

이러한 우호적 환경을 바탕으로 아폴로를 장착한 자율주행차의 시험운전이 2016년 9월과 11월에 캘리포니아와 중국의 우젠과 저장에서 이뤄졌고, 2017년 7월 아폴로 1.0을 공식 발표한다. 2018년 1월 아폴로 2.0이 발표되어 자율주행을 위한 클라우드 서비스와 소프트웨어 플랫폼, 레퍼런스 하드웨어 플랫폼, 레퍼런스 차량 플랫폼이 공개되었다. 개방형 플랫폼을 지향하는 아폴로는 자율주행을 가능케하는 소프트웨어, 클라우드를 개방하여 호환장비 업체와 자동차 기업의 참여를 유도하는 접근을 택하고 있다.

현재는 아폴로 5.0까지 출시되어 지역한정 미니버스[3]의 양산이 이뤄지고 있고, 이 미니버스는 이미 4단계 수준[4]의 자율주행으로 비록 제한된 권역 내이지만 실생활에서 활용되고 있다. 기사가 없는 4단계 수준의 자율주행으로, 이미 10,000킬로미터를 10,000명 이상의 승객을 태우고 주행한 것이다.

문제는 아폴로 프로젝트를 통해 바이두가 어떤 변신을 선보일 것인가에 있다. 완성차업체들을 위한 자율주행차 플랫폼을 만들어서 제공하는 것은 모바일 플랫폼을 만드는 것과는 조금 다른 이야기이다. 앱스토어처럼 순식간에 수많은 개발자들이 참여하기에 자동차라는 기계의 보급에는 시간이 걸린다. 물론 자동차 운전이라는 행위는 안전이 필수적이기에 새로운 애플리케이션들이 만들어지기에도 제한적이다. 수많은 참여자를 끌어들이는 데까지 성공한 것은 중국이라는 시장과 정부의 도움으로 가능했다. 그 다음 어떻게 성공시키고 어떻게 수익을 창출할 것인가는 바이두의 노력에 달려 있다. 재무적으로 타 자율주행 기술기업들이 높은 가치를 보이고 있는 것은 사실이지만 구체적으로 구현된 가치는 아니기에 바이두의 다음 행보가 중요하다.

3
일종의 셔틀버스로 이해하면 된다.

4
자율주행의 단계는 1~5단계로 나뉘는데, 5단계는 완전한 자율주행을 의미하고 4단계는 정해진 구역 내에서의 자율주행을 의미한다. 아폴로의 미니버스는 구획의 정해진 영역 내에서의 자율주행을 완료한 것이고, 일반적인 4단계는 고정밀 지도정보가 있을 경우에서의 자율주행을 의미한다.

바이두의 미래

2019년 10월의 중국과 6개월 전의 중국은 엄청난 차이를 보였다. 6개월 만에 방문한 중국의 도로는 모두가 법규를 준수하는 선진국으로 변모해 있었다. 심지어는 역주행도 빈번하던 중국인들의 운전습관이 어떻게 이렇게 짧은 시간 내에 변했을까? 그 답은 수많은 CCTV에 있었다. 교통법규를 무시하던 과거에서 벗어나 단 한 번의 실수가 벌금과 벌점으로 이어지기 때문이다. 이 모든 변화는 중국의 인공지능 기술에 의해 주도되고 있다.

현재 금융시장에서 보는 바이두는 미래가 불투명한 기업이다. 본연의 검색 사업은 내리막길을 걷고 있고, 바이트댄스와 같은 새로운 경쟁자의 출현은 바이두의 미래를 더 어둡게 만들 것으로 보인다. 검색을 플랫폼이 아닌 서비스로 설계할 수밖에 없었던 바이두가 이제는 인공지능 기술을 철저하게 플랫폼의 형식을 빌어 만들어내고 있다. 플랫폼에 걸맞게 수많은 파트너들에게 자신의 API를 공개하고 보다 많은 사람들이 아폴로의 생태계로 들어오기를 기대하고 있다. 아직 아폴로의 시소가 균형을 찾아가지는 않았지만, 많은 참여자들이 이 플랫폼을 공평하다고 인식한다는 신호로 보인다.

두어OS는 차치하더라도 자율주행 플랫폼인 아폴로가 지향하고 있는 바가 성공할 경우, 바이두는 미래 자율주행 시대의 핵심 기업이 될 것이다. 바이두의 총 기업가치는 2019년 12월 기준 414억 달러에 불과하지만, 중국 정부가 지원하는 아폴로 프로젝트 하나만으로 포드나 지엠의 프로젝트와 유사한 가치를 인정받는다면 예전의 영광을 되찾는 것은 어렵지 않아 보인다. 물론 그러기 위해서는 플랫폼으로의 성공이 필요하지만 말이다.

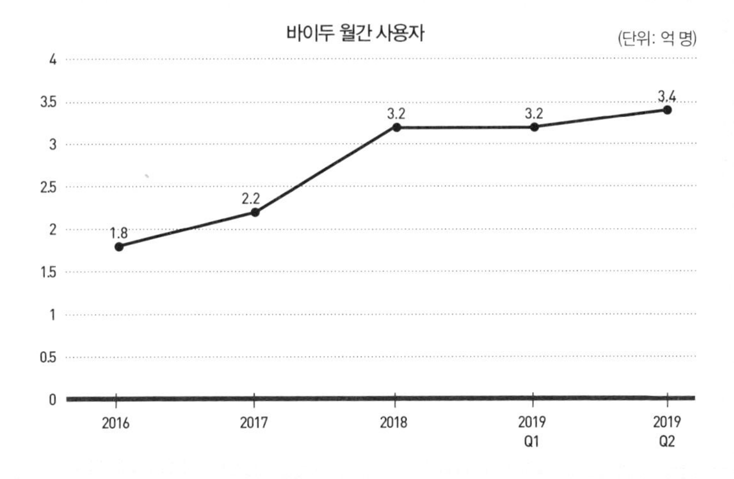

	구분	바이두				
		2016	2017	2018	2019 Q1	2019 Q2
재무지표	MAU (월간 사용자) (단위: 억 명)	1.8	2.2	3.2	3.2	3.4
	매출액 (단위: 조 원)	12	14.4	17.4	4.1	4.5
	영업이익 (단위: 조 원)	2	1.7	2.7	−0.2	0
	매출액 성장율 (단위: %)	6	20	21	−	−
	경상이익 (단위: 조 원)	2	3.1	3.8	−0.1	0.2
	총자산 (단위: 조 원)	16.9	25.1	30.9	52.5	52.5
	총부채 (단위: 조 원)	14.3	20.6	20.7	22.4	22.2
	기업가치 (단위: 억 달러)	574	819	553	448	364
기타	웹사이트	https://home.baidu.com/				
	전화번호	(+86 10)5992 8888				

5

중국을 실어 나르다, 디디추싱

CHINA PLATFORM

우버는 2019년 5월 나스닥에 상장한 이후 처음으로 대중에게 실적을 발표하기 시작했다. 2019년 1사분기에 30.9억 달러 매출에 10.3억 달러 손실, 2분기에 31.6억 달러 매출에 54.8억 달러 손실을 보고했다. 반기 동안 무려 65억 달러의 손실이다. 상장에 따른 충성도 높은 기사들에 대한 보상과 종업원의 스톡옵션 비용이라는 이유가 있었지만 이 비용 역시 우버의 영업비용임은 분명했다. 시장은 우버의 성공에 대해 회의적인 시각을 보이기 시작했다.

기업가치 측면에서 우버는 나스닥에서 여전히 515억 달러의 기업가치(2019년 9월 30일 기준)를 보이고 있고 이 주가(30.29달러)는 우버가 상장했을 때의 가격(42달러) 대비 30퍼센트 남짓 하락한 수준이다.

우버의 EBITDA(세전 · 이자지급전이익)

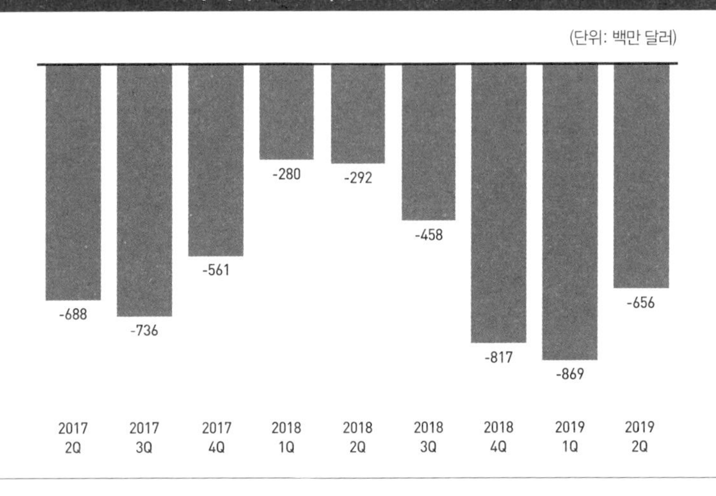

우버는 어쩌다 적자의 늪에 빠지게 되었나

우버가 적자의 늪에서 빠져나올 수 없는 근본적인 이유를 플랫폼 관점에서 이야기해 보자.

첫째, 우버도 플랫폼을 지향한다. 기사와 승객을 연결해주는 플랫폼이고 이를 통해 수수료 수익을 얻는 모델이다. 공급자 시장과 소비자 시장이 서로 긍정적인 영향을 미치며 규모의 경제를 누리는 것이 플랫폼의 기본 원칙이다. 하지만 이 원칙이 우버에게는 정확하게 적용되지 않는다. 쉽게 풀어 이야기하면 대안이 존재하고 대안을 중복해

기사들이 동시에 여러 개의 승차공유 애플리케이션을 사용하고 있다.

출처: Los Angeles Times, Business Insider

서 사용할 수 있다는 뜻이다. 굳이 단어를 만들자면 중복선택이라 할 수 있다.

승차공유 플랫폼은 공급자나 소비자 모두 특정 플랫폼 하나만 사용해야 할 이유가 없다. 특히 기사들에게는 시장에 존재하는 모든 플랫폼 혹은 애플리케이션을 이용하는 것이 자신의 시간 효율을 극대화시키는 방법이다. 2019년 10월에 미국에서 이루어진 인터뷰를 보면 기사들은 존재하는 모든 애플리케이션을 사용하며 심지어 수수료를 적게 가져가는 신규 플랫폼을 선호한다고 이야기하고 있다.[1]

고객도 마찬가지이다. 치열한 플랫폼 간의 경쟁으로 승객에 대한 평가가 그다지 중요하지 않기에 급할 경우 복수의 플랫폼으로 차량을 호출하는 것이 큰 문제가 되지 않는다. 즉 플랫폼의 충성도가 존재하지 않기에 기사와 승객이 함께 만드는 규모의 경제가 타 플랫폼만큼 크게 작용하지 않는다. 그렇기에 언제든 대규모 프로모션을 통해 어제 만들어 놓은 규모가 하루 만에 무너질 수 있다. 기사나 승객이나 모두 어제의 프로모션은 잊고 오늘의 혜택을 즐기기 때문이다.

중국 승차공유 시장의 경쟁 양상을 보면, 90퍼센트가 넘는 시장지배력을 가진 디디추싱이 주도하던 사업 영역에 새로운 경쟁자 메이투안이 진입하면서 디디추싱의 20퍼센트보다 반 이상 낮은 8퍼센트의

1 https://www.businessinsider.com/uber-lyft-driver-how-much-money-2019-10

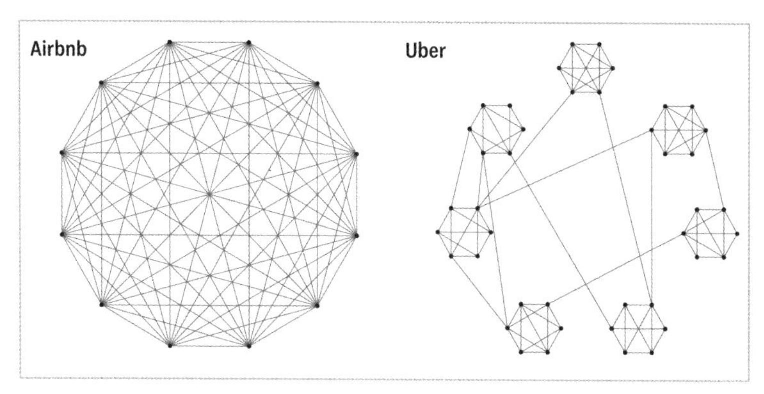

에어비앤비와 우버의 네트워크 크기.

수수료율을 제시했다. 물론 디디추싱은 이를 보상할 만큼의 보조금으로 대응하고 있지만, 이처럼 새로운 경쟁자의 지속적인 출현은 어렵게 만들어 놓은 지위를 위협한다. 또한 플랫폼이 성립되어서 안정적인 수익이 발생할 것이라는 기대를 기반으로 한 높은 기업가치 추정을 어렵게 만든다. 승차공유라는 영역은 타 플랫폼 사업과 달리 중복선택이 가능하기에 신규 경쟁자의 진입이 용이한 시장이다.

두 번째, 단위 네트워크의 크기이다. 구글은 규제상의 이슈로 중국 시장에 진입하지 못하고 있다. 하지만 중국을 제외한 거의 모든 국가에서 다양한 언어로 검색 서비스를 제공하고 있다. 구글의 플랫폼은 글로벌 시장을 대상으로 성립되고 나면 플랫폼 운영비용은 급격하게 떨어진다. 이 원칙은 페이스북, 아마존과 같은 성공한 플랫폼에서도, 심지어는 언제나 우버와 함께 공유경제의 상징으로 언급되는 에어비앤비에도 적용된다. 공급되는 숙소는 글로벌 시장이고 소비자는 글로벌 여행자이기 때문이다. 즉 규모의 경제가 가능하고 시장에서 지배자적 위치에 오르면 많은 혜택을 누리게 된다. 단위 시장의 크기가 크기 때문이다. 네트워크 단위가 큰 경우와 작은 경우를 비교해 보면 어느 쪽의 네트워크가 힘이 세고 경쟁에서 방어가 쉬울지 쉽게 상상할 수 있다.

먼저 우버의 플랫폼은 기사와 승객이 모두 지역적인 한계를 갖는다. 이동은 일정 수준의 범위를 갖는다. 우리는 어딘가로 이동하지만 매일 어딘가로 돌아가야 하는 주거 습관을 갖고 있기 때문이다. 즉 우리의 이동반경은 제한되어 있다.

그러기에 대부분의 택시 사업은 지역적 범위를 갖는다. 서울택시, 부산택시와 같은 구분이 있는 것도 이 때문이다. 그런 이유로 우버가 63개국 700개의 도시에서 사업을 한다는 것은 700개라는 도시에서 우버를 쓸 수 있다는 의미로 해석될 수 있지만 바꿔 말하면 우버는 700개의 도시에서 제각기 다른 사업자와 경쟁하고 있음을 의미한다. 한 도시에서의 성공이 다른 도시에서의 성공에 긍정적 영향을 주기는 하지만 그 강도가 그다지 크지 않기에 경쟁비용은 계속 요구된다. 개별 시장에서의 경쟁에서 여행객과 같은 외지인 소비자의 사용비율은 큰 의미를 주지 못하고, 기사 모집에서는 복수 플랫폼의 중복사용이라는 이슈가 상존하기에 마케팅 비용의 효율은 떨어진다. 또한 개개의 도시마다 다른 규제와 로컬 사업자(토호)가 갖는 홈구장의 이점을

기사들이 우버에게 수수료 인하를 요구하고 있다.

글로벌 사업자가 이겨내기는 쉽지 않다. 우버가 중국, 동남아, 러시아에서 매각 후 철수를 결정한 것은 단순히 운이 나빠서가 아니다.

세 번째, 우버의 승차공유 플랫폼에는 노동자라는 개념이 존재한다. 구글과 페이스북에서는 노동자가 아닌 참여자가 존재한다. 하지만 우버의 경우 기사는 플랫폼의 한 축에 반드시 존재해야 하는 시장요소이다. 즉 플랫폼 성립에 반드시 필요한 공급자인 것이다. 플랫폼이 커지면 이 노동자 집단의 요구가 점점 커질 것이다. 이들은 자신의 집에 남는 방을 팔아 용돈을 만드는 사람이 아닌 우버로 생계를 유지하는 사람들이기 때문이다. 그리고 한 걸음 나아가 우버가 스스로의 미래를 자율주행차로 설정하는 것은 지금의 자리를 만들어준 기사들을 시장에서 퇴출시키겠다는 선언과 같은 것이다. 그러므로 우버는 기사들의 편에 서서 로봇기사의 등장을 막아야 한다.

한국의 노사문제에서 이미 보이고 있듯이 현재의 우버에게 긱 워커스 라이징과 같은 플랫폼 노동자의 결집은 미래 수익성에 대한 위협으로 나타날 것이다. 아울러 미국의 캘리포니아 같은 지역에서의 플랫폼 노동자 채용에 대한 법제화와 같은 환경변화는 사업의 수익성을 크게 훼손시킬 가능성이 크다. 기사들은 지속적으로 수수료 인하를 요구할 것이고 조직화의 노력도 이어갈 것이다. 우버가 나스닥에 상장하던 날 우버 앱을 껐던 기사들이 우버가 적자가 아닌 흑자 1억 달러를 발표하는 순간 어떻게 반응할지 쉽게 상상할 수 있을 것이다.

마지막으로 우버가 매분기마다 쏟아 붓고 있다는 1억 달러에 달하는 자율주행차에 대한 연구개발의 미래가 그다지 밝지 않다는 점이다. 우버는 이번 상장을 통해서 81억 달러를 조달했다. 핵심 서비스인 승차공유가 이익을 내고 있다면 모르겠지만 이미 2019년 반기만의 손실이 65억 달러를 기록했기에 언제까지 연구개발에 현금이 투입될 수 있을지 알 수 없다. 자율주행을 두고 벌어지는 게임은 짧게는 10년, 길게는 얼마가 걸릴지 모른다. 모든 자동차 업체OEM들이 모빌리티 회사에 투자하며 자율주행에 이은 새로운 비즈니스 모델에 관심을 갖고 있다. 우버와는 차원이 다른 기술력과 자본력을 가진 구글, 애플, 심지어 아마존도 자율주행을 주시하고 있다. 이런 상황에서 우버가 자율주행 시장에서의 우위를 가져갈 가능성은 거의 없어 보인다. 심지어 중국은 자율주행에 대한 국가 단위의 연구개발을 바이두에게 의뢰하고 있다.

우버는 현재 월 사용자인 9,300만 명이라는 숫자가 63개 대상국가 인구의 2퍼센트에 불과하다는 점을 보았을 때 잠재시장이 충분하다고 이야기한다. 그리고 우버이츠Uber Eats(음식배달서비스)와 우버프레잇Uber Freight(물건배송서비스)과 같은 새로운 플랫폼이, 그리고 플라잉카Flying Car와 같은 미래의 새로운 솔루션이 우버의 수익성을 높일 수 있을 것이라 예측한다. 하지만 우버는 본질적으로 규모의 경제를 누리기 어려운 시장에서 경쟁하고 있다. 그리고 단기적으로는 택시기사들을 시위대로, 장기적으로는 실업자로 만들어야 하는 현실을 맞닥뜨리고 있다. 우버는 결코 누구와도 쉽게 친구가 되기 힘들다.

우버에는 없고 디디추싱에는 있는 것들

우버의 중국 버전이 디디추싱이다. 디디추싱 역시 수조 원의 누적적자를 갖고 있으며, 수익을 내지 못하고 있다. 과연 디디추싱의 미래는 우버와 어떻게 다를지 앞서 언급한 네 가지 요소를 바탕으로 검토해 보자. 결론부터 이야기하면 네 가지 요소 모두에서 디디추싱은 우버와는 다른 시장을 갖고 있어서, 우버에게 없는 미래가 디디추싱에게는 있어 보인다.

첫째, 기사들의 복수 플랫폼의 선택은 제도적으로 불가능하다. 택시

구분	우버	디디추싱
중복선택의 가능성	무조건 가능하고 미래에도 가능할 것이다.	규정(법)상 불가능하다. 한 명의 기사는 하나의 플랫폼만 사용 가능하다.
네트워크 크기	도시 단위이다.	중국의 도시들은 국가정책에 의해 지배된다.
노동자 문제	기사들이 노동자화되고 있다.	중국에서 노동쟁의는 불법이다.
자율주행차	우버가 승리할 가능성은 적다.	가능성 있다. 분명 정부의 조정이 있을 것이다.

관점에서 만들어진 정부 정책은 기사의 복수 플랫폼 선택을 불법으로 규정하고 있다. 그런 이유로 경쟁은 치열하지만 승자와 패자가 명확해질 가능성이 크다. 공급자 영역에서 중복선택이 불가능하다는 것은 비록 경쟁비용이 필요하지만 싸움의 끝은 존재한다는 뜻이다. 그리고 디디추싱은 이미 그 싸움을 어느 정도 끝낸 상황이다.

두 번째, 네트워크 크기는 상당한 연구가 필요하겠지만, 디디추싱이 대상으로 하는 중국은 우버가 진출한 700여 개 도시와는 여러 면에서 차이가 있다. 먼저 중앙정부의 권력이 막대하기에 지방정부 나름의 정책 수립이 큰 의미를 갖지 못한다. 도시마다 승차요금은 소득에 따라 다르게 정해지지만 여전히 하나의 정책이 유지될 가능성이 크다. 국가마다 심지어는 미국처럼 주마다 다른 택시 정책을 감안하면 그 차이를 예상할 수 있다. 디디추싱은 중국이라는 아주 큰 나라에서 규모의 경제, 즉 교차 네트워크 효과를 누릴 수 있는 가능성이 존재한다.

세 번째, 역설적으로 노동자의 나라인 중국에서 플랫폼 노동자의 결집은 쉽지 않다. 기사들이 조직화하여 플랫폼에 대응하는 것이 상대적으로 어려울 것이다. 따라서 디디추싱의 입장에서 보다 고려해야 하는 요소는 기사들의 이탈이다. 소득이 충분하지 않으면 기사들의 이탈이 가속화될 수 있다. 경쟁이 치열하던 시절의 보조금에 익숙한 기사들이 경쟁이 한풀 꺾인 현재의 소득에 불만을 표시하고 있는 것이 가장 큰 문제이다. 민주주의와 자본주의가 공존하는 미국에서는 조직적인 대응과 지속적 요구를 하면서 시장에 남아있지만 자본주의만이 있는 중국에서 공급자들은 그냥 시장을 떠나 버리기 때문이다. 이런 맥락에서 디디추싱은 플랫폼 그 자체의 매력 유지가 반드시 필요하다.

마지막으로 자율주행차의 등장으로 디디추싱의 위치가 위협받을 가능성은 별로 없어 보인다. 대신에 바이두 혹은 누구일지 모르는 자율주행 플랫폼을 개발한 기업과 디디추싱 간의 긴밀한 협업이 예상된다. 중국에는 정부라는 '보이는 손'이 존재하기 때문이다. 자율주행 기술이 개발되면 디디추싱은 그 자율주행을 적용하는 첫 고객이 될 가능성이 크며 중국의 자율주행은 그를 통해 발전할 것이다. 즉 디디추싱은 테스트베드를 제공하는 사업 파트너가 될 가능성이 크다. 결론적으로 우버는 어렵겠지만 디디추싱은 가능할 것이다. 디디추싱이 중국 밖에서 어떤 모습을 보일지는 의문이지만 중국 시장에서는 이익을 내는 이동 플랫폼으로 자리를 잡을 것으로 보인다.

중국 승차공유의 지배자

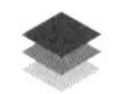

플랫폼 간의 경쟁은 일반적인 산업에서의 경쟁과는 다른 모습을 보인다. 플랫폼은 양면시장, 즉 공급자와 소비자 모두를 대상으로 두는 사업형태이기에 플랫폼 간의 경쟁은 사업자들이 시장을 나눠 갖는 방식으로 합의되지 않는다.[2] 결국 경쟁은 어느 하나의 플랫폼이 남을 때까지 계속된다. 쉽게 말해 시장을 두고 벌어지는 경쟁강도가 기존의 경영학에서 이야기하는 수준보다 매우 높기 때문에 하나의 플랫폼만 살아남는다.

미국 시장을 보면 검색에서 구글이 그러했고 SNS 미디어에서는 페이스북이, 이커머스에서는 아마존이 그러했다. 승차공유 플랫폼에서 우버와 리프트 간에 끊임없는 경쟁이 지속되고 있지만 두 플랫폼 모두에게 적자라는 큰 고통을 주고 있다.

반면 디디추싱은 중국 승차공유 시장의 지배자이다. 승차공유 시장이라는 개념을 도입한 것은 현재 많이 쓰고 있는 모빌리티라는 새로운 개념과 구분하기 위함이다. 여기에서는 택시와 카풀을 합한 시장을 승차공유로 정의한다. 즉 일반적으로 모빌리티 사업이 포함하는 자동차 이외의 이동수단인 자전거, 킥보드 등은 제외한 시장을 의미

2
두 시장이 만들어내는 교차 네트워크 효과 때문이다. 경쟁에서 하나의 사업자가 어느 수준 이상 커지면 경쟁자들이 따라잡을 가능성이 희박해진다.

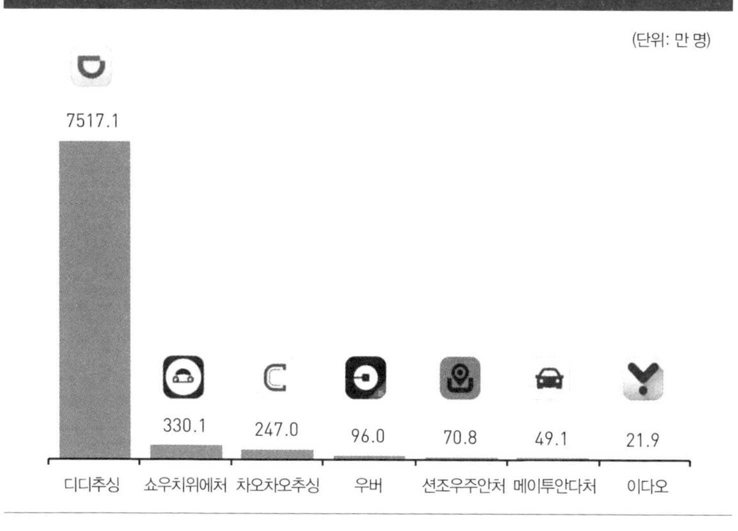

한다. 디디추싱은 2018년 말 기준 전체 승차공유 시장의 92.5퍼센트를 차지하면서 하루에 3,000만 명을 실어 나르고 있는 진정한 의미에서의 시장 지배자이다.

디디추싱의 주주 구성을 보면 중국의 대형 플랫폼 기업인 알리바바, 텐센트, 바이두를 포함해서 소프트뱅크 비전펀드, 애플, 우버 등이 보인다. 다른 곳에서는 경쟁하는 기업들이 중국의 승차공유 시장에서는 한 배를 타고 있는 것이다. 플랫폼 경쟁은 소모적이며 그 결과가 독점에 이른다는 플랫폼의 원칙을 잘 이해하고 있는 투자자들의 선택이다.

시장의 구성을 보면 디디추싱의 압도적 우위에 몇몇 업체가 여전히 시장에 존재한다. 물론 이들의 존재는 나름의 이유를 갖고 있다. 택시 공유만을 하고 있는 쇼우치위에처首汽约车가 많이 떨어진 2등이고 전기차를 이용한 차오차오추싱曹操出行, 이미 디디추싱이 매입한 후 별도 운영을 하고 있는 우버, 고급차에 집중하는 션조우주안처神州专车, 메이투안이 내놓은 메이투안다처美团打车 등이 있다. 디디추싱이 90퍼센트가 넘는 시장지배력을 갖고 있으니 큰 의미를 주지 못하는 경쟁자들을 신경 쓸 필요는 없어 보인다. 실제로 중국에서 사용해보면 경쟁자들의 서비스는 적은 기사와 차량으로 인해 배차가 잘 안 되거나 시간이 오래 걸리는 현상이 나타난다.

중국의 승차공유 전체 시장도 지속적으로 성장하는 모습을 보이고 있다. 205쪽의 표를 보면 2019년 승차공유 시장은 3,043억 위안으로, 435억 달러(1달러를 7위안으로 정하고 계산. 승차공유, 택시호출, 순펑처 합산)에 달한다. 규제정책의 변화로 순수 승차공유 시장은 소폭 하락할 것으로 예상되지만 2020년 다시 3,755억 위안, 536억 달러까지 상승하는 것으로 예측되고 있다. 시장은 어느 정도 정리됐고 시장 또한 성장이 예상되니 디디추싱의 미래는 언뜻 보기에는 밝아 보인다. 이제 지속적으로 규모를 늘리고 이익을 만들어 내면 되는 성공하는 플랫폼의 단계에 접어들 것으로 예상되기 때문이다.

우버의 실적을 보면 2019년 2사분기에 승차공유 탑승 실적은 155억 달러 수준으로 이 수준이 유지된다면 우버의 2019년 탑승 실적은 600억 달러 수준이 될 것이다. 중국 승차공유 시장 전체를 디디추싱

중국 모바일 이동 플랫폼 시장규모

(단위: 억 위안)

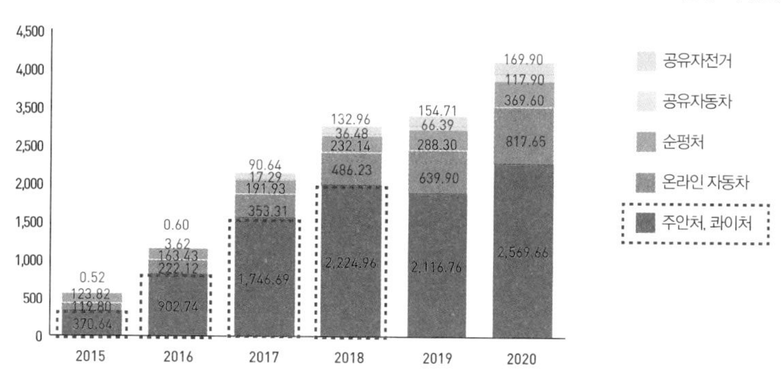

의 탑승 실적으로 생각한다면 435억 달러가 디디추싱의 실적이 될 것이다. 700개의 도시를 대상으로 하는 600억 달러와 하나의 국가를 대상으로 하는 435억 달러를 절대적으로 비교하기는 힘들지만 디디추싱의 미래가 조금 나아 보인다.

승차공유 플랫폼의 역사

중국의 승차공유 시장은 플랫폼 간의 경쟁이 또 다른 모습으로 귀결될 수 있다는 것을 보여준다. 중국에서 승차공유 시장의 시작은 2012년이다. 택시호출 앱을 바탕으로 설립된 디디다처嘀嘀打车는 텐센트의 투자를 유치했고, 알리바바는 독자적인 택시호출 서비스인 콰이디다처快递打车를 출시했다. 각각 6억 달러, 7억 달러라는 자금을 유치하고 격렬한 시장경쟁을 벌였다. 승차공유의 양면시장인 기사와 승객을 모집하는 과정에서 '과도한' 프로모션이 지속됐고 두 사업자 모두 큰 적자를 감수해야 했다. 두 사업자가 보기에 이 경쟁은 쉽게 끝나지 않을 것으로 보였고 중국의 IT업계를 이끄는 텐센트와 알리바바는 2015년 2월 디디다처와 콰이디다처의 합병을 결정했다. 싸우지 않고 이기는 법을 선택한 것이다.

이후 합병을 통해 만들어진 디디콰이디滴滴快的[3]는 택시호출 서비스에 일반적인 형태의 승차공유 서비스를 추가한다.[4] 즉 카풀이라 말할 수 있는 서비스가 도입된 것이다.

아울러 플랫폼 간의 경쟁을 종식시키기 위해 막대한 자금을 시장에 쏟아 부어 2015년 8월 기준 승차공유 시장의 80퍼센트, 택시호출 시장의 99퍼센트를 장악하게 된다. 하지만 여전히 새로운 경쟁자인 이다오용처易到用车, 우버 차이나 등이 존재했기에 플랫폼 경쟁이 완전히 끝난 것은 아니었다. 특히 우버는 글로벌 확장 전략의 핵심 지역으로 중국을 공략하고 있다.

3
'디디다처'와 '콰이디다처'의 앞 두 글자를 합한 이름이다.

4
기존에는 택시호출 서비스만 있었다.

플랫폼 간 경쟁의 본질.

출처: 홍용상 그림, 2019.

글로벌 플랫폼 우버의 등장과 퇴장

2014년 우버는 북경과 상해에서 서비스를 시작한다. 그리고 2016년 20억 달러에 육박하는 손실을 기록한 채 디디추싱에 합병된다. 우버는 우버 차이나를 디디추싱에게 매각한 후 디디추싱의 지분 17.7퍼센트를 소유하는 것으로 만족해야 했다.

우버가 우버 차이나를 디디추싱에 매각할 때 대가로 받은 것은 디디추싱의 17.7퍼센트의 지분이다. 우버 차이나를 넘기면서 디디추싱 가치의 20퍼센트로 합의한 것이며 그중 우버 본사의 지분은 17.7퍼센트, 나머지 우버 차이나의 주주들[5]이 2.3퍼센트를 가진 것이다. 이 지분은 모두 의결권이 있는 것이 아닌 우버 본사 지분 기준으로 5.89퍼센트만이 의결권이 있으며, 기존 우버 차이나 주주들의 의결권 지분(0.77퍼센트)을 합하면 총 6.66퍼센트를 대가로 받은 것이다.[6]

우버는 우버 차이나를 넘기면서 경영에 적극적으로 참여할 수 없는 지분과 이사회 의석 한 자리를 얻는 걸로 만족했다는 의미이다. 물론 경제적 가치로는 디디추싱의 20퍼센트를 갖고 있는 것이 사실이다.[7] 그 당시 디디추싱의 지분율을 보면 의결권 기준으로 텐센트가 11.4퍼센트, 알리바바가 10퍼센트, 디디추싱의 경영진이 8.4퍼센트를 갖고 있는 구조에서 우버가 5.89퍼센트를 갖고 있는 것을 보면 합병을 통해 한 배를 탄 텐센트, 알리바바, 우버 그 어느 누구도 디디추싱에 대한 소유권을 갖고 있다 이야기할 수 없는 구조이다.

디디가 우버를 이긴 까닭

그렇다면 디디추싱은 우버의 도전을 어떻게 막아냈을까? 물론 합병을 통해 양면시장의 규모를 키워낸 것도 있지만 디디추싱은 우버에게 없던 아주 강력한 무기를 갖고 있었다. 바로 택시라는 공급자였다. 택시

5
이중에 중국 검색의 맹주 바이두도 포함된다.

6
의결권 있는 주식과 경제적 이익이 결부된 주식에 대한 구분은 9장의 VIE(Variable Interest Entities)를 참조하면 이해할 수 있다.

7
우버의 현재 저성과를 보면 우버가 보유하고 있는 중국(디디추싱), 러시아(Yandex), 동남아(Grab)에서의 지분가치가 어쩌면 우버에게 구세주가 될 수도 있을 것이다.

는 중국 전역에 이미 존재하는 이동수단이었기에 택시를 대상으로 매칭 서비스를 제공했던 디디추싱의 시장 확대는 우버에 비할 바가 아니었다. 택시가 아닌 민간승차공유에 대한 중국 정부의 정책상 허가가 나온 것도 2016년이니 중국에서 우버가 지향하는 승차공유 시스템이 뿌리를 내리는 데는 일정 시간이 필요했다.[8] 즉 택시라는 기존의 공급자는 디디추싱에게는 기본적인 플랫폼이 성립되기 위한 훌륭한 기반이었다. 2016년 2사분기 기준 디디추싱이 우버의 37개 도시 대비 압도적인 400개 도시에서 서비스를 제공할 수 있었던 이유 역시 택시라는 공급자가 있었기 때문이다.

택시라는 중요한 조력자가 있었다는 점과 디디추싱의 주주가 알리바바와 텐센트였다는 점은 이 경쟁 자체가 불공정 경쟁이었음을 시사한다. 우버가 광고를 통해 인지도를 높이는 사이 디디추싱은 위챗을 통해 아주 빠르게 중국인들의 인식 속에 자리 잡게 된다. 물론 알리바바의 역할도 있었지만 디디추싱을 빠르게 정착시킨 것은 위챗이라는 국민 메신저의 영향이 압도적이었다. 공식적으로 밝혀진 이야기는 아니지만 우버의 위챗 공식계정이 아무 이유 없이 두 번이나 폐쇄되던 탓에 우버는 위챗에서 회원을 처음부터 다시 모아야 하기도 했다. 글로벌 사업자로서 바이두라는 기술적 조력자의 도움만으로 상대하기

8
우버는 2014년에 북경과 상해에서 시범 서비스를 개시했는데 미국과 같은 고급 리무진으로 시작했다.

에 디디추싱은 너무도 많은 우군들을 갖고 있었던 것이다.

전자상거래의 이베이처럼 우버의 시장전략도 중국 시장에 대한 정확한 인식을 바탕으로 하지 않았다. 우버는 중국 시장을 접근함에 있어 미국 시장에서의 성공 경험을 그대로 적용하려 노력했다. 시장진입을 위한 핵심상품으로 고급 상품인 우버 블랙을 포지션한 것이다. 우버라는 글로벌 브랜드는 중국인들에게도 고급이라는 인식을 주고 있었지만, 고급시장의 크기는 네트워크 효과를 만들기에 충분히 크지 않았다. 아직 중국에는 이동을 위해 택시를 타야 하는 소비자들의 수요는 저가의 보편적 니즈였고 그 크기가 전체 시장의 90퍼센트를 차지하고 있었던 것이다. 때문에 택시를 기본으로 한 보편적 서비스에 집중한 디디추싱은 손쉽게 이코노미 시장을 장악했고, 그 결과 양면시장의 네트워크가 서로를 키워주는 단계에 접어들게 되었다. 단적인 예로 이코노미 시장에서 디디추싱의 수수료는 5퍼센트였던 반면, 우버의 수수료는 20퍼센트였다.

2년간의 짧지만 격렬했던 경쟁에서의 승리를 통해 우버와 합병함으로써, 디디추싱은 지배적인 승차공유 플랫폼으로 자리매김하게 된다. 승차공유와 택시호출 서비스에서의 지배적 지위를 바탕으로, 프리미엄 차량호출부터 자전거 공유까지 이동과 관련된 모든 서비스에 진출함으로써 디디추싱은 중국 내에서 확고한 모빌리티 플랫폼의 위치를 차지한 것으로 보인다. 아니 최근까지는 그렇게 보였다.

하지만 독점의 결과는 기사들의 불만으로 나타나기 시작했다. 우버와 디디추싱 간의 경쟁으로 기사에게 지불되던 인센티브는 베이징 기사들의 수입을 하루 평균 500위안까지 올렸다. 그러나 이제는 40퍼센트인 200위안 수준에서 만족해야 한다. 이제 예전만큼 기사를 유지하기 위해 인센티브나 보조금을 지급하지 않기 때문이다.

플랫폼 경쟁의 본질

플랫폼 간의 경쟁은 도구와 원칙의 경쟁이다. 누가 더 양면시장의 참가자들에게 보다 매력적인 도구와 공평한 원칙을 제공하는가에 따라 참가자들이 이동하고 규모가 충분히 커지면 시장을 장악하는 방식으로 이뤄진다. 하지만 디디추싱은 다른 플랫폼 사업자들과는 달리 이러한 경쟁을 하지 않았다. 즉 보다 매력적인 도구를 만들어서 시장에 내놓지도 않았고, 보다 공평한 원칙으로 참여자들의 동의를 끌어내지도 못했다. 단지 타 플랫폼들과의 협상을 통해서 시장을 나눠 먹는 합의를 이끌어낸 것뿐이다. 먼저 디디다처와 콰이디다처 간의 합병이 이런 방식으로 이뤄졌기에 우버라는 새로운 경쟁 플랫폼이 진입할 수 있었고, 역시 우버를 인수한 이후에도 메인투안이라는 새로운 경쟁자가 다시 나타나게 된 것이다.

조금이라도 우월한 하나의 플랫폼만이 살아남는 플랫폼 경쟁의 본질을 이해한 사업자들은 경쟁으로 인한 과도한 출혈과 불확실한 승리의 가능성을 바라기보다는 합의를 통한 시장 나누기에 만족했다. 이렇듯 시장을 싸워서 얻어낸 것이 아니기에 새로운 경쟁자의 등장을 탓할 수는 없다는 뜻이다. 경쟁은 플랫폼의 소비자인 기사와 승객 모두에게 언제나 달콤함을 제공한다. 즉 메이투안의 등장은 아직 디디추싱의 플랫폼이 성립되지 않았다는 사실을 깨닫게 했다.

물론 디디추싱이 만들어 놓은 규모의 경제, 즉 양면시장에 기 구축된 규모의 네트워크가 만들어내는 교차 네트워크 효과를 무시할 수는 없을 것이다. 그러기에 아무나 이 플랫폼 경쟁에 뛰어들 수는 없을 것이다. 하지만 나름의 무기 혹은 매력적인 도구를 가졌거나 충분히 깊은 호주머니를 가진 사업자라면 이 시장에 진입하는 것 혹은 진입의 시그널링만으로 큰 노력 없이 시장을 나눠 가질 수 있다는 상상을 할지도 모르는 일이기 때문이다.

새로운 경쟁자 메이투안

2017년 말 중국 음식배달 플랫폼의 맹주인 메이투안이 승차공유 시장 진입을 선언했다. 상해와 난징을 시범지역으로 선정하고 기사 모집에 들어갔다. 메이투안은 식당에 대한 정보와 평가를 핵심 서비스로 하는 O2O On-line to Off-line 사업자로 메이투안 앱에서 가고자 하는 식당을 선택한 후 차량을 호출하면 GPS로 인식되는 출발위치와 선택한 식당이라는 도착위치가 자동으로 기사에게 전송된다. 디디추싱이 제공하던 기존과는 다른 고객경험이 가능했다. 디디추싱 역시 모바일의 GPS 기능으로 출발위치는 자동 입력되지만 도착지는 직접 입력해야 했으니 사용자에게 메이투안의 서비스는 한 차원 높은 편리를 제공했다.

상해에서 시범서비스를 시작한 메이투안은 첫 2만 명의 기사에게 하루 10시간 근무, 10회의 탑승을 제공하면 600위안을 보장하는 프로그램을 제시하여 디디추싱의 기존 시장에 혼란을 만들어낸다. 게다가 8퍼센트라는 낮은 수수료와 초기 3개월 수수료 면제는 새로운 경쟁자의 진출을 시장에 알리기에 충분했다.

새로운 매력으로 시장에 진입했던 메이투안은 2018년 9월 돌연 이 시장에서의 확장을 중지한다고 선언한다. 표면적인 이유로는 홍콩증시 상장 이후 수익관리라는 자본시장의 압박을 받은 것으로 보인다. 메이투안의 선택은 중국의 승차공유 시장에 대한 중첩된 메시지를 남기고 있다. 메이투안은 승차공유 시장에 진입한 후 1년 동안에 거의 10억 위안 이상의 손실을 입었다. 대부분은 후발주자로서 디디추싱의 기사들을 확보하기 위한 마케팅 비용이었다. 2018년 9월 홍콩증시에 상장 후 주가하락을 경험하고 있는 메이투안이 승차공유 시장에서의 지속적인 출혈을 견디기 어려웠던 것으로 보인다. 즉 자신의 돈이 아닌 투자자들의 자금으로 이 시장에 들어와 네트워크 효과가 발생하기 시작해 공고한 디디추싱과의 플랫폼 경쟁은 쉽지 않다는 결론이 나왔을 것이다. 이는 디디추싱의 방어가 성공했다는 것을 의미하지만, 메이투안의 현재 행보를 보면 아직 이 시장을 완전히 포기한 것으로 보이지는 않는다.

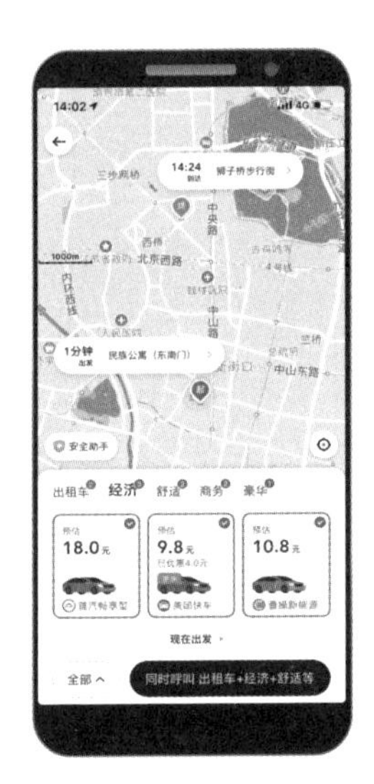

메이투안을 통해 택시를 부르는 과정.

메이투안이 비록 IR상의 이유[9]로 도시의 확장을 멈추기는 했지만 현재 상해와 난징에서 시작한 서비스를 멈출 이유는 별로 없어 보인다. 서비스 제공에 있어서도 메이투안의 자체 서비스만이 아닌 쇼우치위에처首汽约车, 차오차오추싱曹操出行, 션초우주안처神州专车 등 다양한 디디추싱의 경쟁자들을 자신의 플랫폼 안에서 함께 서비스하기 때

9
메이투안이 홍콩증시에 상장한 후 투자자들은 메이투안의 수익성에 대해 지속적인 의구심을 표시했고 메이투안의 승차공유 시장의 진출에 대해 가장 큰 우려를 표시했다. 이 우려를 불식시키기 위해 메이투안은 본격적인 확장을 중지하기로 결정한다.

문이다. 후발주자로서의 약점인 규모의 차이를 연맹을 통해 극복하려는 것이다. 언뜻 보면 플랫폼적 사고가 베어 있다. 물론 이때의 플랫폼은 이동 플랫폼이 아닌 메이투안의 본진인 외식 플랫폼이다. 즉 나의 고객을 식당으로 보내기 위해 이동수단을 플랫폼 방식으로 개방한 모습이다. 물론 디디추싱만을 제외하고 말이다.

결국 메이투안은 도시별로 로컬 승차공유업체와의 협업을 통해 시장을 관망하며 호시탐탐 재진입의 기회를 노릴 것이다. 음식배달, 영화예약, 공연예약, 여행예약 등의 '원스톱 슈퍼앱One Stop Super App'을 지향하는 메이투안에게 이 시장은 언젠가 다시 들어가야 하는 시장이고 디디추싱의 단순한 서비스는 어떻게 보아도 허점이 많기 때문이다. 비용 면에서도 하나하나 도시 단위로 보면 진입을 위한 손실이 견디지 못할 만큼 높은 수준은 아니기 때문이다.

메이투안은 디디추싱이 갖고 있는 현재의 지배자적 위치가 오히려 약점으로 작용할 수도 있다는 것을 잘 알고 있다. 2019년 11월 기준 디디추싱의 실질적인 수수료 수입은 탑승금액의 5퍼센트이다. 공식적인 수수료율은 25퍼센트인데, 이 중 20퍼센트를 기사들의 보조금으로 되돌려준다. 그러다 보니 디디추싱의 수익구조는 매우 열악하다. 2012년 창업 이래 누적된 적자는 390억 위안이고 메이투안이 진입을 선언한 2018년 한 해에만 109억 위안의 손실을 보았다. 공격하는 메이투안이 10억 위안의 손실을 볼 때 수성을 하는 디디추싱은 그 10배의 손실을 본 것이다.[10] 이미 전국 단위의 플랫폼을 구성했기에 모든 보조금 정책은 일관되게(메이투안의 진입 여부와 상관없이) 지급되었기에 나온 결과일 것이다.

새로운 경쟁자가 낮은 수수료로 시장에 진입하게 되면 디디추싱은 유사한 수준으로 시장을 방어해야 한다. 또한 한 번 낮아진 수수료는 플랫폼의 수익성을 쉽게 붕괴시킬 수도 있다. 디디추싱이 수수료율을 조정하지 않고 여전히 보조금이라는 개념을 고집하고 있는 이유는 언젠가 시장을 평정했을 때를 대비하기 위함이다.

정부의 개입이 시작되다

2018년 5월과 8월 연속해서 디디추싱의 승객이 살해되는 사건이 발생한다. 모두 남자 기사가 젊은 여성승객을 강간, 살해한 사건이었다. 이들은 디디추싱의 기사가 되기 위해 위조 운전면허증을 사용해 디디추싱의 인증 프로세스를 통과했다. 특히 디디추싱의 가장 저렴한 프로그램인 순펑처는 기사로 등록하기 위해 운전면허증 이상의 그 무엇도 요구하지 않았기에 범죄 의도를 가진 기사의 서비스 진입이 가능

10
물론 디디추싱의 공유자전거와 같은 다른 부문의 손실도 감안하면 정확히 10배라 이야기할 수는 없다.

했다. 그 느슨함이 범죄를 낳은 것이다. 또한 같은 해 12월에는 디디추싱의 기사가 승객에 의해 협박, 강도, 살해되는 사건이 발생했다. 이제는 기사도 승객도 모두 안전하지 않은 것이다.

이 사건을 계기로 중국 정부는 2019년 1월부터 디디추싱에 대한 관리감독을 강화하기 시작했다. 2018년에 발생한 두 건의 살인사건으로 디디추싱의 기사 관리가 허술하다고 판단한 것이다. 가장 주된 변화는 기사로 참여하기 위해서는 차량을 업무용으로 등록해야 한다는 것과 기사 본인이 해당 도시에 거주한다는 거주증명이나 호적증명을 제시해야 한다는 것이다. 뒤에 자세히 다루겠지만 이러한 규정은 2016년에 이미 존재했었다. 다만 이전에 제대로 지키지 않았던 규정을 지켜야 하는 상황이 된 것이다.

이러한 규정은 디디추싱의 공급자들에게는 참여를 어렵게 만드는 규제임과 동시에 차량등록에 따른 비용 증가라는 결과[11]를 만들어냈다. 승차공유가 일반화됨에 따라 정부는 시장개입을 통해 플랫폼의 품질을 올리는 반면 성장은 제한하고 있는 것이다. 한국에서는 많은 사람들이 승차공유에 대한 정부의 소극적인 태도를 비판하고 있다. 택시라는 이해 당사자를 고려하여 승차공유 서비스의 도입을 차일피일 미루고 있기 때문이다. 반면에 중국은 적극적으로 승차공유를 합

11
중국에서 차량을 업무용으로 등록하게 되면 보험 및 검사비용이 증가하고 8년 후에 무조건 폐차해야 한다.

법의 영역에 두었고 유연한 규제를 통해 성장시켰다. 결국 현재 디디추싱이 보이고 있는 어마어마한 규모는 중국 정부가 만들어냈다 해도 과언이 아니다. 하지만 안으로 들어가 살펴보면 두 국가의 준 대중교통인 택시에 대한 생각은 본질적으로 동일했다. 중국 정부의 승차공유에 대한 사고 역시 택시라는 기존의 운송수단에 기반하여 이뤄진 것이었다. 두 정부는 다른 길을 통해 같은 곳에 도착했을 뿐이다.

규제는 이미 존재했었다

중국 정부는 2016년 7월 '중국택시발전개혁방안深化改革推进出租汽车行业健康发展'이라는 정부 지도의견을 제시하고, 11월 1일부로 시행을 발표한다. 택시발전개혁방안의 대상은 두 가지로 일반적인 택시인 쉰요우처巡游车와 왕예처网约车로 이름 붙인 택시호출 서비스를 모두 포함한다. 이 규정에서 개인이 소유한 차량을 통한 운송서비스 즉 승차공유를 명시적으로 거명하지는 않았지만 정부가 개인차량을 통한 합승(승차공유)이 교통체증과 공기오염을 완화시킬 수 있을 것이기에 지지한다는 표현을 사용함으로써 묵시적인 허용을 했다.[12]

즉, 2016년 새로운 택시에 대한 정책을 발표할 때 이미 개인차량을 통한 승차공유를 허용했다. 중국 정부는 도시의 인구수, 경제발전 수

12
鼓励并规范私人小客车合乘的发展, 其有利于缓解交通拥堵和减少空气污染. 택시발전지도의견 중 발췌.

준, 대중교통 발전상황, 택시이용률, 차량정체상황 등을 고려하여 지방 정부별로 개인차량의 영업을 자율적으로 허용하도록 한 것이다. 지극히 공공적인 시각에서 인터넷이나 전화를 통한 승차공유를 허용한 것이고 운임을 포함한 대부분의 정책요소를 시장상황에 맞게 정하도록 허용했다. 그런데 문제는 세부 정책 내용을 보면 나타난다. 2016년 7월에 발표된 국가 단위 정책, 즉 국가교통운수부에서 발표한 규정에는 다음의 세 가지 요구를 제시하고 있다.

첫째, 모든 차량은 택시업무를 위해 등록되어야 하고 60만 킬로미터 혹은 8년이 지나면 폐차해야 한다. 즉 승차공유를 위한 차량은 업무용으로 등록되어야 하고 이에 따라 운행거리 제한을 받아야 한다는 의미이다. 우리가 일반적으로 생각하는 카풀과는 다른 개념이고 현재 한국 정부가 선택한 택시 중심의 정책과 비슷하다.

둘째, 플랫폼 운영을 위해서는 세 가지 자격증을 갖춰야 한다. 플랫폼 사업자는 택시사업자격증, 참여기사는 차량운영증과 기사자격증이다. 택시사업자격증은 일종의 법인택시 사업허가증과 같은 것이라면 중국에서도 이때 이미 승차공유를 택시사업의 일종으로 판단한 것이고 이를 위해 플랫폼 사업자에게 택시사업권을 요구한 것이다. 두 번째로 차량운영증은 업무용 차량으로 등록할 경우 받는 증서로 개인의 차량으로 택시와 유사한 사업을 위해서는 업무용 등록이 필요하다는 의미이다. 그리고 마지막은 기사가 안전운행을 제공할 수 있는 사람인지를 검증하는 서류인데 폭력, 음주, 벌점 등 범죄기록과 더불어

교통운수부 및 각 지역정부 정책

관리부서	정책	주요내용
국가교통 운수부 지침	《택시산업의 건강한 발전을 위한 심화개혁 추진에 대한 지도의견关于深化改革推进出租汽车行业健康发展的指导意见》, 《인터넷예약택시 경영서비스 관리방안网络预约出租车经营服务管理暂行办法》(2016.7.28. 초안), 《인터넷예약택시사업의 연합관리를 강화하기 위한 통지关于加强网络预约出则车行业事中事后联合监管有关工作的通知》(2018.6.5. 개정)	1) 차량 요구: 차량은 택시로 등록되어야 한다. 주행거리는 60만 킬로미터, 연식 8년이 지나면 강제폐차해야 한다.
		2) 플랫폼 운영 요구: 3가지 자격증(택시경영 자격증, 차량운영증, 택시기사자격증)을 반드시 제출해야 한다.
		3) 사업방식에 대한 요구: 동일차량은 동시에 2개 혹은 2개 이상의 인터넷 서비스 플랫폼에 접속해서는 안 된다. 콜을 받는 택시는 순회하여 고객을 태워도 안 되며 인터넷이나 전화예약을 통해서만 영업해야 한다.

개별 도시의 거주인임을 증명하는 거주증명을 요구하고 있다. 농촌에서 도시로의 인구집중이 가속화되고 있는 중국의 현 상황에서 승차공유 서비스는 누구나 쉽게 참여할 수 없는 셈이다.

아무도 지키지 않는 규정

문제는 정부가 제시한 정책을 모두 수용했다면 현재의 디디추싱이 없었을 것이라는 데 있다. 221쪽의 표를 보면 가장 고급인 주안처는 정부정책에 부합되는 형태로 차량의 등록 및 기사의 조건도 맞춰서 제공했고 합당한 영업용 차량보험도 구매하였다. 하지만 일반적인 승차공유형태인 콰이처는 차량보험을 필수로 하지 않는다. 다만 번호판이 해당 도시에 발급되어야 하고 좌석은 5~7인석, 상태양호 등의 조건에만 해당되면 서비스 참여가 가능했다. 심지어 순펑처에 대한 규정은

차량	차량요구	기사요구	선택기준	규정
주안처	-색상: 블랙, 화이트, 블루, 은색, 금빛색, 브라운 -차량연식: 6년 이하, 선명한 파손흔적 없어야 함 -보험: 교통사고 책임부담보험, 상업보험	남: 22-55세, 여: 22-50세 범죄, 정신질환, 약물투약 경력 없음, 교통법률 위반점수 12점 이하, 3년 내 대형 교통사고 기록 없음 3년 이상의 운전경험, 도시 도로에 대한 이해, 운전습관 양호 단정, 건강, 선명한 흉터자국 없음, 독특한 헤어컬러, 전염병 없음 표준어 발음 양호, 외국어 가능자 우대 현지 정부의 요구에 부합	등록, 면접, 훈련, 심사단계를 모두 거쳐야 함, 차량등급에 따라 선택기준 다름	교통운수부에서 발표한 《온라인 예약 택시 운영 관리 법》 준수
콰이처	-번호판: 현지의 번호 표시판 -5-7인승의 소형차량, 차량 상태 양호 등록된 차량으로만 사용가능	남: 21-60세, 여: 21-55세 범죄, 약물투약, 음주운전기록 없음 3년 이상의 운전경험	자세한 설명 없음	교통운수부에서 발표한 《온라인 예약 택시 운영 관리 법》 준수
순펑처	명확한 요구사항 없음	1년 이상의 운전경험 1년 이상의 경험-도시 내에서 운행가능, 2년 이상의 경험-다른 도시로 가는 주문을 받을 수 있음	성함, 신분증 번호, 차량 소유자 성함, 차량번호	현지 도시 정부에서 발표한 관련 규정 준수

거의 없으면 관련법률도 모호한 수준이었다. 디디추싱의 서비스에서 콰이처와 순펑처가 차지하는 비중은 80퍼센트에 육박하는 만큼 디디추싱의 실질적인 서비스는 정부의 지침을 준수하지 않고 제공되어온 것이다. 정부는 혁신의 성장과 도시 교통의 문제해결이라는 디디추싱의 순기능을 보며 엄격한 정책준수를 요구하지 않았다.

정부가 2019년 1월부터 디디추싱에 기사로 참여하기 위한 조건으로 두 가지 증명을 요구함에 따라 암묵적 규정의 무시는 수면위로 드러나게 된다. 두 가지 증명은 영업허가증网络出租车经营许可证과 택시기사 자격증网络出租车驾驶员证이고, 이 자격증을 획득하기 위해서는 2016년에 제시된 조건을 모두 충족해야 하는 것이다.

필자가 중국에서 전자상거래 사업을 하던 시절의 일이다. 외국 기업이 전자상거래를 하기 위해서는 정식 허가증이 필요했다. 사업의 규모가 컸고 투자를 유치해야 하는 상황에서 모든 규정을 지키고 사업을 하고자 했지만 정식 허가증을 받기 위해서는 노력했지만 2년이 지나도 받을 수 없었다. 그 모습을 보아오던 중국 직원은 나에게 아무도 그 허가증을 갖고 사업을 하지 않는다고 조언했다. 문제가 생기지 않는 한 모든 규정을 지킬 필요가 없는 나라가 중국이었던 것이다. 동일한 원칙이 디디추싱의 세상에도 적용되었던 것으로 보인다.

문제는 디디추싱의 순펑처를 이용한 여성이 살해되는 사건이 발생하고 나서의 일이다. 유사한 사건이 연속 두 번 발생했고 정부는 더 이상 디디추싱의 불법운영을 무시할 수는 없는 상황에 이르게 된다. 2018년 8월 27일 순펑처는 잠정중단에 들어가고 2019년 자격증에 대한 규제가 강화되자 현재는 정식으로 등록된 차량과 기사만이 디디추싱의 업무가 가능하다. 정확하게 법을 지키는 선에서 과연 얼마나 많은 차량이 디디추싱의 플랫폼에 합류가 가능할지는 의문이지만 그 숫자가 제한되는 것은 명약관화한 일로 보인다.

디디추싱의 미래

중국에서 차량을 구입하면 보통 수명을 15년으로 본다. 8년 후에 차량을 폐차한다는 것은 차량구입 비용을 두 배로 올리는 것과 마찬가지다. 즉 업무용으로 자동차를 등록하고 디디추싱으로 전업을 한다면 모를까 하루 한두 시간의 승차공유를 통해 부수입을 얻으려는 기사들은 이제 시장에서 나가야 하는 것이다. 통계에 의하면 디디추싱에서 하루에 2시간 이하의 운행을 하는 기사의 비율은 50퍼센트이고 4시간 이하는 70퍼센트이다. 정부의 규제강화는 기사의 70퍼센트를 시장에서 퇴출시키는 결과를 빚게 될 것이다. 또한 디디추싱이 가장 활성화된 1선 도시인 베이징, 상해, 광저우, 심천은 외지인의 비율이 높고 외지인이 디디추싱에 참여하는 비율이 매우 높다. 기사의 필수요건으로 호적(해당 도시의 거주민을 확인해주는 서류)을 요구하는 것은 많은 외지인을 잠재기사 풀에서 배제하는 것이다. 물론 이 정책은 도시마다 약간의 차이는 있지만 디디추싱의 기사가 중국에서도 고소득 직종은 아니기에 기사 풀의 축소는 기사의 감소로 이어질 것이다.

기사의 퇴출은 호출이 빠르게 이루어지지 못하는 결과를 낳을 것이고, 이는 승객들의 충성도 하락으로 이어질 가능성이 높다. 70퍼센트의 기사가 시장에서 사라지면 디디추싱 앱으로 택시를 호출하고 기다리는 시간이 얼마나 늘어날지는 쉽게 상상할 수 있을 것이다.

아울러 디디추싱은 정부와 국민을 대상으로 2019년 10월 〈안전리

포트〉를 발표했다. 최근에 디디추싱에 접수된 80만 건의 불만 신고를 모두 검토해서 개별 내용에 대해 공개한 것이다. 편하게 사업하던 시절에 비하면 운영 리스크가 너무 커져버린 것이다.

플랫폼의 균형이라는 관점에서 살펴보면 향후 중국에서 승차공유 플랫폼은 사업자 내부 운영원칙의 정리 혹은 강화를 통해 공급의 한 축인 기사에게 유리하지 않거나 개방적이지 않은 방향으로 흐를 것이다. 일단 경쟁이 종료되면 기존의 보조금이 천천히 사라질 것이고 플랫폼 사업자는 리스크를 최소화하기 위해 기사에 대한 규제를 강화할 것이다. 기사의 진입이 어려울 것이고 수익이 떨어지면서, 시소의 한 축이 무너질 수도 있는 것이다. 물론 이 한 축이 내려앉는 현상은 미국의 우버와는 다르다. 디디추싱은 시장은 지배한 상태에서 시소의 균형을 맞추면 되기 때문이다. 물론 이를 위해 이용요금을 올려서 기사 수입의 증대, 기사 품질의 향상, 운영 리스크의 하락으로 이어져야 할 것이다.

2019년 7월 한국 정부 역시 '플랫폼 택시, 프랜차이즈 택시'라는 개념을 도입해서 승차공유 서비스에 대한 정책을 발표했다. 그 내용은 택시라는 기존의 사업방식을 지켜나가는 데 초점을 맞추고 있다. 2016년 중국에서 발표된 정책 또한 택시라는 사업방식을 개선 발전시키는 것을 목표로 정책이 만들어졌었다. 단지 이러저러한 이유로 지켜지지 않았고 두 명의 승객이 희생된 이후 이를 지키도록 강제되기 시작한 것이다. 한국에서는 승객이 아닌 기사들의 분신이라는 희

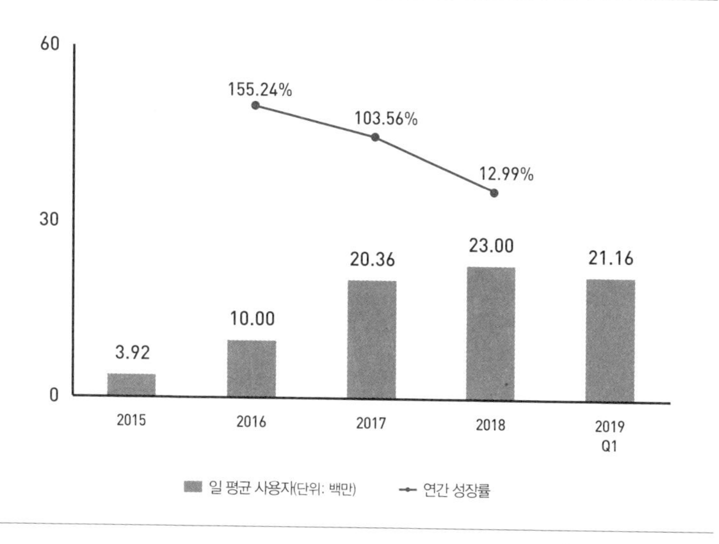

출처: EqualOcean.com

생과 저항으로 제자리에 머물러 있다. 누군가에게 이동서비스를 제공함에 있어 혁신을 통해 발전을 추구할 수는 있지만 안전을 간과해서는 안 된다는 메시지를 던지고 있는 것이다.

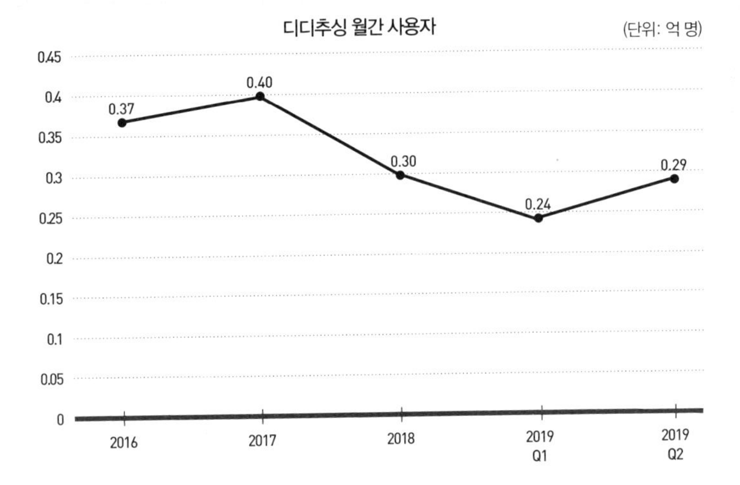

* 디디추싱은 비상장 기업으로 정확한 재무정보가 존재하지 않는다.

6

중국의 음식배달 전성시대, 메이투안

CHINA PLATFORM

플랫폼이라는 새로운 형태의 사업모델은 인터넷과 함께 등장했다. 구글의 검색 플랫폼과 페이스북의 미디어 플랫폼 역시 그러했다. 아마존의 거래 플랫폼은 인터넷을 통한 거래와 오프라인 물류망의 결합으로 완성되었다. 이렇게 검색, 미디어, 거래, 이동 플랫폼이 생겨나고 마지막으로 사람들이 관심을 갖기 시작한 영역은 음식, 즉 식생활이다.

사람들은 먹고 자고 생활한다. 이전까지의 플랫폼들은 모두 인간의 삶에 연관된 것들이었고 플랫폼을 통해 한 단계 진보했다. 이제는 먹는 일에 플랫폼이 본격적으로 작동되기 시작한다. 그 배달음식의 성지는 미국도 한국도 아닌 바로 중국이다.

'먹다eat'는 두 가지 방식으로 나누어 생각해 볼 수 있다. 첫째, 먹기 위한 재료를 구매하여 직접 요리하는 방법으로, 많은 부분 구매 플랫폼의 영역이다. 신선식품의 판매는 현재 모든 거래 플랫폼들이 관심을 갖고 있는 영역이고, 많은 나라에서 다양한 방식으로 격렬한 경쟁이 벌어지고 있다. 식재료 거래 시장은 플랫폼 방식으로 성립되기에는 다양한 문제들이 많다. 신선도의 문제나 품질의 문제가 플랫폼의 참여자들에게 그냥 맡겨 두기에는 심각한 결과를 초래할 수 있기 때문이다. 그런 이유로 대부분이 서비스의 형태를 택하고 있다. 아마존이 홀푸드Whole Food를 인수하며 아마존 프레쉬Amazon Fresh로 기존의 슈퍼마켓을 대체했고, 알리바바는 허마시엔셩盒马鲜生을 인수하며 이와 유사한 행보를 보이고 있다. 즉 직접 요리하기 위해 재료를 구입하는 행위는 구매 플랫폼의 영역에 남겨두는 것이 옳다.

둘째, 음식점의 영역으로, 외식 혹은 매식이 해당된다. 중국의 GDP에서 음식점 시장이 차지하는 비율은 5퍼센트고, 2018년 기준 성장율은 10퍼센트를 상회하고 있다. GDP 성장이 7퍼센트 아래로 떨어진 상황에서도 음식점 시장의 성장은 여전히 고공행진을 하고 있는 것이다. 미국의 음식점 시장이 전체 GDP에서 차지하는 비중이 4퍼센트임을 감안하면 중국의 외식 시장이 전체 중국 경제에서 차지하는 비중이 타 국가 대비 현격히 높다는 것을 알 수 있다. 즉 중국인들은 다른 어느 나라보다 음식을 사서 먹는 데 익숙하다는 뜻이다. 우리나라에서 외식은 보통 한 끼를 넘어 더 나은 식사를 뜻하는 반면 중국 음식점들은 집에서 먹는 식사를 대신하는 역할을 하기 때문이다. 다른 의미에서의 HMRHome Meal Replacement로, 대부분의 중국인들이 아침 식사를 사서 먹는 것을 예로 들 수 있다.

미국과 한국의 음식배달 플랫폼

중국의 배달 플랫폼에 대해 자세히 알아보기 전에 의미 있는 비교를 위해 미국의 대표 음식배달 플랫폼에 대해 알아보자. 미국의 도어대시Door Dash 역시 음식점과 고객, 배달기사를 연결하는 대표적인 배달 플랫폼이다. 플랫폼의 핵심도구인 배달기사는 대부분 차량으로 배송을 하는데 혼잡한 도심의 경우 모터 바이크(오토바이)를 이용하기도 한다. 배송을 통한 수익은 대부분 7~8달러 수준이고 음식배송의 특징상 픽업 후에 배송이 이뤄지므로 한 시간에 두 개 이상을 배송하기가 쉽지 않다. 고객은 음식값에 배달료를 추가하여 지불하면 되고 도어대시는 음식값의 20퍼센트를 음식점으로부터 수수료로 받는다. 음식값을 50달러로 가정하면 도어대시는 10달러의 수수료를 받고 배송기사는 7~8달러를 배달료로 받는 구조이다. 배달되는 음식은 스테이크부터 버거킹까지 다양하며, 배송 가능한 최소 주문 금액은 없다.

한국의 음식배달도 거의 유사하다. 배달의 민족을 살펴보면, 배송기사는 배달팁이라 불리는 배송료를 받고 배달의 민족은 수수료로 음식값의 15퍼센트를 받는다. 배송료는 거리에 따라 다르지만 음식의 배달은 음식의 품질 이유로 물리적 한계가 있기에 배달료가 10,000원을 넘어가지는 않는다. 따라서 평균 배달료는 5,000원 수준이다. 한국에서는 오토바이를 통한 배달이 일상적이며 시간당 소득은 1만원 수준으로 보인다. 한국에는 보다 많은 배달을 위해 라이더(배달기사)가

한번에 복수의 오더를 받는 방식도 이뤄지고 있어 플랫폼의 문제로 떠오르고 있다(음식이 식거나 최적의 상태로 배송되지 못하는 결과를 만들기 때문). 음식점으로부터 받는 수수료는 플랫폼마다 제각각인데 배달의 민족이 가장 낮은 15퍼센트, 요기요는 18퍼센트, 신규사업자인 쿠팡이츠는 20퍼센트, 우버이츠는 30퍼센트의 수수료[1]를 받는다.

한국과 미국의 경우, 음식 배달에서의 중심은 음식점에 있다. 고객은 음식점에서 먹던 음식을 집에서 먹는다는 일종의 공간제약이 사라지는 가치를 누리고 음식점은 이를 통해 추가적인 매출을 향유한다. 그런 이유로 고객은 배달요금을, 음식점은 수수료를 지불하는 것이다. 즉 플랫폼의 양면시장이 모두 자신 고유의 이유로 배달 플랫폼의 등장을 환영하는 것이다.

음식배달에 있어서 핵심적인 플랫폼 도구라 할 수 있는 배달기사들은 나라마다 약간은 다른 모습을 보인다. 미국은 인구밀도가 낮고 음식점과 고객과의 거리가 멀기에 차량을 이용한 배달이 대부분이다. 물론 도심의 경우 오토바이나 자전거의 사용을 허용하지만 차량 이외의 배송은 많지 않다고 한다. 하지만 한국의 경우에는 오토바이의 사용이 일반적이다. 오토바이는 빠르지만 위험하다.

문제는 배달기사들의 소득인데 미국은 임시직업gig으로 인식되어

1
2019년 10월 우버이츠는 사업 철수를 결정했다.

큰 불만은 없어 보인다. 퇴근 후 용돈을 벌기 위해 배달을 하는 경우가 많다. 대도시에서 직업으로 배달하는 경우는 비교적 많은 소득(일주일에 700~1,000달러)을 벌기도 한다. 한국에서도 상황은 비슷하여 배달의 민족은 홈페이지에서 월 소득 300만 원을 홍보하고 있다. 문제는 오토바이라는 이동수단이 가진 문제점이다. 차량 대비 오토바이는 위험하다. 게다가 빠른 배송을 위해 일상적으로 보여지는 약간의 불법운행(인도주행, 신호위반 등)은 전체적인 플랫폼에 대한 인식을 나쁘게 만들 가능성이 있다.

음식을 주문한 고객은 당연히 빠른 배송을 선호하고 배달기사도 시간 내에 보다 많은 배달을 함으로써 보다 많은 수익을 창출하는 것이 좋기 때문이다. 즉 시장의 인식이 빠른 배송에 맞춰지면 불법운행으로 인한 교통사고와 같은 부작용이 나타날 것이기 때문이다. 배달의 민족이 최근 출시한 '번쩍배달' 서비스는 이런 맥락에서 모순적이다.

메이투안의 음식배달 플랫폼

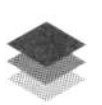

플랫폼이란 관점에서 음식점을 바라보면 음식점은 공급자의 역할을 한다. 그리고 소비자들은 음식점을 선택하고 방문하고 이용하는 사람들이다. 이 양면시장을 대상으로 제공되는 도구는 음식점에 대한 평가, 대금의 결제, 음식점 마케팅, 음식배달 등이 있다. 메이투안은 이 모든 것을 제공하는 플랫폼이다.

최근 상하이를 방문했을 때 메이투안을 이용하여 호텔 근처의 음식점을 이용해보았다. 인당 가격이 150위안, 한화로 3만 원에 가까운 고급 음식점이고 인테리어도 고택을 개조하여 만들어서 좋은 분위기를 제공하는 음식점이었다. 검색을 해서 평가를 확인하고 방문하였고 주문과 식사는 만족스러웠다. 마지막 결제 시 메이투안으로 검색했고 메이투안으로 결제를 한다고 이야기하니 자연스레 15퍼센트 할인이 적용되었다. 한국의 고급음식점에서는 할인이 어려운 것과는 대조적이었다. 정보의 획득과 방문[2], 할인이 메이투안을 통해 이뤄진 것이다.

메이투안이 제공하고 있는 플랫폼 도구들을 바라보면 이 두 가지 기능에 대해 이해할 수 있다. 메이투안따오디엔美团到店과 메이투안와이마이美团外卖가 바로 그것이다. 물론 메이투안의 사업 영역은 음식점에 한정하기에는 매우 넓다. 하지만 이 글에서는 음식점 시장에 초점을 맞춰서 이야기하도록 하겠다.

음식점에 있어서 가장 중요한 것 중 하나는 고객에게 좋은 평가를 받는 것이다. 고객들은 맛이 없거나 불친절한 음식점을 선택지에서 배재하기 때문이다. 음식점 평가 사이트에서는 음식을 먹어본 고객들

2
메이투안은 상하이에서 디디추싱과 동일한 이동 플랫폼을 제공하고 있다. 일관된(Seamless) 서비스 경험을 위해 메이투안 앱에서 차량을 호출하였으나 여러 번의 호출 실패를 경험하고 디디추싱을 호출하여 이동하였다. 시장에 존재하는 모든 디디추싱의 경쟁자들과 협업을 하고 있고 기사에게도 매력적인 조건을 제공하고 있지만 충분하지 못한 기사로 인해 긴 대기시간이 발생하고 또 기사들의 잦은 취소도 발생하고 있는 것으로 보인다.

메이투안의 생태계

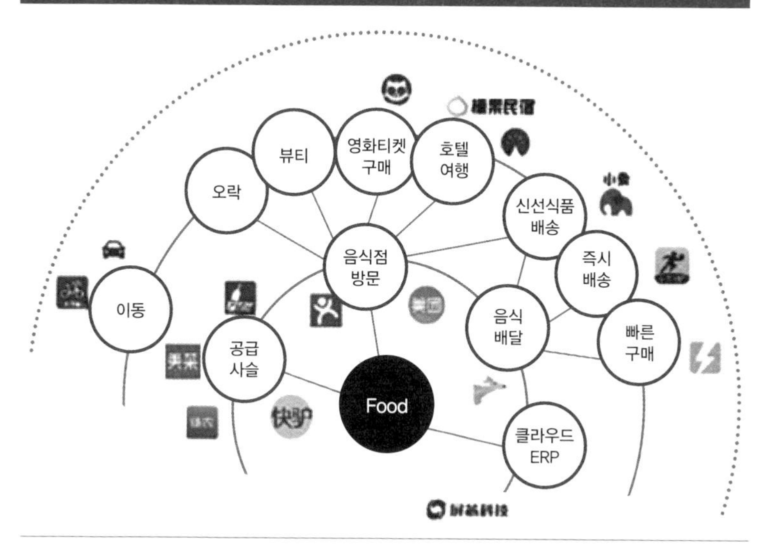

음식이라는 주제를 두고 메이투안은 메이투안따오디엔과 메이투안와이마이를 중심축으로 다양한 서비스 군을 포괄하고 있다. 예를 들어 와이마이는 신선식품 쇼핑, 즉시배송 서비스, 빠른 구매 서비스가 연결되어 있다. 따오디엔은 극장, 여행, 결혼, 아동용품 구매 등과 연동되어 서비스한다.

의 진솔한 평가를 볼 수 있고, 별점으로 매겨진 평가도 볼 수 있다. 이 음식점 평가 기능은 좋은 평가를 받는 곳에 보다 많은 고객이 찾게 되는 선순환을 만들어 주기에, 음식점들은 좋은 평가를 받기 위해 노력한다. 이는 전형적인 인터넷의 등장에 따른 정보공유 서비스로, 플랫폼의 영역으로 보기는 힘들다. 하지만 한 단계 더 들어가면 전형적인 플랫폼이 보인다.

중국에서 음식점에 대한 평가로 일가를 이룬 플랫폼은 다충디엔핑大众点评이었다. 한글로 번역해도 '대중의 선택과 평가'로 이름도 그럴 듯하다. 음식점에 대한 평가는 좋은 정보이긴 하지만 트래픽의 규모가 크지 않다. 즉, 음식점 평가만으로 수익성을 만들어 내기란 쉬운 일이 아니다. 미국과 같이 미식을 찾는 빈도가 많은 시장에서 옐프Yelp 같은 플랫폼이 성공하고 있을 뿐이다. 다충디엔핑은 이런 이유로 많은 트래픽이 존재하는 메이투안과 합병했다. 물론 합병의 주된 이유는 그 당시 뜨거웠던 소셜커머스 경쟁을 피하기 위한 전형적인 플랫폼식 합병이었다.[3] 메이투안과 다충이 모두 소셜커머스로 시작했고, 합병의 이유는 소셜커머스에서의 치열한 손실 경쟁을 피하고자 하는 니즈가 들어맞았기 때문이다.

메이투안따오디엔

'따오디엔到店'은 음식점에 도착해서 음식을 먹는다는 뜻으로, '배달'의 반대말로 보면 된다. 사용자가 메인투안에서 음식점을 검색하면 음식점의 평가정보만 제공되는 것이 아니라 다양한 프로모션도 제공된다. 그런데 이 할인을 적용받으려면, 메이투안을 통해서 결제를 해야만 한다. 음식점에 도착해서 음식을 먹은 후 결제 시점에 메이투안으로 결제하고 할인받는 방식이다. 음식점은 이후 메이투안으로부터

3
이에 대해서는 디디추싱의 합병 사례를 보면 이해가 쉽다.

대금을 받는다. 상식적으로는 음식점에 가기 전에 일종의 선결제를 하는 방식이 합리적인데, 현장에서 앱을 보여주고 할인받는 방식Show and Save이 일상적이다. 즉 식사를 마치고 종업원에게 메이투안으로 결제하겠다고 하며 앱을 보여준 후 계산하면 된다.[4]

모든 음식점마다 제공하는 할인율이 다르고 또 할인하는 시간대도 다르다. 즉 할인에 대한 정책은 공급자인 음식점이 정하고 메이투안은 단지 이를 전달할 뿐이다. 소비자는 할인율을 보고 음식점을 선택하니 양면시장 간의 균형이 맞춰져 있는 모양새이다.

한 발짝 더 나가서 메이투안 상품권이 존재하는데 현재는 이 상품권 방식이 음식점 매출의 대부분을 차지하고 있다. 조금이라도 할인을 더 받을 수 있기 때문이다. 이 상품권은 음식점에 따라 할인율 차이가 있는데, 메이투안에서 선구매하고 결제할 때마다 사용할 수 있는 개수가 제한된다. 물론 상품권을 사용할 경우 할인율은 일반적인 구매 시 할인율보다 조금 높다. 238쪽의 그림을 보면 돈까스정식을 먹고 메이투안 앱으로 결제할 경우 10퍼센트 할인을 받고, 상품권으로 결제하면 세 장까지만 사용할 수 있어서 총 12퍼센트의 할인이 적용된다. 물론 사용가능한 요일과 시간대는 제한되는 경우도 있다. 상품

4
이 방식에 의구심이 생기는 이유는 굳이 메이투안을 통하지 않아도 되는 시점이 발생하기 때문이다. 결제 시점에 손님은 식당에 직접 결제하고 동일한 할인을 받을 수 있기 때문이다. 즉 중간자인 메이투안을 배제할 수 있는 시점을 남겨두고 있다는 의미다. 하지만 어느 식당도 그런 시도를 하지 않는 것은 대금정산에 걸리는 시간도 거의 실시간이고 메이투안이 중간자로서 수수료를 취하지 않기 때문이다.

메이투안을 통해 결제하는 화면.

권은 대부분 손님이 적은 시간대에 사용할 수 있고 추가적인 할인금액 역시 음식점이 부담한다. 즉 보다 많은 사용을 위해 음식점이 진행하는 마케팅의 일환이다. 이러한 마케팅으로 메이투안을 통한 고객유입이 많아지면 추천비율도 높아지기 때문이다.

대부분의 음식점에게 메이투안의 평가는 매우 중요하고, 메이투안을 통해 많은 손님이 유입되는 만큼 메이투안을 통해 홍보한다. 고객은 메이투안으로 결제해야 할인을 받을 수 있으므로 언제나 마지막 단계인 결제는 메이투안을 통해서 진행한다. 공급자와 소비자의 가치를 모두 올려주는 이상적인 플랫폼의 모습이다.

메이투안와이마이

음식점에 있어서 평가가 한 개의 중심축이라면 배송은 새로이 만들어진 또 하나의 축이다. 하지만 새로 만들어진 축이 어마어마한 시장을 만들어내고 있다. 즉 경쟁의 중심축이 음식점에서의 식사인 '따오디엔'에서 집으로의 배달인 '와이마이'로 이동하고 있다.

와이마이라고 불리는 음식배달 서비스는 한국과 마찬가지로 중국에서도 아주 큰 시장으로 떠오르면서 많은 플랫폼들이 이 시장으로의 진입을 계획하고 있다. 현재 이 분야의 1위는 알리바바가 지원하고 있는 어러머饿了么이다. 어러머는 2019년 바이두와이마이를 8억 달러에 인수하면서 업계 규모 최대의 자리에 올랐다. 두 회사를 합한 시장지배력은 53.4퍼센트로, 일단 반 이상의 시장을 확보한 것이다. 니치시장을 공략하는 몇몇의 플레이어들이 있지만 시장의 대부분(80~90퍼센트)은 어러머, 바이두와이마이, 메이투안와이마이가 차지하고 있었기에 이 합병은 시장의 판도를 가르는 중요한 사건이 되었다. 메이투안와이마이가 40퍼센트의 시장을 차지한 채 어러머의 뒤를 따르고 있다.

시장규모를 살펴보면 2018년 기준 중국의 와이마이, 즉 음식배달

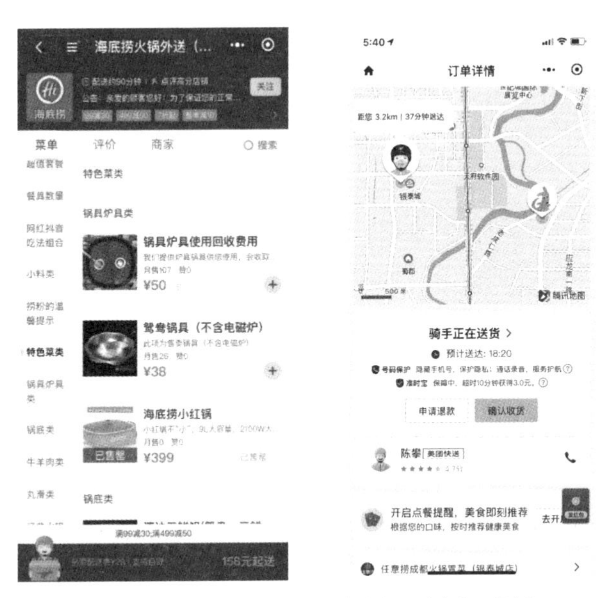

메이투안 앱에서 음식을 주문하면, 현재 배달기사의 위치와 예상소요시간이 표시된다.

시장의 규모는 연간 4,790억 위안(한화 80조 원)에 달한다. 그리고 그 숫자는 여전히 상승하고 있다. 〈메이투안 보고서〉에 따르면 와이마이 배달기사 종사자의 수가 2017년 220만 명에서 2018년 270만 명으로 늘어났다. 시장이 성장하면서 고용도 창출되고 있는 것이다.

사업모델 관점에서 살펴보면, 음식점이 메이투안에 지급하는 수수료는 도시마다 다르지만 베이징을 기준으로 15~20퍼센트 수준(2019년 기준)이다. 한국에서 배달의 민족이 15퍼센트의 수수료를 받는 것을 감안할 때 유사한 수준으로 보인다. 플랫폼의 또 다른 한 축인 배달기사들의 평균 소득은 밝혀지지 않았지만 상위 30퍼센트가 월 5천 위안 이상, 50퍼센트가 월 4천 위안으로, 중국에서는 꽤 높은 임금 수준이다.[5]

중국의 음식배달 과정을 살펴보면, 한국이나 미국과는 조금 다른 양상을 보인다. 먼저 단위 배달에 대한 대가가 매우 낮은 수준이다. 배달 한 개당 대가로 평균 5.5위안을 받는다. 한화로 900원 정도로, GDP 수준을 감안해도 낮은 수준이다. 하지만 배달기사들의 45퍼센트가 하루 평균 20개 이상의 배달을 수행하고 있다. 한국에 비해서 매우 많은 건수다. 하루 배달건수를 30건으로 가정하면 하루 수입은 165위안이고, 한 달에 25일 일한다고 가정하면 월 수입은 4천 위안 수준이 된다.

낮은 건당 배달비와 많은 배달건수는 서비스의 품질을 떨어뜨리는 요인으로 작용하고 있지만 중국인들의 배달음식에 대한 기대수준은 상대적으로 낮아 보인다. 배달지연에 따른 음식품질의 하락을 쉽게 용납하고 있기 때문이다. 한국에서는 불만의 가장 큰 요인으로 제기되는 묶음배달[6]이 중국에서는 당연한 일로 보인다.

음식배달 과정을 살펴보면 일반적인 전자상거래 거래와 차이가 거의 없다. 단지 주문 즉시 배송이 시작되어 배송기사의 이동 상황이 실

5
1.5선 도시의 경우, 대졸 초임이 3,500위안 수준이다.

6
여러 개의 배달을 묶어서 배달하는 행위를 의미하며 단시간에 최대한 많은 배달을 수행하기 위해 벌어지는 현상이다. 이를 막기 위해 배달 중에 추가적인 오더를 받지 못하게 하는 법안이 고려되기도 했다.

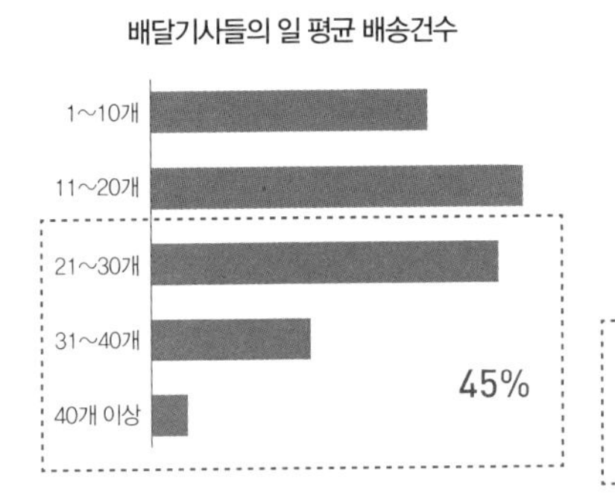

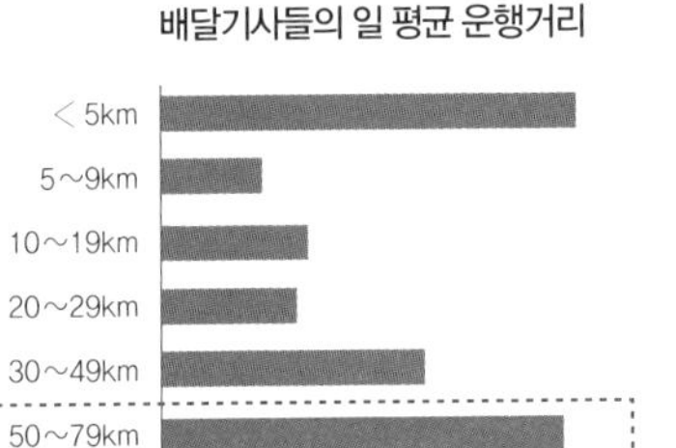

출처: 메이투안 플랫폼 데이터

시간으로 앱에 보인다는 차이가 있을 뿐이다. 한국에서도 비슷한 서비스를 제공하지만 예상도착 시간을 제공하는 데 그치는 경우가 대부분이다. 음식배달의 경우 도착시간을 알 수 있으면 고객의 불만이 적어진다는 연구결과가 있듯이, 배달기사의 정확한 현재 위치와 예상시간에 대한 정보는 음식배송의 품질을 높인다.

앱에서 제공되는 서비스는 훌륭한데 배달이 오래 걸린다는 한계가 있다. 거리는 3.2킬로미터인데 37분이 소요되는 식이다. 단지 하나의 사례가 아니라 대도시에서 음식배송은 일반적으로 30분 이상 소요된다. 이는 여러 개의 배송을 한번에 수행하기 때문이다.

또 다른 특징은 배달이 가능한 음식 종류에 제한이 거의 없다. 한국에서 배달의 대부분이 몇 종류의 음식에 한정되는 것과 달리 중국에서는 거의 모든 음식이 배달된다. 243쪽 그림에서 볼 수 있듯이 훠궈(중국식 샤브샤브)도 배달된다. 하이디라오라는 유명한 훠궈 음식점은

메이투안에서 훠궈 재료 주문과 조리 기구 대여가 가능하다. 조리 기구와 훠궈 세트를 38위안에 대여하고 있다.

조리를 위한 기구까지 빌려준다. 이렇듯 상상할 수 있는 모든 음식이 배달되는 곳이 중국이다.

음식배달 플랫폼의 성립과 문제

음식점이라는 공급자를 대상으로 배달기사라는 훌륭한 플랫폼 도구를 제공하는 배달 플랫폼은 중국뿐만 아니라 우리나라에서도 성공적으로 성립되었다. 사용자 입장에서 언제든지 복수의 플랫폼을 사용할 수는 있지만, 메이투안처럼 네트워크가 커지면서 양질의 리뷰가 많이 쌓인다면 그 규모를 경쟁자가 따라잡기 어려워질 가능성도 있다. 충

글로벌 네트워크

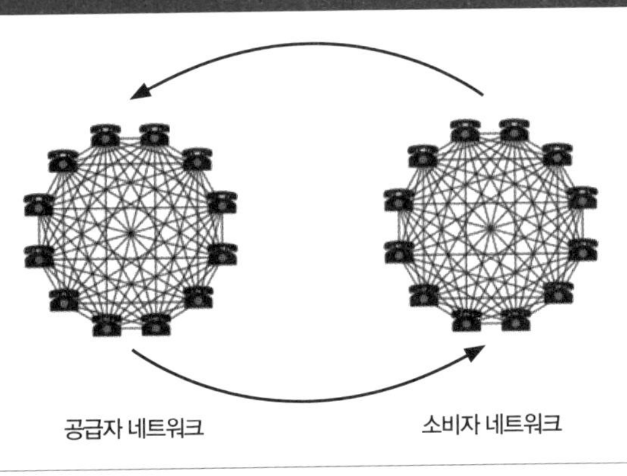

분한 리뷰가 쌓인 음식점에 대한 정보는 결국 교차 네트워크 효과를 만들어낼 수 있기 때문이다. 문제는 이동 플랫폼처럼 오프라인 음식점과 배달인력을 바탕으로 하는 물리적인 네트워크의 제한이 지속적인 경쟁자의 출현을 가능케 한다는 데 있다.

플랫폼은 공급자와 소비자의 네트워크로 구성된다. 성립된 플랫폼 안에서 두 개의 네트워크는 서로 교차하며 네트워크 효과를 만들어낸다. 그런 이유로 플랫폼이 성립되고 교차 네트워크 효과가 발휘되면 후발주자가 시장에 진입하는 것이 쉽지 않다. 문제는 네트워크의 구성이 얼마나 단단한가에 있다.

전형적인 교차 네트워크 효과는 공급자의 네트워크와 소비자의 네트워크가 서로 영향을 미치면서 성장하는 모습이다. 알리바바, 텐센트 모두 교차 네트워크 효과를 활용해서 시장을 지배했다. 국가 단위의

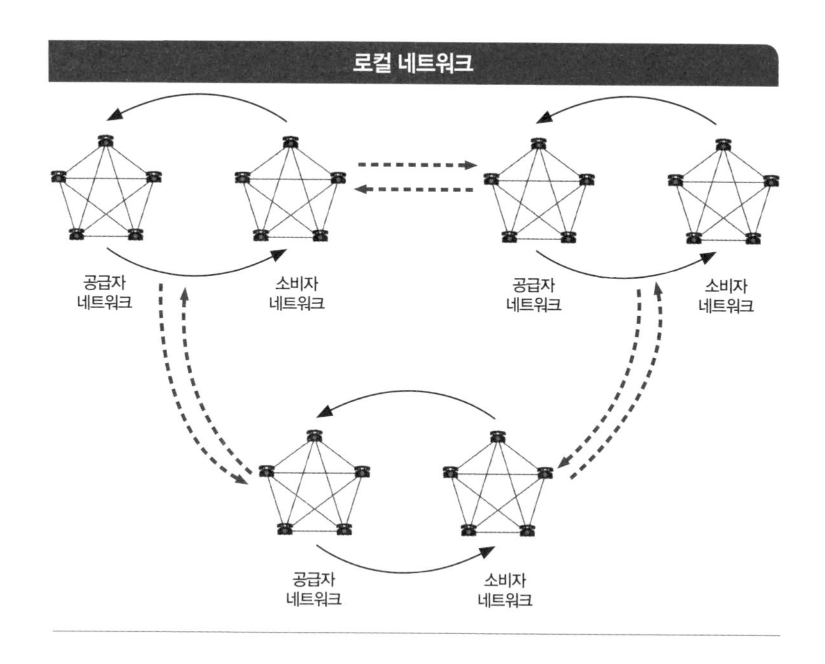

물류시스템을 성공적으로 만들어냈기에 타오바오의 플랫폼 네트워크가 중국 시장에 성립되었고, 72시간이라는 글로벌 물류가 완성된다면 글로벌 플랫폼으로 성장할 수도 있을 것이다. 텐센트의 위챗도 수천만 개의 공급자들이 공식계정과 미니프로그램을 통해 네트워크에 참여하고 이를 사용하는 10억 명이 있기에 플랫폼 네트워크의 대상은 중국이고 나아가 동남아로 확대되고 있다.

하지만 오프라인 음식점이라는 지리적 공간과 배달이라는 물리적인 기능이 개입되는 순간 네트워크 크기는 작아진다. 삶의 공간이 네트워크의 크기를 결정하므로 일반적으로는 도시 단위(더 작게는 군구 단위)로 형성되는 경우가 많다. 알리바바가 허마시엔셩을 통해 신선식품을 배송하고자 하는 거리는 30분이다. 이 경우 네트워크 크기는 훨씬 작다. 단위 네트워크 크기가 작다면 그 작은 지역에서 교차 네트워크 효과가 성립되더라도 그 성립이 타 단위 네트워크에 큰 영향을 미치지 못한다. 압구정동의 허마시엔셩이 아무리 평가가 좋아도 용산의 허마시엔셩의 경쟁력에 도움을 주지 못하는 것과 같은 이치다.

물론 하나의 브랜드로 누릴 수 있는 장점은 있지만, 네트워크 간 결합도가 충분히 크지 않기에 작은 시장 단위를 공략하는 경쟁자를 무시할 수 없다. 그 누가 되었건 작은 도시에서 음식배달 사업을 특색 있게 시작하는 것을 무시할 수 없다는 뜻이다.

이동 플랫폼들의 영역 확장

이런 이유로 배달 플랫폼은 타 플랫폼 영역, 특히 이동과 상거래 플랫폼의 영역확장 대상이 되고 있다. 하지만 현재까지는 그 영역확장 시도는 그다지 성공적으로 보이지는 않는다. 음식이라는 영역에서 리뷰와 평가의 중요성이 상대적으로 높기 때문이다. 이동을 위해 택시를 선택하는 것에 비해 저녁에 뭘 먹을 것인가를 고를 때 소비자들은 보다 신중해지기 때문이다.

메이투안의 가장 강력한 경쟁자인 알리바바그룹은 이미 어러머라는 배달 플랫폼을 운영하면서 이를 허마시엔셩과 연계하여 신선식품 배달이라는 새로운 영역을 만들었다. 물류가 핵심 경쟁력으로 자리 잡은 상거래 영역에서 배달 영역은 당연한 확장 경로로 여겨진다. 어러머는 바이두와이마이를 매입하면서 바이두가 가진 정보 영역의 강점을 병합한 모습이다. 음식배달에 있어서 메이투안이 가진 리뷰에 대응하는 정보력을 갖춘 것이다. 배달시장에서 단순히 가격이나 마케팅 경쟁만으로는 메이투안의 수성을 이겨내기 힘들 것이라 판단했을 것이다. 또한 타오바오 같은 상거래 영역에서 사용되는 물류 시스템과 오토바이로 이뤄지는 배달 플랫폼에서의 물류는 근본적인 차이가 있기에 규모 경제의 확보가 필수적이었다.

승차공유 이동 플랫폼의 맹주, 디디추싱은 메이투안과 어러머의 경쟁에 뛰어들었다. 아니 메이투안의 이동 플랫폼으로의 진출이 디디추싱을 음식배달 영역으로 불러들였다고 말하는 것이 옳을지도 모른다. 승차공유 시장에서 지배자적 위치이면서도 적자를 내고 있는 디디추싱이 음식배달 시장에 진출한 데는 두 가지 이유가 있다. 첫째, 메이투안이 2017년 2월 승차공유 시장에 진입을 선언한 데 대한 반격을 가하기 위해서다. 둘째, 음식배달이 이동이라는 기능을 기반으로 한 사업이기 때문이다. 미국의 우버가 우버이츠, 우버프레잇 등의 서비스를 지속적으로 확대하고 있는 것도 동일한 맥락이다. 하지만 우버이츠의 배송이 대부분 차량으로 이뤄진다는 점을 생각하면 디디추싱의 음식배달 진출은 조금 다른 맥락에서 이해해야 한다. 배달을 위한 오토바이 배송역량을 새로이 만들어야 하기 때문이다.

디디추싱은 2018년 4월 메이투안의 시장점유율이 가장 높은 도시,

우시无锡를 포함한 5개 도시에서 서비스를 개시했다. 메이투안의 점유율이 52퍼센트에 달하는 도시인 우시를 선택한 이유는 아마도 메이투안의 이동 플랫폼 시장의 진입에 대한 대응 시그널로 보인다. 디디추싱은 모든 배달에 대해서 음식점에는 6~8위안, 소비자에게는 18위안, 배송기사에게는 18위안을 지급하는 프로모션으로 4월 당월에 33만 개의 주문을 처리했다. 한 달 동안 디디추싱와이마이를 알리기 위해 마케팅 비용으로 1,400만 위안(한화 24억 원)을 순수 보조금으로 사용한 것이다. 이미 구축된 메이투안과 어러머의 플랫폼 네트워크에서 음식점과 배달기사를 확보하기 위한 고육지책이었다.

디디추싱의 공격적 마케팅은 정부가 공정경쟁을 이유로 개입하는 계기가 되었고 디디추싱의 보조금 마케팅은 중단되었다. 그 결과 현재 디디추싱의 시장 지위는 초라한 수준이다. 결국 디디추싱은 2019년 2월 '관팅뼁주안关停并转'[7]이라는 표현으로 음식배달 시장에서의 퇴각 혹은 신중한 전개를 결정한다. 이동 플랫폼에 집중하고 부차적인 사업에 대해서는 사업을 접거나 매각한다는 결정을 내린 것이다. 메이투안이나 어러머가 가지고 있던 음식점에 대한 리뷰나 정보가 부재했고 이미 만들어져 있던 플랫폼들의 네트워크 결속력이 강했던 탓이다.

7
현재의 장사를 접고 전업한다는 의미다.

플랫폼 노동자의 문제

2019년 5월 1일 노동절에 국회의사당 앞에서 '라이더 유니온'이 발족했다. 조합원은 40여 명에 불과하지만, 이들은 배달기사들의 노동권에 대한 주장과 업무환경 개선, 인권 보장을 주장했다.[8] 여기에는 배달의 민족 같은 음식배달 플랫폼에서 배달 서비스를 제공하는 배달기사들과 맥도날드 등 프랜차이즈의 배달요원도 참여했다. 이들의 요구는 다양했으나 가장 핵심적인 것은 배달요금의 인상과 배달용 오토바이 보험료 인하였다. 프랜차이즈와 같은 음식점에 직접 고용되는 경우 이러한 문제는 노사 간의 협의를 통해 해결되지만, 배달기사들은 어딘가에 고용된 사람들이 아니다. 따라서 사용자(기업)가 빠진 상태에서 '라이더 유니온'은 정부를 대상으로 자신의 의견을 표출한 것이다. 플랫폼 사회가 만든 새로운 현상이다.

미국의 '긱 워커스 라이징'이라는 조직 역시 우버라는 플랫폼이 등장하면서 플랫폼의 공급자들인 우버 기사들이 만든 조직이다. 1장에서 언급한 대로 우버는 양면시장의 균형이라는 관점에서 소비자 쪽으로 기울어져 있다. 즉 소비자에게는 훌륭한 서비스인데 이를 공급하는 기사들은 만족하지 못하고 있다는 뜻이다. 이 불만이 '플랫폼 노동

8

박정훈 위원장은 플랫폼 노동에 대해 "잉여 인력들을 플랫폼이라는 정거장에 대기시켰다가 일감이라는 열차가 오면 태워서 보내는 것"이라고 말한다. 통상적으로 기업이 사람을 쓸 때 비정규직은 2년, 알바노동자는 3개월 내지 6개월 단위로 계약했다면 플랫폼 시장에서는 1초 단위로 인력을 사용하고 대기시킨다는 설명이다. (출처 : 투데이신문)

2019년 배달대행업체 배달기사들의 노동조합 '라이더 유니온'이 탄생했다.

출처: 연합뉴스

자'라는 새로운 개념을 만들고 있다. 본질적으로 플랫폼은 공급자와 소비자를 연결하는 의미이기에 여기에 노동자의 개념이 들어올 여지는 없다. 문제는 우버와 같은 O2O, 즉 온라인과 오프라인이 연결되는 플랫폼은 사람의 노동이 핵심 요소이기에 문제가 발생한다.

하지만 우버와 같은 승차공유 플랫폼의 경우 노동자의 개념은 플랫폼을 통해 만들어지는 소득수준에 집중된다. 즉 플랫폼 운영자가 전체 운임 중 얼마를 수수료로 공제할 것인가에 논의가 집중되는 것이다. 노동자라는 관점보다는 불평등한 혹은 충분하지 못한 대우를 받는 사업파트너의 색채가 강하다. 우버 기사들이 분산되었기에 약할 수도 있고 또 쉽게 연결될 수 있는 커뮤니케이션 수단이 존재하기에 강하다고 할 수도 있다. 하지만 이 논의가 오토바이 음식배달기사 이야기로 넘어가면 진정한 의미에서의 '노동자'가 등장한다.

음식배달에 있어서 공급자는 음식점이다. 따라서 배달기사들은 공급자라기보다는 플랫폼의 도구라고 이해하는 것이 맞다. 플랫폼이 배달기사들을 사전에 확보해서 자체 배달기사를 보유하지 않은 음식점들이 배달이라는 영역에 쉽게 들어올 수 있도록 도구를 제공해주는 것이다. 즉 배달기사들은 언뜻 보면 배달시장의 공급자로 보이지만 자세히 살펴보면 플랫폼이 만들어낸 노동자들이다. 이 노동자들은 플랫폼이 결정한 원칙(룰)에 의해 소득이 결정된다. 따라서 진정한 의미에서 플랫폼의 노동자 개념을 적용한다면 그 대상은 배달 노동자들일 것이다. 이들은 플랫폼의 한 축을 형성하는 것도 아니고 단지 플랫폼이 제시한 조건을 수용하고 플랫폼이 제공하는 기능을 제공할 따름이다. 문제는 이들이 노동자로서 어떤 보호도 받지 못한다는 점이다. 정확히는 임시직 노동자이다. 물론 임시직 노동자는 예전에도 있었고 앞으로도 있을 것이지만, 앞으로 예상되는 플랫폼 경제의 규모를 생각하면 미리 고민해야 할 문제가 많다. 중국의 배달 플랫폼에 소속된 배달인력의 규모는 이미 수백만 수준이기에 그렇다. 게다가 그들의 소득은 위험과 일정 부분 상관관계를 갖고 있다. 오토바이가 주종을 이루는 배송 수단이 가진 위험성과 더불어 소득을 올리기 위해서는 속도를 올려야만 하는 업의 특성이 함께하기 때문이다. 2019년 이러한 노동자가 한국에만 50만 명에 이른다는 추산이 있다. 한국의 배달 노동자들이 배달비 인상과 더불어 배달용 오토바이 보험을 요구하는 것도 이러한 맥락으로 이해해야 한다.[9]

플랫폼은 이제 단순히 양면시장만을 연결하는 데 만족하지 않고 있다. 거의 모든 오프라인의 요소들이 플랫폼과 관련되고 있고 그 결과 플랫폼을 기반으로 생계를 이어가는 노동자들이 출현하고 있다. 이 플랫폼 노동자에 대한 문제는 기존의 노사관계 속에서 해결될 수 있는 문제가 아니기에 새로운 접근이 필요하다. 모든 음식점은 이제 배달인력을 자기 음식점만의 노동자로 두기를 원하지 않는다. 비용도 비용이지만 노동자를 직접 상대하지 않아도 되는 '플랫폼'이라는 새로운 선택지가 등장했기 때문이다. 이 플랫폼 노동자의 문제는 플랫폼의 대상 영역이 확대됨에 따른 결과이고 앞으로 플랫폼형 사업모델이 늘어남에 따라 사회가 인지하고 감당해야 하는 영역이 될 것이다.

9
오토바이를 개인 레저용으로 사용할 때와 업무용으로 사용할 때 보험료의 차이는 수배에 이른다. 그만큼 업무용에 대한 위험을 높게 평가한다는 뜻이다. 반면에 우버 기사들은 자동차보험에 대해 이슈를 제기하지 않는다. 배달용으로 쓰이는 차량의 보험료가 일반 보험료와 차이가 없기 때문이다.

메이투안의 미래

중국에서 배달 플랫폼은 의식주 중 식생활이라는 하나의 축을 해결하는 중요한 수단으로 자리 잡았다. 한국을 포함한 다른 나라에서의 배달 플랫폼과는 다른 수준의 역할을 담당하고 있다. 그리고 그 플랫폼은 풍부한 시장 수요를 바탕으로 한동안은 잘 성립될 것으로 보인다. 즉 플랫폼의 양 측이 균형을 유지하고 있다는 뜻이다. 배달을 하는 배달기사도 일정 수준의 소득이 확보되고 소비자도 배달을 통해 먹거리를 해결할 수 있으니 모두가 만족하는 플랫폼이다. 메이투안 하나의 사업자만으로 사람들에게 270백만 개에 달하는 새로운 직업을 만들어주는 균형 잡힌 시소인 것이다.

문제는 미래에 양쪽 시장이 어떻게 바뀔 것인가이다. 아마도 소비자 측은 보다 좋은 품질을 요구할 것이기에 한국에서와 같이 묶음배달 문제가 나타날 것이다. 식어버린 음식을 위해 30분 이상을 기다리고 싶지 않을 테니 말이다. 그러한 소비자를 어떻게 만족시킬 것인가는 가까운 미래에 중국 배달 플랫폼이 마주할 숙제일 것이다.

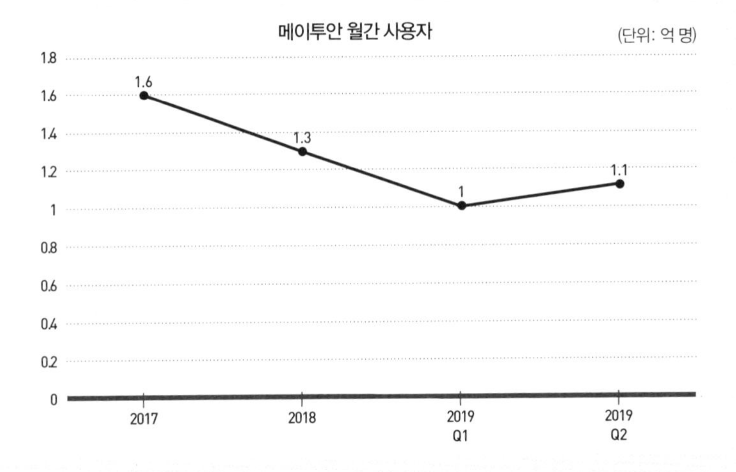

<table>
<tr><th colspan="2">구분</th><th colspan="4">메이투안</th></tr>
<tr><th></th><th></th><th>2017</th><th>2018</th><th>2019 Q1</th><th>2019 Q2</th></tr>
<tr><td rowspan="8">재무지표</td><td>MAU
(월간 사용자)
(단위: 억 명)</td><td>1.6</td><td>1.3</td><td>1</td><td>1.1</td></tr>
<tr><td>매출액
(단위: 조 원)</td><td>5.8</td><td>11.1</td><td>3.3</td><td>3.9</td></tr>
<tr><td>영업이익
(단위: 조 원)</td><td>-3.2</td><td>-19.6</td><td>-</td><td>-</td></tr>
<tr><td>매출액 성장율
(단위: %)</td><td>161</td><td>92</td><td>-</td><td>-</td></tr>
<tr><td>경상이익
(단위: 조 원)</td><td>-0.5</td><td>-1.4</td><td>0.5</td><td>0.3</td></tr>
<tr><td>총자산
(단위: 조 원)</td><td>14.2</td><td>20.5</td><td>20.1</td><td>21.1</td></tr>
<tr><td>총부채
(단위: 조 원)</td><td>21.1</td><td>5.8</td><td>5.7</td><td>6.3</td></tr>
<tr><td>기업가치
(단위: 억 달러)</td><td>-</td><td>327</td><td>-</td><td>670</td></tr>
<tr><td rowspan="2">기타</td><td>웹사이트</td><td colspan="4">https://about.meituan.com/</td></tr>
<tr><td>전화번호</td><td colspan="4">010-57376600</td></tr>
</table>

7

새로운 왕서방들, 핀둬둬와 샤오홍슈

CHINA PLATFORM

우리는 중국을 왕서방의 나라라고 배우면서 자랐다. 이는 중국인들이 천성적으로 장사에 능하다는 뜻이다. 알리바바가 타오바오를 바탕으로 중국의 전자상거래를 지배하고 있지만 여전히 새로운 방식의 상거래 사업자가 매년 출현하고 있다. 대표적인 사업자가 핀둬둬와 샤오훙슈로, 독특한 자신만의 방식으로 시장을 만들어가고 있다. 지속성과 확장성의 문제가 아직 존재하지만 전형적인 플랫폼의 원칙을 적용하면서 시장을 놀라게 하고 있다. 258쪽 그림을 보면 2018년 11월 기준 서비스별 일 평균 방문자의 변화를 볼 수 있다. 여기서 볼 수 있듯 핀둬둬와 샤오훙슈는 압도적인 성장을 보이는 플랫폼이다.

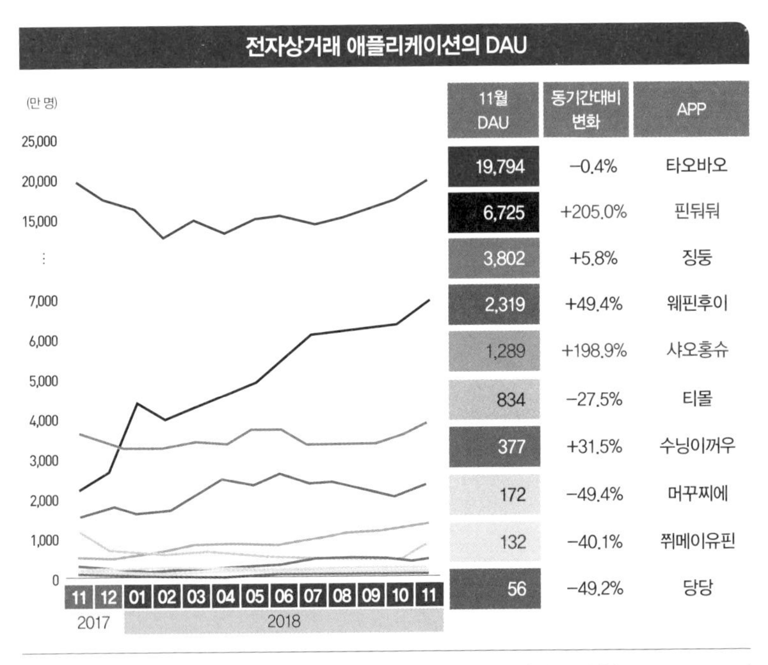

출처: JG데이터(2017.11.~2018.11.)

함께 사면 저렴하다, 핀둬둬

2018년의 영웅이 바이트댄스의 도우인[1]이었다면 2019년의 히어로는 핀둬둬였다. 2019년 또 하나의 쇼핑데이인 618 쇼핑데이 이벤트 행

1
한국에서는 '틱톡(tiktok)'으로 알려져 있다.

사에서 핀둬둬는 타오바오, 징둥과 어깨를 견주는 수준의 실적을 보였다. 2015년에 창업한 기업이 4년 만에 중국의 양대 전자상거래 기업을 위협하는 수준에 이른 것이다. 새로운 경쟁자의 진입은 언제나 시장을 자극하고 발전시키는데, 2019년의 새로운 경쟁자는 핀둬둬였다. 2018년 11월 일 평균 사용횟수를 보면 핀둬둬는 징둥을 누르고 타오바오에 이어 2위를 차지했다.

전형적인 공동구매 플랫폼인 핀둬둬는 기존의 알리바바로 대표되는 전자상거래 플랫폼이 해결하지 못했던 3선 도시, 즉 구매력이 낮은 저소득 계층의 소비에 집중했다. 공동구매는 한국에서 이미 역사 속으로 사라진 느낌이지만, 중국에서는 아직 소득이 낮고 인터넷의 활용도가 낮은 시장에서 수요가 높다. 즉 혼자 구입할 때의 가격과 여러 명이 함께 구입할 때의 가격 차이를 두어 대량구매 효과를 다수의 구매자들이 나눠 갖는 모델이다.

2015년 창업한 핀둬둬는 2018년 8월 미국 나스닥 상장을 통해 지속적 성장을 위한 자금을 마련했고 중국이 가진 세계의 공장이라는 특징과 큰 규모의 저소득 인구라는 배경을 잘 활용하여 지속적으로 성장하고 있다. 핀둬둬의 창업스토리를 살펴보면 중국 기업다운 모습을 볼 수 있다. 중국 정부의 빈곤구제 정책이나 1선 도시와 농촌 간의 빈부의 격차가 지속적으로 벌어지는 현상에 대한 대책의 일환으로 핀둬둬를 설립했다고 이야기한다.

핀둬둬 사업의 특징을 살펴보면 다음의 다섯 가지로 요약된다. 첫

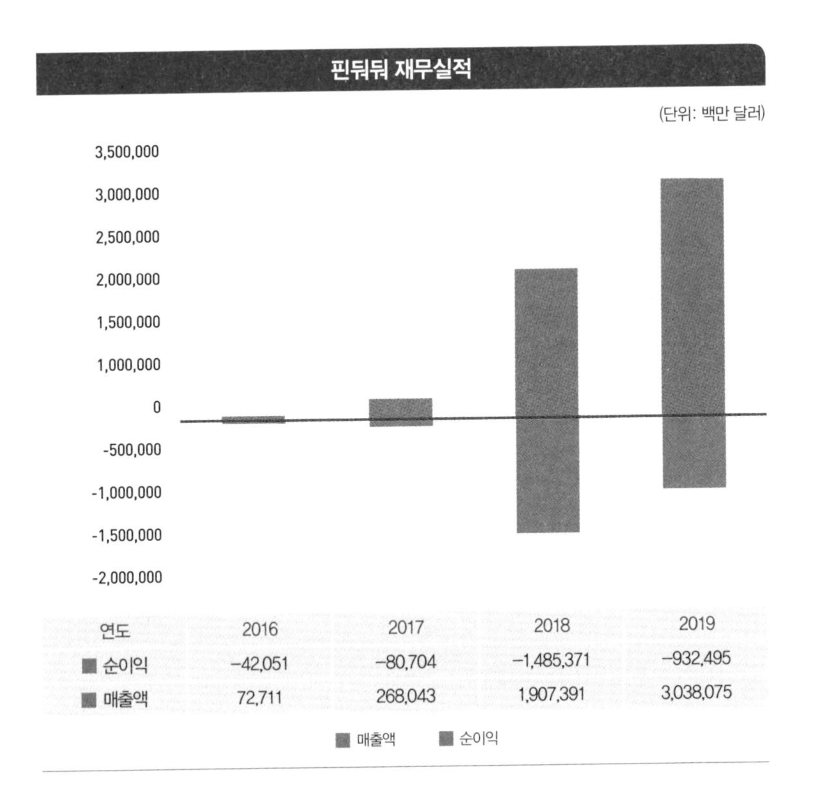

연도	2016	2017	2018	2019
■ 순이익	−42,051	−80,704	−1,485,371	−932,495
■ 매출액	72,711	268,043	1,907,391	3,038,075

째, 3선 이하의 도시 혹은 농촌 고객에 집중한다. 전체 고객 중 57퍼센트가 가격에 매우 민감한 3선 이하 도시에 거주하고 있다. 둘째, 고객과 생산자가 직접 거래한다는 사업방식인 공동구매 즉, C2M Customer to manufacturer을 통해 낮은 가격을 핵심 경쟁요소로 삼는다. 셋째, 전체 수입의 77퍼센트를 마케팅 비용으로 지출하는 성장 일변도 전략을 채택한다. 13개의 예능 프로그램에 PPL을 제공함으로써 인지도 제고에 집

중하였다. 넷째, 구매 과정이 매우 단순하여 네 번의 클릭으로 구매가 이뤄지며 모든 상품은 배송비를 포함한다. 다섯째, 판매자에 대한 제한이 없이 누구나 참여할 수 있으며 중소 판매상을 위한 플랫폼으로 스스로를 규정한다.

정리하면 중국이 세계의 공장으로 변신하면서 만들어진 수많은 소규모 생산자와 가격에 민감한 3선 도시 소비자를 연결하는 플랫폼이다. 이들의 낮은 가격에 대한 니즈를 해결하기 위한 방안으로 공동구매라는 방식을 제안했고 상상할 수 없는 가격이 나타나면서 엄청난 트래픽과 거래량이 만들어졌다. 이 성장 속도가 얼마나 지속될지는 알 수 없지만 정확한 시장파악, 사업모델의 구성과 실행이 핀둬둬의 성공요인으로 보인다.

공동구매 플랫폼

핀둬둬의 사업모델을 살펴보면 일반적인 구매와 다른 점이 한 가지 있다. 번역하면 집단을 연다는 의미의 '카이투안开团'이 바로 그것인데, 공동구매를 시작한다는 뜻이다. 상품을 단독으로 구매할 수도 있지만, 핀둬둬에서 단독구매를 선택하는 구매자는 없다. 분명한 가격차이가 공동구매를 유도하기 때문이다. 이때 선택하는 메뉴가 '카이투안'이다. 즉 대부분 공동구매를 시작하는 동시에 자신의 구매의사를 친구, 친척에게 공유하여 공동구매를 유도한다.

다음 그림을 보면 단독구매와 공동구매 가격 차이가 20퍼센트 정도

핀둬둬의 사업모델

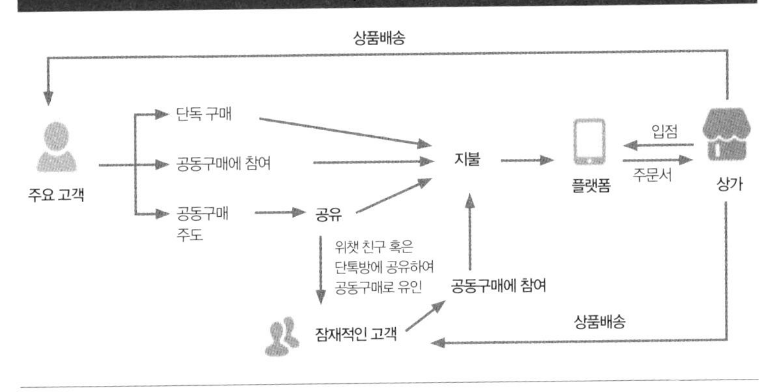

출처: iReserch

된다. 이 제품을 36.5위안에 구입하려면 두 명이 함께 구입하면 된다. 가장 편리한 방법은 이미 공동구매를 시작한 사람과 함께 구매하는 것인데, 꼭 지인일 필요는 없다. 하지만 대부분은 내가 공동구매를 시작하고, 위챗상의 친구에게 공동구매 참여를 요청하는 방식이다. 요청을 받은 친구는 해당 화면을 클릭하면 핀둬둬의 미니프로그램으로 연결되어 즉시 구매가 가능하다. 모든 정보의 공유나 구매 행위가 위챗상에서 이루어진다.

매일 이런 종류의 공동구매 요청을 받는다면 일종의 스팸으로 여겨질 수도 있지만, 친구가 비닐봉지와 같은 생필품을 저렴하게 살 수 있는 기회를 제공한다고 이해할 수도 있을 것이다. 이는 가격에 민감한 고객군을 대상으로 한 공동구매라는 방식이 만들어 놓은 새로운 구매

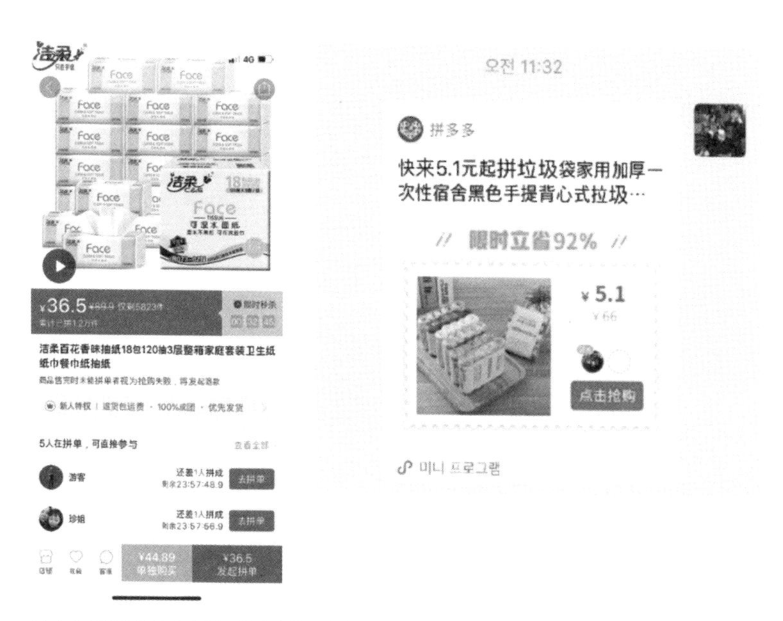

핀둬둬에서 종이를 구매하는 화면과 친구에게 공동구매 참여를 요청하는 화면.

행태이다.

플랫폼의 또 다른 축인 판매자에게도 핀둬둬는 알리바바와 유사한 입장을 취한다. 물론 완전히 무료 수수료는 아니지만 전체 거래액의 0.6퍼센트를 판매 수수료로 받고 있다. 한국의 오픈마켓 수수료가 10퍼센트 수준임을 감안하면 매우 저렴하다. 물론 입점비와 같은 별도의 비용은 없다. 단지 광고를 통해 다양한 방식의 수익을 창출한다.

가볍고 간단한 쇼핑과정

핀둬둬 쇼핑 프로세스의 가장 큰 특징은 두 가지가 없다는 점이다. 첫 번째, 모든 상거래 플랫폼의 기본인 장바구니가 없다. 알리바바 창업자인 마윈은 2016 리우데자네이루 올림픽에서 세계를 제패한 중국 여자배구 국가대표 선수들에게 타오바오의 장바구니를 비워주겠다고 약속하기도 했다. 그만큼 중국인들에게 장바구니는 일종의 사전 쇼핑과 같은 역할을 한다. 한국도 마찬가지로 많은 소비자들은 사고 싶은 것을 장바구니에 담아두었다가 세일이나 쿠폰이 생기면 구매하는 습관이 있다. 그렇기에 장바구니는 어떤 상품이 구매 대상이 되는지 분석하는 데 아주 중요한 요소이다. 그러나 핀둬둬에는 장바구니가 없어서 담아두고 생각할 시간을 주기보다는 당장 구매를 결정하기를 강요한다. 단순한 UI를 통해서 빠른 충동구매를 지지하는 것이다.

두 번째, 배송비가 없다. 모든 상품 가격에 배송비가 포함되어 있기 때문에, 부가적인 고민을 할 필요가 없다. 아마존이나 타오바오가 배송비 때문에 FBA나 차이냐오 같은 인프라를 고민하는 것과는 차이가 있다. 낮은 가격이라는 장점이 하루 이틀 늦은 배송시간을 충분히 상쇄하고도 남는다고 생각하는 것이다.

더욱이 3선 도시의 구매자 대다수가 아직 인터넷 UI에 익숙하지 못하기에 구매 과정을 최대한 단순하게 만들었다. 선택사항도 최소한으로 제한하고, 상품선택에서 결제까지 무조건 네 단계 안에 완결되는 것을 원칙으로 한다. 상품선택, 옵션선택, 결제, 최종확인(공유)이 네

번의 클릭으로, 복잡함으로 고객을 잃는 것을 용납하지 않겠다는 의지의 표현이다.

이렇게 단순한 프로세스를 제공하게 된 배경에는 위챗의 미니프로그램이 있다. 미니프로그램은 위챗 안에 있는 작은 앱으로, 별도의 앱을 다운로드할 필요가 없다는 점에서 무선 데이터 비용에 민감한 3선 도시 구매자들이 전자상거래로 진입하는 데 장벽을 낮추었을 뿐만 아니라 구매 과정에 친구를 초대하는 과정이 단절되지 않게 만들었다. 초대받은 친구는 대화창에서 클릭 한 번으로 핀둬둬의 구매화면에 이동할 수 있기 때문이다. 이들은 이미 위챗 안에서 대화를 하고 있고, 핀둬둬는 위챗 안에 설치된 기능이기에 구매를 위해 핀둬둬 앱을 다운받고 가입할 필요가 없다. 이런 이유로 이미 모든 중국인들의 손에 있는 위챗의 친구 네트워크를 통해 공동구매 요청이 자연스레 전파되는 현상이 나타나고 있다. 즉 핀둬둬는 위챗의 미니프로그램을 가장 잘 활용한 사업자라 할 수 있다. 간단해야 하고 위챗의 기본기능과 연결성이 좋아야 하는 미니프로그램의 특징이 핀둬둬에 그대로 구현된 것이다.

하지만 여기에는 장점만 있는 것은 아니다. 3선 도시 소비자들은 친구나 친지로부터의 참여 요구를 공동구매의 기회로 받아들이는 반면 1선 도시 소비자들은 이를 스팸으로 여긴다는 한계가 있다. 사업모델과 더불어 가격을 낮추는 매커니즘이 위챗을 많이 사용하는 사용자일수록 거부감을 갖기 쉽다는 점은 핀둬둬가 시장을 확대할 때 반드시 풀어야 할 이슈다.

물류라는 해결해야 할 숙제

핀둬둬는 자신의 다음 사업 영역으로 농촌과 소비자를 연결하는 프로젝트를 준비 중이다. 공동구매와 농촌이라는 빈곤지역을 연결함으로써 윈윈하는 중국을 만들겠다는 것이다. 여기서 핀둬둬가 가진 아킬리스건이 나타난다. 바로 물류시스템이다. 이제 전 세계 전자상거래 경쟁에 있어서의 핵심이 물류능력과 물류인프라로 이동하고 있다. 징둥이 자체 물류시스템을 갖추고 알리바바가 차이냐오를 통해 물류 정보시스템을 갖추는 것, 자체 물류센터를 지속적으로 확장해 나가는 것도 이런 이유 때문이다. 게다가 앞으로 전자상거래 플랫폼 간의 경쟁은 물류정보 전쟁으로 진화할 가능성을 갖고 있다.

중국 물류회사 중에 매출기준으로 선두를 달리고 있는 순펑顺丰은 알리바바의 차이냐오 물류정보 개방요구를 거절했다. 알리바바가 투자하고 알리바바의 물동량에 대부분의 매출을 의존하고 있는 여타 물류회사와는 달리 순펑은 아직 알리바바의 요구에 복종하기 싫었기 때문이다. 즉 알리바바는 차이냐오를 통해 중국의 물류시스템을 장악하기 시작했다. 핀둬둬는 알리바바와 경쟁(쥐화솬聚划算, 알리바바 공동구매 플랫폼)하면서 자신의 모든 고객정보와 거래 정보를 알리바바에게 제공하고 있는 것이다. 핀둬둬의 현재까지의 성공은 알리바바의 묵인하에 이뤄졌다. 앞으로의 싸움에서 알리바바가 어떤 선택을 하느냐에

핀둬둬에서 판매 중인 가짜세제.

따라 핀둬둬의 미래가 달라질 수도 있다는 뜻이다.

가짜와의 싸움

비정상적으로 가격이 낮다는 것은 두 가지 가능성을 갖는다. 팔리지 않는다는 악성재고라는 의미와 재료나 성분이 비교대상보다 열등하다는 두 가지 뜻을 포함한다. 먼저 악성재고를 저렴하게 처분하는 것은 핀둬둬가 만들어내는 플랫폼 가치라 할 수 있다. 창고에 쌓여 있는 것보다는 낮은 가격에라도 소비자가 구입할 수 있다면 분명 가치 있는 일이다. 문제는 낮은 품질의 원재료를 사용하여 제품을 제조함에 따라 불량제품이 공급된다는 사실이다. 특히 이 과정에서 불법적으로 타 회사의 브랜드를 사용하기도 하는데, 더욱이 핀둬둬가 상대하는 가짜상품은 고가의 시계나 전자제품이 아닌 세제 같은 생활용품이라는 것이 더 큰 문제이다. 267쪽 그림을 보면 동일한 브랜드의 제품이 다양한 레이블과 용기에 담겨 판매되고 있는데 모두가 가짜상품으로 판명되었다. 브랜드 복제에 대한 문제도 문제지만 이로 인해 사고가 발생할 경우 유통사로서의 배상책임이 발생할 가능성이 크다.

핀둬둬의 미래

핀둬둬는 알리바바, 징둥에 이어서 중국의 메이저 상거래 업체로 이름을 올릴 수 있을 것인가? 결론은 아직은 풀어야 할 숙제가 많다.

핀둬둬의 분기별 실적을 보면 아직은 큰 규모의 적자에서 벗어나지 못한 것을 볼 수 있다. 2019년 6월 2사분기 실적보고에서 핀둬둬는 2.2억 달러의 손실을 기록했다. 다행인 것은 그 손실의 규모가 지속적으로 감소하고 있다는 점이다. 게다가 분기별 매출액의 성장율CAGR, Compound Annual Growth Rate을 계산해 보면 분기별로 70퍼센트의 성장을 보이고 있다. 매 분기마다 전 분기 대비 평균 70퍼센트 성장하고 있는 것이다.

핀둬둬의 매출이 증대되고 손실이 줄어 드는 이유를 3선 시장에서 1, 2선 시장으로의 진출로 인한 1인당 구매액의 증대에서 찾고 있다.

이는 1, 2선에 있는 가격에 민감한 고객군이 핀둬둬의 플랫폼에 참여하기 시작했음을 의미한다. 하지만 이러한 변화가 핀둬둬에게 약이 될지 독이 될지 알 수는 없다. 섣불리 알리바바와 징둥의 시장에 뛰어드는 우를 범할 수도 있기 때문이다. 이런 맥락에서 핀둬둬가 알리바바, 징둥에 이어서 제3의 상거래 플랫폼이 될 수 있을지는 아직 미지수다. 하지만 세계의 공장이라는 공급측면에서의 특징과 수많은 저소득층을 연결시키는 플랫폼이 시장에서 갖는 의미는 충분해 보인다.

왕홍들이 나타나다, 샤오홍슈

중국의 경제발전은 중산층의 성장으로 이어지면서 삶의 질을 높이고자 하는 수요가 늘기 시작했다. 하지만 중국산 제품의 품질은 이들의 요구를 만족시킬 수 없었던 데다가 식품안전에 대한 문제가 대두되기 시작했다. 개방정책으로 풍부해진 해외유학과 해외여행 경험은 소비에 대한 시야를 넓혀주었고 해외제품의 품질과 디자인이 중국산보다 우월할 뿐만 아니라 국내 판매 가격이 해외보다 훨씬 더 높다는 것을 알게 된다. 그리하여 중산층의 해외 브랜드에 대한 관심이 높아지며 해외구매에도 열풍이 불기 시작한다. 문제는 정보를 공유할 방법이 없었다는 점이다.

이러한 해외 구매에 대한 정보를 제공하는 것을 사업의 내용으로 등장한 것이 샤오홍슈이다. 2013년에 창업한 샤오홍슈는 '해외쇼핑 공략집小红书出境购物攻略'을 홈페이지에 게시하면서 유명세를 탄 이후 같은 해 말 '쇼핑노트小红书购物笔记'라는 앱을 내놓는다. 이는 해외 쇼핑 경험담을 공유하는 방식으로 사용자 참여형 플랫폼으로 자리 잡으며, 전형적인 정보공유 플랫폼으로 진화한다. 해외 구매를 한 사람들은 자신의 경험이 타인에게 좋은 정보가 될 수 있다는 사명감으로 정보를 올렸고 실제 구매를 통해 얻어진 신뢰할 수 있는 정보들은 수많은 충성고객을 만들어낸다. 문제는 이 트래픽을 수익화할 수 있는 방법이 없었던 것이다.

정보공유 플랫폼에서 쇼핑 플랫폼으로

유명세와 다량의 트래픽은 광고를 통해 수익화가 가능했지만 샤오홍슈는 광고가 아닌 쇼핑으로 수익모델을 변경하면서 거인들의 싸움에 뛰어들었다. 보리셔福利社라는 새로운 애플리케이션은 샤오홍슈 내에서 정보 검색과 구매가 모두 이루어지게 설계되었지만, 상황은 그다지 녹녹치 않았다.

샤오홍슈가 훌륭한 정보를 제공하는 것은 사실이지만 해외직구라는 난이도 있는 쇼핑 과정을 해결하기 위해서는 엄청난 투자가 필요했고 티몰, 왕이网易考拉, 징둥 등의 공룡 업체들과의 경쟁에서 우위를 점하기 힘들었다. 사람들은 모든 정보와 조언은 샤오홍슈에서 얻고 실제 구매는 타 업체에서 하는 문제가 나타났다. 특히 물류와 같은 오프라인 공급사슬을 성공적으로 만들어내는 것은 불가능했다. 타개책으로 판매를 오픈마켓 형태로 개방하려는 시도는 가짜 상품의 등장으로 새로운 문제를 만들어냈다. 이렇게 샤오훙슈의 쇼핑 플랫폼으로 진화하려던 노력은 실패로 돌아간다. 하지만 샤오훙슈는 자신이 가진 장점이 무엇인지를 명확히 알고 있었기에 제자리로 돌아갈 수 있었다. 스스로를 쇼핑의 최종장소가 아닌 시작장소로 만들려는 변화는 시장에서 샤오훙슈의 자리를 되찾게 해준다.

왕훙의 등장

쇼핑이라는 어려운 전장을 떠나 샤오훙슈는 정보제공이라는 본연의 역할을 바탕으로 브랜드들의 홍보역할에 집중하기로 전략을 변경한다. 즉 광고를 플랫폼의 수익모델로 재정립한 것이다. 이를 위해 수많은 PPL과 예능방송과의 협력, 연예인 마케팅 등 트래픽을 쌓아 올리기 위해 집중한 결과, 2억 명 가입자와 하루 20만 개라는 새로운 노트 생성 결과를 얻었다. 물론 이러한 규모는 광고모델의 안착을 가능케 한다.

그 결과 모든 해외 브랜드들이 반드시 광고를 올려야 하는 플랫폼으로 자리 잡게 되고 해외 쇼핑을 위한 작은 검색 플랫폼이 되었다. 광고는 브랜드가 직접 제작한 광고, 사용자 브랜드 합작 광고, 그리고 일반 광고 등으로 다채롭게 제공되었다. 두 번째 광고모델은 연예인들만이 아니라 일반인들도 인기를 얻게 만드는 결과를 낳았다. 바로 왕

브랜드가 제작한 광고, 사용자 브랜드 합작 광고, 일반 광고.

홍의 등장이다. 샤오홍슈에서 정보를 제공하는 UGC 제작자들의 영향력이 증대되기 시작한 것이다. 영상을 통해 사용법과 장단점을 알려주는 왕홍들의 등장은 새로운 세력의 등장이었다.

왕홍에 대해서는 우리는 이미 잘 알고 있다. 보도를 통해서 인기를 통해 엄청난 수익과 영향력을 가진 인터넷의 새로운 스타들에 대해 이미 많이 접했기 때문이다. 하지만 상품의 구매로 직접 연결되는 왕홍의 발원지가 샤오홍슈라는 점은 잘 모르던 사실이다. 물론 수많은 개인방송直播이 존재하고 이를 통해 유명세를 가진 왕홍들도 많지만, 살아있는 상품 정보를 제공하는 왕홍의 개념을 가장 잘 구현한 것이 샤오홍슈라 할 수 있다.

선순환 과정

먼저 사용자는 자신의 쇼핑경험 혹은 상품 사용경험을 노트로 작성하여 올린다. 이 노트가 많이 읽히면서 해당 상품에 대한 관심이 구매로 이어지고 노트를 제공한 정보 제공자를 팔로우하는 현상이 나타나기 시작한다. 또한 구매한 고객이 새로운 구매 노트 제작자의 역할을 하기 시작한다. 이 선순환 과정을 통해 샤오홍슈는 두 가지 플랫폼의 기능을 갖추게 된다.

첫 번째는 정보도구로서의 기능이다. 유튜브가 그렇듯 샤오홍슈에서도 다양한 화장법 등과 같은 여러 정보를 제공하는 플랫폼으로 자리 잡았다. 사오홍슈의 대다수 사용자가 여성인 점을 감안하면 화장, 패션, 코디 등에 대한 전문적인 정보들이 왕홍을 통해 제공되기 시작했다. 물론 해외쇼핑을 위한 상품소개, 쇼핑장소 등에 대한 정보는 점점 더 많아지게 된다.

두 번째는 교류와 만족감을 만들어주는 SNS로서의 기능이다. 모든 사용자가 왕홍을 지향하는 것이 아니기에 자신의 화장이나 코디 등에 대한 자문을 구하기도 하고 이를 통해 친구를 만들기도 한다. 현재 인스타그램과 같은 기능을 중국에서는 샤오홍슈가 담당하고 있다. 물론 자신을 내세우고 자랑하고 싶은 욕구를 해결하는 역할을 담당하고 있다. 해외쇼핑이라는 영역에서 특정 세그먼트를 대상으로 한 정보공유형 SNS 플랫폼으로 성립된 것이다.

샤오홍슈의 사업모델

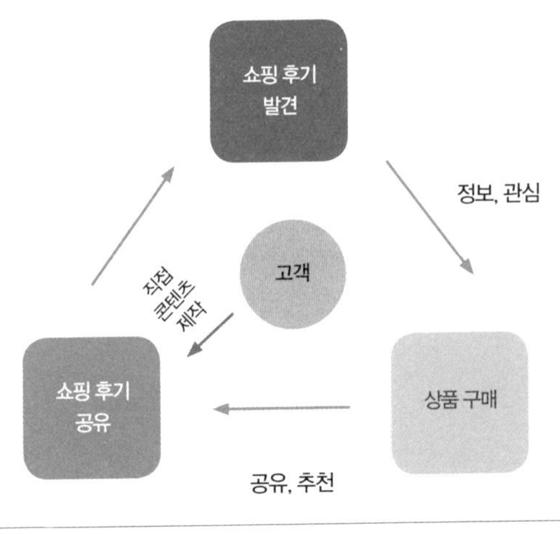

출처: Quest Mobile, 중신건설투자정권연구개발부

샤오홍슈의 미래

샤오홍슈의 진화는 인스타그램의 진화 과정을 살펴보면 쉽게 예측할 수 있다. 한국에서 많은 젊은이들이 페이스북에서 인스타그램으로 이동했으며, 인스타그램은 단순한 사진공유 SNS에서 상품을 홍보하는 플랫폼으로 진화하고 있다.

샤오홍슈의 사용자 프로필을 보면 85퍼센트가 여성이자 30세 이하이다. 그리고 대부분의 콘텐츠는 여성들의 관심이 쏠리는 영역에 집중되어 있다. 하지만 그 시장이 충분히 크고 정보를 공급하는 왕홍들과 그 정보를 신뢰하는 사용자의 양면시장이 적절히 조화를 이루며

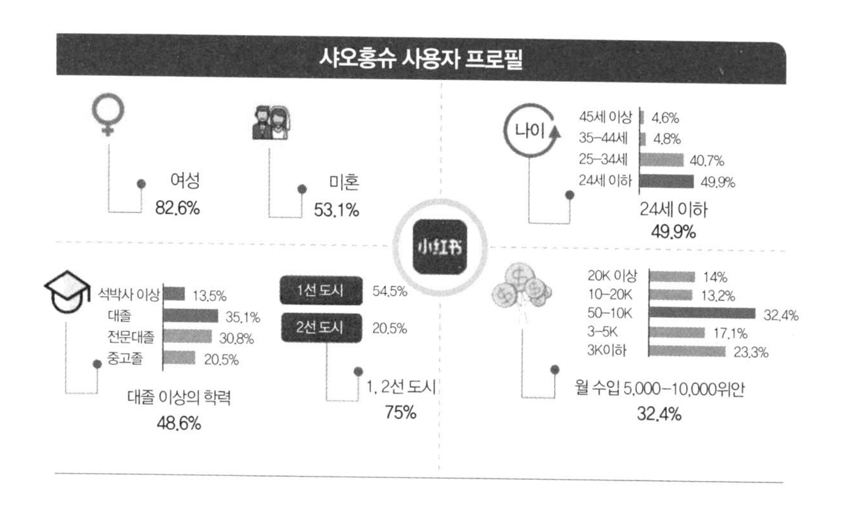

굴러가고 있어 보인다. 많은 돈을 쓸 수 있는 브랜드들이 직간접적으로 플랫폼의 비용을 지불하고 있고 왕홍이라는 새로운 인류의 등장으로 콘텐츠 공급자는 넘쳐나고 있다. 샤오홍슈는 공룡 기업들이 넘보기에는 좁고 접근하기 어려운 시장에서 독점적 위치를 잡아가고 있어 보인다.

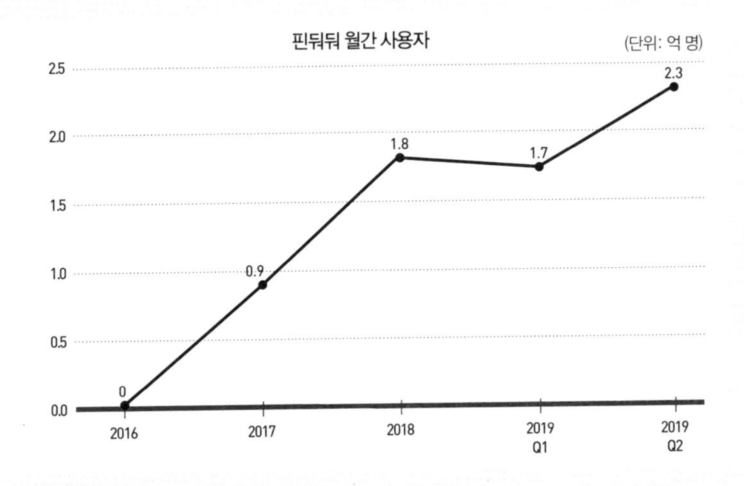

	구분	핀둬둬				
		2016	2017	2018	2019 Q1	2019 Q2
재무지표	MAU (월간 사용자) (단위: 억 명)	0	0.9	1.8	1.7	2.3
	매출액 (단위: 조 원)	0.1	0.3	2.2	0.8	1.2
	영업이익 (단위: 조 원)	0	−0.1	−1.8	−0.4	−0.3
	매출액 성장율 (단위: %)	0	245	652	228	169
	경상이익 (단위: 조 원)	0	−0.1	−1.7	−0.3	−0.2
	총자산 (단위: 조 원)	0.3	2.3	7.3	8.5	9.2
	총부채 (단위: 조 원)	0.2	2.1	4.1	4.2	5
	기업가치 (단위: 억 달러)	10	202	261	263	381
기타	웹사이트	https://www.pinduoduo.com/				
	전화번호	021-53395288				

8

중국을 즐겁게 하다, 아이치이와 도우인

CHINA PLATFORM

2019년까지 글로벌 콘텐츠 서비스 시장의 승자는 넷플릭스이다. 넷플릭스는 오리지널 콘텐츠와 훌륭한 추천엔진을 통해 매력적인 콘텐츠를 소비자들에게 제공해왔다. 새로운 형태의 가입형 콘텐츠 서비스 모델은 많은 사람들을 콘텐츠를 하나씩 구입하는 부담감으로부터 자유롭게 해주었고 2019년 상반기까지 짧은 기간에 190개 국가에서 1.51억 명의 가입자를 모으는 데 성공했다. 한 달에 약 10달러(8~16달러)만 내면 무제한으로 3만 5천 시간 분량의 콘텐츠 모두를 볼 수 있는 것은 아주 매력적이었다. 2018년 매출은 160억 달러, 이익은 12억 달러를 달성했다. 시장 측면에서도 65퍼센트의 미국 가구가 넷플릭스를 보고 있다는 사실은 어마어마한 성공을 의미한다. 넷플릭스는 이를 위해 2018년 120억 달러의 콘텐츠 소싱비용을 지출했고 2019년에는 150억 달러의 투자를 계획하고 있다. 콘텐츠 소싱에 들어가는

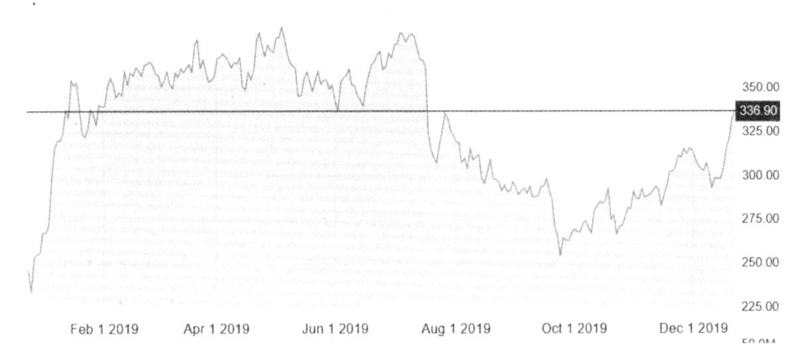

넷플릭스의 주가는 디즈니의 시장 진입 소식과 더불어 20퍼센트 이상 하락하는 모습을 보였다.

비용은 사전적으로 지급되고 매출은 사후에 천천히 유입되기에 넷플릭스의 현금흐름은 좋지 못하다. 2018년 순현금흐름은 마이너스 30억 달러고 2019년에는 35억 달러까지 늘어날 예상이다.

문제는 디즈니가 이 시장에 디즈니 플러스라는 이름으로 뛰어들기로 결정하면서부터였다. 전통의 애니메이션뿐만 아니라 애니메이션의 전설 픽사Pixar, 수퍼히어로의 산실 마블Marvel, 스타워즈 그리고 스포츠 프로그램의 대장 ESPN, 내셔널지오그래픽스 등을 소유하고 있는 디즈니가 이제 중간자Middleman(예를 들어 넷플릭스)를 거치지 않고 넷플릭스와 같은 월정액 모델로 직접 소비자에게 공급하겠다고 밝혔다. 게다가 가격은 채널당 6.99달러로 책정해두고 있다. 디즈니의 초기 사업전략은 낮은 가격으로 핵심 콘텐츠를 가족 구성원별로 구분하여

제공하려는 것이다.[1]

소비자는 넷플릭스와 디즈니 간의 콘텐츠를 비교한 후 가입을 선택할 것이고 이때 넷플릭스가 디즈니를 이기기는 힘들 것이라는 것이 일반적인 예상이다. 이제 돌아와서 넷플릭스와 디즈니의 콘텐츠 사업을 어떻게 정의할 것인가를 다시 생각해보자. 두 기업 모두 콘텐츠를 제작하거나 구매하여 상품을 만들어 고객에게 제공하는 사업을 하고 있다. 우리가 이미 잘 이해하고 있는 사업의 형태이고 우리는 이를 '서비스'라고 부른다. 즉 콘텐츠 서비스 사업자인 것이다. 좋은 콘텐츠가 만들어지면 서비스는 경쟁력을 갖게 되고 그렇지 않으면 경쟁자에게 밀리게 된다.

디즈니와 디즈니의 등장으로 긴장한 넷플릭스 모두 공급자이기에 보다 더 좋은 공급자가 되기 위해 하루하루 노력해야 한다. 전통의 콘텐츠 강자 HBO, 워너 브라더스Warner Brothers도 동일한 서비스를 계획하고 있다. 또한 애플이 이 시장을 들어오겠다는 발표는 이들에게 좋은 소식이 아니다. 전 세계에서 가장 깊은 호주머니와 가장 많은 광팬을 가진 기업과 경쟁해야 하기 때문이다. 반면에 콘텐츠 유통 플랫폼인 유튜브는 시장을 점령한 후 그 어떤 누구의 도전도 받지 않고 있다. 이미 시장의 구성원인 공급자와 소비자로부터 인정을 받았고 그 인정

1
예를 들어 ESPN은 별도의 채널로 판매하여 성인 남성을 공략하고 디즈니 플러스는 아동 시장을 공략하는 방식이다.

이 누군가의 진입으로 쉽게 사라지지 않을 것이기 때문이다. 〈미이라〉라는 영화를 보면 영생하는 신과 인간이 나온다. 서비스가 언젠가 죽는mortal 인간이라면, 플랫폼은 죽지 않는immortal 신인 것이다.

중국의 콘텐츠 시장

중국에는 어떤 콘텐츠 플랫폼이 있을까? 먼저 답을 이야기하면 정답은 '없다'이다. 유튜브로 대표되는 콘텐츠 플랫폼은 아직 중국에는 존재하지 않는다. 물론 가장 큰 이유는 미디어에 대한 중앙정부의 우려에 기인할 것이다. 중국은 아직 자신의 생각을 대중들에게 마음대로 말할 수 있는 미디어가 없는 나라다. 물론 중국판 트위터인 웨이보微博도 있고 위챗이나 게시판을 통해 자신의 의견을 자유롭게 (?) 이야기할 수 있는 환경이 있지만, 동영상이라는 매체는 여전히 부담스러운 모양이다. 물론 비리비리哔哩哔哩처럼 오리지널 콘텐츠에 덧칠하기나 도우인抖音처럼 아주 짧은 영상을 통한 자기표현은 플랫폼의 형태를 띠고 있다. 하지만 우리가 일반적으로 이해하는 콘텐츠는 아직은 서비스 영역에 갇혀 있다. 콘텐츠라는 주인공이 가진 특징이 원조 플랫폼의 나라인 미국이나 한국에서도 넷플릭스와 같은 서비스로 나타나는 것을 봤을 때 중국의 이런 모습은 어찌 보면 당연하다 할 수 있다. 이 장에서는 중국인의 콘텐츠 소비가 어떻게 제공되고 얼마나 플랫폼을 향해 변화하고 있는지를 살펴보도록 하겠다.

"어떤 콘텐츠 서비스가 중국인들의 여가시간을 채워주고 있을까?" 라는 질문에 대답하려면 영상 콘텐츠에 대한 구분을 먼저 해야 한다. 미국 시장에서 고품질 영상은 케이블방송, 넷플릭스 등이 담당하고 일반인 제작 영상은 유튜브, 짧은 영상은 스냅챗이나 인스타그램이 사용되는 것처럼 말이다. 일단은 영상의 타입을 조금 나눠서 접근해 보도록 하자.

드라마, 영화와 같은 긴 포맷의 콘텐츠를 소비하는 방식은 역시 텔레비전을 통해서 콘텐츠를 소비하는 것이고 중국의 콘텐츠 소비환경을 보면 한국과 그다지 다르지 않다. 먼저 공중파 방송이 존재한다. 광고 기반의 공중파는 CCTV를 기본으로 각 성마다 방송국을 갖고 있다. TV의 보급율이 100퍼센트에 달하는 상황에서 대중들에게 기본적인 영상 콘텐츠를 무료로 제공하는 것이 공중파 방송이다. 여기에 유선방송도 역시 존재한다. 유선방송 가입자가 2017년 3.25억 계정으로 5억 중국 전체 가구의 65퍼센트가 유선방송을 시청하고 있다. 이 수치는 2020년까지 3.53억으로 올라가리라 예상되고 있다.

이 이야기는 미국과 같은 코드커팅[2]이 발생하지 않는다는 것을 의미한다. 그 이유는 유선방송을 보기 위한 비용(월 23위안)이 높지 않고,

2
유선방송을 해지하고 넷플릭스와 같은 OTT 방송만을 보는 행위를 뜻한다.

중국어 콘텐츠에 대한 의존도가 높기 때문이다. 그렇다고 중국인들의 기본적인 콘텐츠 소비 욕구가 공중파와 유선방송을 통해서 모두 해소된다는 뜻은 아니다. OTT 사업자들의 등장이 중국의 젊은 소비자들의 콘텐츠 소비 방식을 변화시키고 있는 것은 사실이다.

이제 요우쿠优酷, 아이치이爱奇艺, 텅쉰쓰핀腾讯视频으로 대표되는 중국형 OTT 서비스 사업자들은 중국의 젊은이들의 콘텐츠 소비욕구를 해결해오고 있다. 이들 세 개의 사업자를 사용하는 사용자수는 2019년 6월 9.64억 명에 달한다.[3]

많은 콘텐츠를 무료로 볼 수 있지만 광고 없이 보거나 특별한 드라마와 영화를 보기 위해서는 유료회원으로 가입해야 한다. 유료회원이 내야 하는 월 사용료는 19위안 수준으로, 한국 대비 매우 낮은 수준이다. 하지만 아직은 유료로 영상콘텐츠를 이용하는 사용자는 평균 7,400만 명에 불과하다. 주요 사용되는 디바이스는 모바일이며 이는 중국 젊은이들의 텔레비전이나 유선방송에 대한 의존도보다 모바일을 통한 콘텐츠 소비가 일반적임을 보여준다.

이 시장은 BAT가 경쟁하는 곳으로 바이두의 아이치이, 알리바바의 요우쿠, 텐센트 비디오가 그 중심이다. 기본적으로 3사의 서비스 제공 형태는 유사하며 오리지널 콘텐츠 경쟁을 벌이고 있다. 시장의 리더

3
참고로 이후에 설명할 도우인이 주축이 된 짧은 영상 서비스는 8.2억 명, 모바일 게임은 6.9억 명, 음악은 6.6억 명, 전자책을 포함한 읽을거리는 3.6억 명 수준이다.

격인 아이치이를 중심으로 살펴보도록 한다.

중국의 넷플릭스, 아이치이

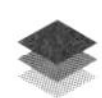

아이치이는 콘텐츠를 만들고 구입하여 자신의 가입자에게 월정액으로 판매하는 전형적인 서비스사업자이다. 즉 모든 운영방식을 보면 넷플릭스, 즉 OTT와 거의 유사하다. 단지 큰 차이가 있다면 넷플릭스와 달리 광고모델을 통한 무료시청이 가능하다는 점이다. 먼저 프리롤 광고로 무료시청이 가능하게 하여 시청자 베이스를 확보하고 이들을 유료 가입자로 전환시키는 방식을 택하고 있다. 따라서 〈별에서 온 그대〉와 같이 화제성이 큰 드라마는 유료 가입자에게만 제공하는 방식을 취해 유료 가입을 유도하고 있다. 그 콘텐츠가 보고 싶으면 유료 가입을 한 달이라도 해야 한다.

이런 이유로 아이치이, 요우쿠, 텅쉰쓰핀 3사가 경쟁하는 중국의 OTT 시장은 전형적인 오리지널 콘텐츠를 중심으로 경쟁한다. 어느 서비스가 가장 인기 있는 드라마를 제공하느냐에 따라 사용자들이 몰리고 이를 통해 유료 가입자, 광고수입이 만들어지기 때문이다. 현재 미국 시장에서 시작되려는 디즈니, 워너 브라더스, 애플, 넷플릭스 간의 오리지널 콘텐츠 경쟁이 중국에서는 이미 벌어지고 있는 것이다.

아이치이는 2010년 BAT 중의 하나인 바이두가 만들었다. 중국의

아이치이의 앱 화면.

공중파와 유선방송이 만들어낸 인기 콘텐츠의 스트리밍 라이선스를 구매하거나 대만이나 한국의 콘텐츠를 구매하여 제공하는 것이 기본 사업형태고 서비스의 경쟁력을 위해 아이치이도 역시 오리지널 콘텐츠를 제작하고 있다. 선도적 사업자답게 중국에 들어오지 못하고 있는 넷플릭스와의 라이센스 계약을 통해 넷플릭스 오리지널을 제공하고 있다.

아이치이는 많은 영상을 별도의 가입과 지불 없이도 시청할 수 있다. 그 경우 유튜브처럼 프리롤 광고 후에 콘텐츠를 시청하는 방식이다. 물론 유료회원인 VIP로 가입하면 모든 콘텐츠를 광고 없이 시청할 수 있다. 유료 정책을 보면 드라마와 영화 시청을 위한 VIP는 매월 19위안이고, 아동용 VIP는 6위안, 축구 중계와 같은 스포츠를 보기 위한 스포츠 VIP 역시 별도로 월 3위안이면 가능하다. 많은 드라마와 영화가 유료 가입자에게만 허용되므로 특정 드라마, 특히 한국의 인기 드라마를 보기 위해 유료회원으로 가입 후에 한 달 후 탈퇴하는 경우가 많다. 한국의 IPTV에서 채널구독을 하는 월별 자동결제와 동일한 방식이 사용되고 있어 콘텐츠에 따라 OTT를 오가는 경우가 많다.

아이치이를 플랫폼이라 부르려면 공급자 측면이 개방되어야 하지만 그 가능성은 없어 보이고 그 기저에는 중국 정부의 콘텐츠에 대한 정책, 예를 들어 해외 콘텐츠의 비율 30퍼센트 유지 등이 존재한다. 그런 이유로 중국의 온라인 영상 콘텐츠 시장은 플랫폼 간의 경쟁이 아닌 서비스 간의 경쟁이 지속되고 있다.

특이한 점은 콘텐츠 사업자들끼리 서로 협조한다는 점이다. 이런 점에서 보면 중국 시장은 타 시장 대비 독특한 면이 많다. 예를 들어 요우쿠가 오리지널 콘텐츠로 계약한 드라마를 아이치이에서 검색하면 검색결과에 나타나고 마치 아이치이에서 시청할 수 있는 것처럼 나타난다. 그런데 막상 시청하기 위해 클릭하면 요우쿠로 연결된다. 경쟁을 하지만 가입자를 빼앗는 경쟁이라기보다는 시장을 만드는 경쟁을 하고 있는 것이다. 소싱비용이 많이 드는 오리지널 콘텐츠에 대한 효율을 서로 올려주고 있는 것이다.

영상에 두보独播라는 표시가 붙은 콘텐츠는 아이치이에서만 볼 수 있는 오리지널을 의미하고, 쇼우보首播 표시는 오리지널이 아닌 일주일 먼저 방송을 의미한다. 즉 일정 기간 동안만 아이치이가 먼저 방송하는 제한적 오리지널이다. 일반적인 경쟁시장의 원리가 적용되지 않는 특이한 모습을 보이고 있다.

누가 중국의 넷플릭스가 될 것인가에 대한 예측은 이미 의미가 없어진 듯하다. 미국 시장에서 이미 넷플릭스의 의미가 퇴색되기 시작했기 때문이다. 현재 중국에서 벌어지고 있는 다양한 콘텐츠 서비스들 간의 경쟁이 이제 미국에서 벌어지기 시작했기 때문이다. 아직 유튜브와 같은 플랫폼 형태의 콘텐츠 서비스는 존재하지 않지만 중국인들은 충분히 좋은 콘텐츠를 즐기는 듯 보인다.

짧은 영상 서비스의 리더, 도우인 AKA 틱톡

도우인이라는 서비스는 중국 이름 도우인보다 틱톡이라는 영어 이름으로 더 유명하다. 틱톡은 2019년 전 세계 애플리케이션 다운로드 기준 2위를 기록했고[4] 이는 메이드 인 차이나 애플리케이션 중 처음 있는 일이다. 도우인은 개발하는 데 200일이 걸렸고 1억 명의 유저를 확보하는 데 100일이 걸렸다는 일화로도 유명하다.

틱톡은 또한 그 서비스의 폭발적인 성장세와 더불어 정보 보안[5], 콘텐츠 유해성[6] 등의 이슈를 낳고 있기도 하다. 이런저런 이슈와 논쟁을 떠나서 틱톡, 중국 이름 도우인은 현재 가장 핫한 애플리케이션이다. 틱톡과 도우인은 별도의 서버로 운영되지만[7] 여기서는 하나의 서비스(이하 도우인)로 이야기하도록 하겠다.

도우인은 2016년 9월 중국에서 시작하여 2017년 8월 글로벌 서비스를 시작하였다. 같은 해 11월 뮤지컬리Musical.ly를 인수하여 다음 해 도우인과 합병함으로 세계에서 가장 빠르게 성장하는 애플리케이션이자 새로운 문화현상으로 자리를 차지하게 된다.

〈2019 도우인 데이터 보고서〉를 보면 2020년 1월 5일을 기준으로 도우인 일일 사용자수가 4억 명을 돌파했다. 2019년 1월의 평균 일일 사용자는 2억 5천만 명, 7월에는 3억 명을 돌파해 현시점에는 4억 명

4
앱 시장분석 서비스를 제공하는 센서타워(Sensor Tower)에 따르면 2019년 4분기 기준 애플의 앱 스토어와 구글의 플레이스토어 기준 앱 다운로드에 있어 도우인은 2위를 기록하고 있다. 참고로 1위는 페이스북이 인수한 왓츠앱, 3위는 페이스북, 4위 페이스북 메신저, 5위 역시 페이스북이 인수한 인스타그램이 차지하고 있다. 특이한 점은 구글의 플레이스토어만 보면 도우인이 1등을 차지한다는 점이다. 중국에서 안드로이드의 비중이 글로벌과 큰 차이를 보이지는 않지만 글로벌 시장 대비 중국 시장에서의 도우인 사용률이 높은 점이 작용한 것으로 보인다.

5
도우인은 2019년 2월, 미국에서 아동 온라인 사생활보호법(Children's Online Privacy Act) 위반으로 570만 달러의 벌금을 부과받았다. 한국에서도 2019년 국정감사에서 도우인의 개인정보 유출 가능성이 제기되었고, 방송통신위원회가 미성년자 개인정보 유출 의혹에 관한 검토에 착수한 바 있다.

6
2019년 4월 인도 타밀나두주 법원이 포르노 등 유해 콘텐츠가 퍼져 나가는 것을 예방하고자 내린 판결에 따라 인도 내 플레이스토어와 앱 스토어에서 도우인이 삭제되었던 적이 있다.

7
중국 정부의 검열 이슈로 중국 서비스와 해외 서비스를 분리해서 운영하고 있다. 하지만 한국의 앱 스토어에서 '抖音'을 검색해도 틱톡이 나오는 것을 보면 하나의 서비스로 보는 것은 무방해 보인다.

도우인은 15초에서 1분 이내의 영상을 제작하고 공유하는 플랫폼이다.

도우인의 시작화면이다. 앱을 시작하면 곧장 콘텐츠가 제공되는 아주 직설적인 UI를 갖고 있다. 아래로 스와이프하면 다른 콘텐츠로 넘어간다.

까지 수직 상승했다고 한다. 중국어로 도우인을 분류할 때 두안슬핀短视频이라 표현하는 것처럼 도우인은 유튜브로 대표되는 영상 SNS의 짧은 버전, 즉 짧은 영상 플랫폼[8]으로 이해하면 가장 쉽다.

도우인은 짧은 영상 서비스가 가치를 제공하는 이유를 창업스토리에서 다음과 같이 이야기하고 있다.

8
영어로는 'Short form video'라는 표현을 쓴다.

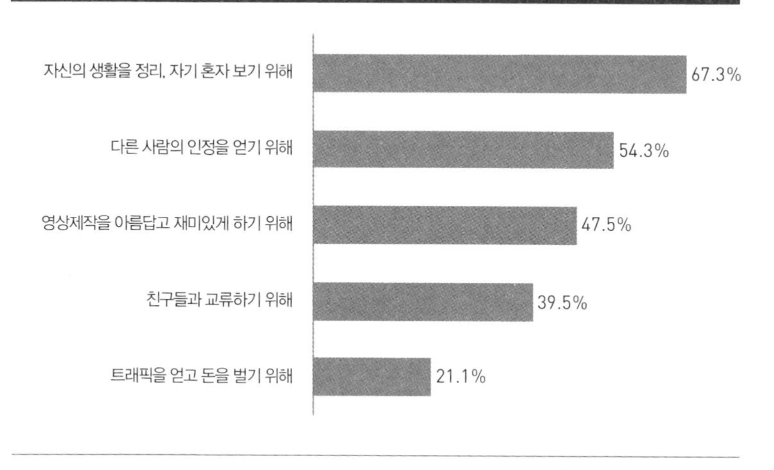

출처: Quest Mobile, 2019.6.

우리가 사는 현대사회의 생산력은 이미 극에 달했고 전쟁, 기아, 질병 등 생존의 문제를 고민할 필요가 없어졌다. 우리가 유일하게 고민해야 하는 것은 생활의 질의 문제이다. 그러나 지금 우리는 삶을 살아감에 있어서 그 생활의 문제에 너무 많은 시간을 낭비하고 있다. 가장 많은 시간이 무엇을 먹을까, 어떤 것이 좋을지, 이 옷이 예쁠지 등의 선택에서 낭비되고 있다. 보다 높은 수준의 삶을 추구하면 할수록 우리가 투자해야 하는 시간은 많아지고 낭비 또한 많아지고 있다. 도우인은 젊은 사람들의 시간 문제를 해결하기 위해 촬영 후 바로 플레이, 클릭 없는 재생, 그리고 전체화면을 사용하는 15초짜리 짧은 영상 서비스를 출시하였다.

15초짜리 짧은 영상 서비스를 기획하면서, 그 시작에서 인류의 삶에 대한 문제를 이야기하는 것을 보면 대국의 풍모가 느껴진다. 이유가 무엇이든 도우인은 중국의 중요한 영상 플랫폼으로 자리 잡았다.

도우인의 특징을 한마디로 말하자면 단순함Simple이다. 제작과 공유 그리고 목적이 모두 단순함으로 표현된다. 유튜브는 콘텐츠를 만들어서 플랫폼에 올리기가 상대적으로 어려운 반면에 도우인은 스마트폰으로 촬영해서 여러 효과 삽입 및 편집하기가 쉬워 즉시 방송이 가능하다. 아주 인스턴트한 콘텐츠 제작 방식으로, 15초짜리 영상을 만들어 업로드하는 데 필요한 시간은 몇 분에 불과하다.

콘텐츠를 소비하는 방식도 단순하다. 앱을 열면 무작위로 콘텐츠가 보이는데, 사용자가 팔로우하는 친구 혹은 연예인의 콘텐츠일 가능성이 높다. 그리고 아래위로 스와이프[9]하면 다른 콘텐츠로 넘어간다. 아래로 계속 내리면서 짧은 동영상을 보다 보면 시간이 금세 흘러가 버린다. 짧은 자투리 시간을 보낸다는 관점에서는 매우 훌륭한 솔루션

9
손가락으로 쓸어넘기는 동작을 말한다.

이다. 간단한 제작 방식에 대한 니즈, 바쁜 현대인의 콘텐츠 소비 습성을 잘 파악하여 만들어진 플랫폼이다.

중국의 짧은 영상 시장에는 도우인 외에도 다양한 카피캣이 존재한다. 그 경쟁에서 도우인이 리더의 자리를 확보한 것은 집중적으로 대중매체를 활용한 마케팅의 결과로 보인다. 사업 초기부터 다양한 예능 프로그램에 도우인의 영상을 접목함으로써 많은 사람들에게 도우인을 노출한 것이 효과가 컸다.

재미있는 것은 짧은 영상 서비스에서의 경쟁 양상이다. 일반적으로 콘텐츠 플랫폼에서는 제작자와 시청자 간의 교차 네트워크 효과가 발생한다. 좋은 제작자가 많아지면 좋은 콘텐츠가 많이 생산되므로 시청자가 늘어난다. 그리고 늘어난 시청자는 다시 좋은 제작자를 유인한다. 유튜브의 경우 콘텐츠의 제작이 상대적으로 힘들어 한 번 채널을 만들고 팔로워를 만들면 제작자는 타 플랫폼으로 이전하기가 어렵다. 즉 제작자가 특정 플랫폼에 고착Lock-in되는 현상이 나타난다. 이러한 교차 네트워크 효과는 원칙적으로 짧은 영상 시장에서도 동일하게 적용될 수도 있지만, 짧은 영상 시장에서는 모바일을 기반으로 한 제작과 업로딩이 용이하다는 점이 독점 네트워크 형성에 부정적인 영향을 미친다. 콘텐츠를 제작해 공유하고 이를 통해 무언가를 얻고자 하는 제작자는 별로 어렵지 않게 모든 플랫폼을 모두 사용할 수 있기 때문이다. 즉 제작의 용이성이 중복선택을 가능하게 한다.

플랫폼의 성공, 즉 네트워크 효과를 통해 독점에 이르는 것을 방해

짧은 동영상 플랫폼 앱 월간 사용자 수

(단위: 억 명)

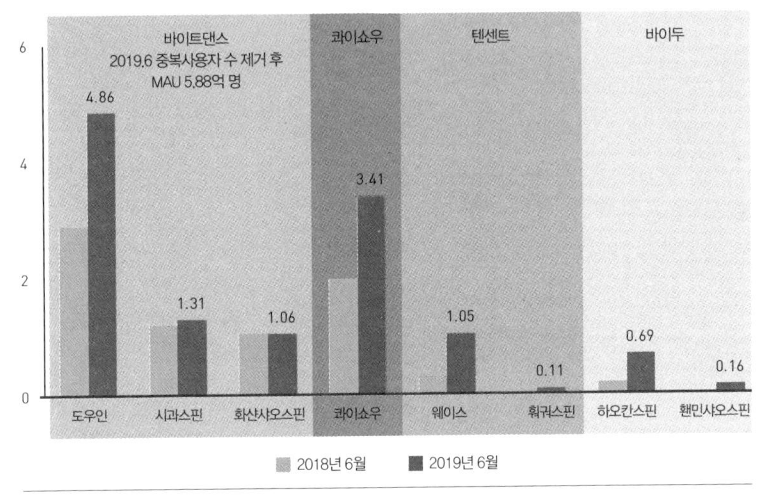

출처: Quest Mobile TRUTH, 2019.6.

하는 또 하나의 요인인 중복선택의 전형적인 사례인 것이다.[10] 단지 유튜브처럼 압도적으로 많은 팔로워를 축적하고 나면 굳이 다수의 플랫폼에 노력할 이유가 없을 것이기에 시장에서의 힘이 도우인으로 쏠리게 되면 유튜브와 같은 공고한 시장 리더의 지위를 차지할 수 있을 것이다.

10
첫 번째 방해요소는 네트워크의 크기가 작아짐에 따른 플랫폼 힘의 분산으로, 디디추싱과 메이투안에서 설명하였다.

294쪽의 그래프[11]를 보면 도우인을 콰이쇼우快手가 뒤쫓고 있지만 그 뒤를 따르는 시과스핀과 화샨샤오스핀 역시 바이트댄스가 운영하는 플랫폼이기에 도우인이 시장에서의 지배력을 확보하는 것은 어렵지 않아 보인다. 물론 도우인이 콰이쇼우를 합병하게 되면 중국에서는 짧은 영상 시장의 유튜브는 아주 쉽게 만들어질 것이다. 결국 향후 진정한 독점을 바탕으로 도우인이 어떻게 성장할지를 관찰하는 것도 중요한 포인트이다.

경쟁과는 별개로 짧은 영상 서비스가 향후 어떻게 성장해 나갈 것인가에 대한 보다 본질적인 고민이 필요하다. 도우인의 콘텐츠는 태생적으로 킬링타임Killing Time용이다. 15초라는 시간 때문에 깊이 있는 내용을 담는 데는 한계가 있을 수밖에 없다. 하지만 단지 자투리 시간에 자신의 삶을 기록한다거나 시간을 보내는 데 목적이 있다면 도우인의 미래는 그다지 밝지만은 않아 보인다. 플랫폼으로서 무언가 지속 가능하게 만드는 힘, 즉 대체하기 어려운 가치가 분명하지 않기 때문이다. 다시 말하면 다른 재미를 제공하는 서비스나 플랫폼에게 언제든지 자리를 내어줄 수 있다는 것이다.

도우인 사용자 프로필과 콘텐츠 제작 이유를 살펴보면 도우인을 사용하는 목적이 나타난다. 먼저 일반인 유저의 비율이 50퍼센트를 차

11
이 그래프에서의 사용자 수는 중국 내에서의 사용자만 해당된다.

한국의 연예인들도 중국 팬 관리를 위해 도우인을 사용하고 있다.

도우인 사용자들 분류

유명인, 연예인 유형

12.6%

- 연기자
- 가수
- 아이돌
- 아나운서
- 예능인

왕훙, 유명한 KOL (정확한 상품정보 전달) 유형

34.3%

- 왕훙
- 코스플레이
- 인플루언서
- 1인 미디어
- …

일반인 유형

49.1%

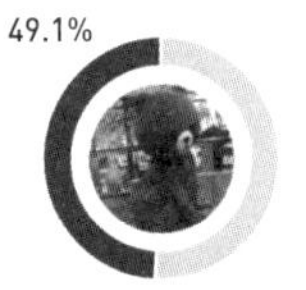

- 귀여운 애완동물을 소유한 일반인
- 외모가 뛰어난 일반인
- 기술을 소유한 일반인
- 귀여운 아이를 키우는 일반인
- 음악인
- …

브랜드 업체 유형

3.7%

- 기업 브랜드
- 위챗에서 장사하는 가게
- 작업실
- 정부기관
- 민간조직
- 후원회
- …

지한다. 그리고 연예인이라 할 수 있는 유명인과 준연예인이라 할 수 있는 왕훙이 그 나머지를 차지한다. 촬영 동기의 67퍼센트가 자신의 생활을 정리하거나 자기 혼자 보기 위한 콘텐츠라는 것에서 알 수 있듯이 이 일반인들의 영상은 대부분 일기와 같은 성격을 갖기 쉽다. 즉 일기장 서비스와 유사할 수 있다. 동시에 다른 사람의 인정을 얻기 위해 제작한다는 대답이 54퍼센트를 보이는 것을 보면 보여주기 위한 니드 역시 존재하고 있다. 일반인의 관점에서 도우인은 복합적인 목적이 존재한다. 언젠가 싸이월드 미니홈피에서 관찰되었던 목적과 유사하다.

도우인을 미디어 플랫폼이라 분류하기 어렵지만 짧은 메시지를 영상이라는 포맷으로 팔로워들에게 일방적으로 전달한다는 관점에서 보면 트위터와 유사하다. 한국의 많은 연예인들이 도우인에 참여하고 있는 것을 보면 전형적인 인기유지 도구로 활용하고 있음을 알 수 있다. 유튜브와 같이 본격적인 준비가 필요하지 않고 쉽게 콘텐츠를 제작하여 팬덤 서비스가 가능하다는 관점에서는 도우인은 유명인들에게는 콘텐츠 플랫폼이라기보다는 전통적인 미디어 즉 자신이 하고 싶은 이야기, 혹은 보여주고 싶은 모습을 전달하는 수단에 가깝다.

일기장과 팬덤 관리라는 두 가지 목적이 도우인을 사용하는 큰 목적이고 이 목적을 위해 15초라는 시간 제한 하에서 상상력을 동원해야 한다면 그 한계점은 머지않아 올 것 같다. 페이스북에서 보이는 수많은 목적과 달리 도우인의 목적은 제한적이기 때문이다. 짧다는 것

카이신탕슈이푸는 도우인을 이용해 광고 아닌 광고 콘텐츠를 지속적으로 만들고 있다.

은 편리하다는 강점이 있지만, 공허하다는 큰 단점을 갖고 있다. 도우인이 계속 성장하려면 15초에서 기존과는 또 다른 가치를 창출해야 한다.

현재 도우인에게 새로운 목적으로 가장 큰 가능성을 보이고 있는 영역이 광고이다. 일반적으로 15~20초로 만들어져 짧은 시간에 메시지를 전달해야 하는 기존 영상매체 광고의 특성이 도우인이라는 플랫폼의 시청 행태와 잘 맞을 수 있다. TV가 광고 매체로서의 역할이 약해져 가는 상황에서 도우인은 4억 명이라는 DAU를 바탕으로 한 새

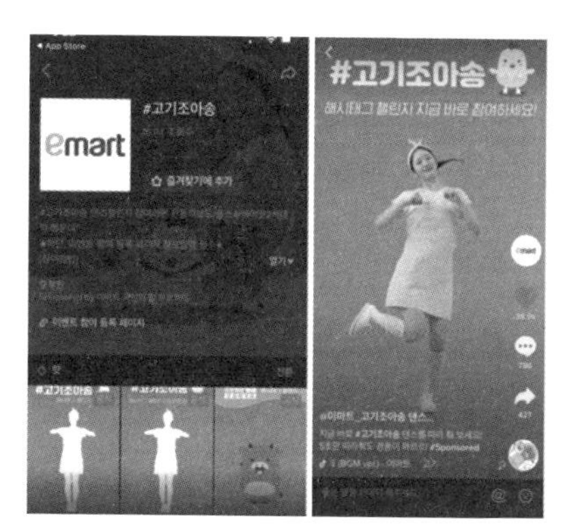

이마트는 마케팅에 도우인을 적극적으로 활용한 바 있다.

로운 광고 플랫폼으로서의 가능성을 가진 것으로 보인다.

예를 들어 카이신탕슈이푸开心糖水铺라는 국수가게는 도우인 광고플랫폼으로 적극적으로 사용한 사례이다. 카이신탕슈이푸는 프랜차이즈 식당도 운영하고 제품도 판매한다. 도우인을 이용해 광고 아닌 광고 콘텐츠를 지속적으로 만들고 있다. 제작되는 콘텐츠는 스토리를 가진 30초짜리 드라마인데 흡사 광고 속에 PPL에 들어간 듯한 모습도 있고 스토리 속에 상품이 언급되기도 한다. 하지만 과거의 광고 포맷과는 다르다. 일단 재미가 있거나 감동이 있어야 한다. 국수가게를 중심으로 연인들의 이야기, 아이들의 이야기 등을 들려준다. 광고가 콘텐츠 그 자체인 것이다. 단지 차이점은 이를 광고가 아닌 콘텐츠로 계속 보게 된다는 점이다. 새로이 나타난 도우인이란 플랫폼은 이런 맥락에서 브랜드 광고의 새로운 지평을 열 수도 있어 보인다.

한국 기업 중에서 도우인을 광고 플랫폼으로 활용하여 큰 성공을 거둔 사례도 나타나고 있다. 이마트는 틱톡에 15초짜리 '고기조아송' 챌린지를 기획하여 1,700만 회라는 조회 수를 기록하였다. 단순한 광고의 노출이 아닌 따라 하기 쉬운 노래와 율동으로 사용자의 적극적인 참여를 유도했다는 점에서 진보된 광고모델인 것은 분명하다. 이마트의 이러한 시도는 도우인에 성공사례로 소개될 정도로 높게 평가되었다.

플랫폼으로서 계속 성장하기 위한 가치창출의 문제와는 별개로 틱톡은 검열 및 개인정보 유출과 관련해서 전 세계적으로 이슈에 휘말리고 있다. 중국 정부가 민감하게 여기는 콘텐츠들에 대한 내부 검열[12]의 문제와 함께 미·중 무역분쟁에 따른 정보보안의 이슈가 더해져 국가안보의 문제로까지 확장되고 있다.[13]

중국의 플랫폼이 너무도 짧은 시간 만에 글로벌 플랫폼으로 자리를 잡는 과정에서, 중국 정부의 관여라는 통상적인 행위가 글로벌 플랫폼에게는 허용되지 않는다는 점을 간과했던 것으로 보인다. 처음으로

12
영국의 〈가디언(The Guardian)〉은 2019년 9월, 도우인 회사 내부 가이드라인 문건을 인용하면서 "도우인 측이 톈안먼 시위, 티베트 독립 등 중국 정부가 민감하게 반응하는 영상을 검열해왔다"고 폭로했다.

13
미 재무부 산하 외국인투자심의위원회(CFIUS)가 도우인의 모기업인 중국 바이트댄스 테크놀로지의 미국 소셜미디어 앱 '뮤지컬리' 인수 관련하여 국가안보 위험 여부에 대해 뒤늦은 검토를 시작했다. 2020년 1월에는 미 육군, 해군, 해병대, 공군, 해경 등에서 정부 지급 기기에 도우인을 설치하는 것을 금지했고, 일부 부대에서는 개인용 기기에도 설치하지 말 것을 권한 것으로 전해졌다.

중국이라는 죽의 장막을 벗어나 세계가 좋아하는 메이드 인 차이나 글로벌 플랫폼이 된 도우인이 이 문제를 어떻게 해결해나갈지는 매우 중요한 관전 포인트이다.

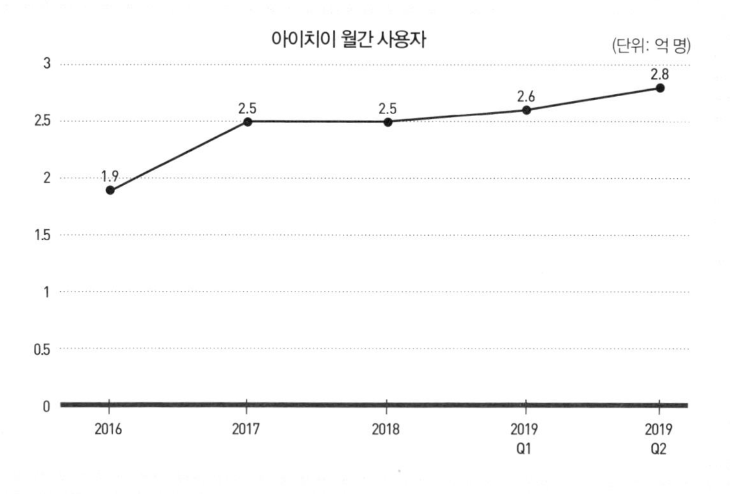

	구분	아이치이				
		2016	2017	2018	2019 Q1	2019 Q2
재무지표	MAU (월간 사용자) (단위: 억 명)	1.9	2.5	2.5	2.6	2.8
	매출액 (단위: 조 원)	1.9	3	4.2	1.2	1.2
	영업이익 (단위: 조 원)	-0.5	-0.7	-1.4	-0.3	-0.3
	매출액성장율 (단위: %)	111	55	44	43	15
	경상이익 (단위: 조 원)	-0.5	-0.6	-1.5	-0.3	-0.4
	총자산 (단위: 조 원)	2.3	3.4	7.6	8.7	8.5
	총부채 (단위: 조 원)	2	2	4.5	5.9	6
	기업가치 (단위: 억 달러)	-	-	-	-	163
기타	웹사이트	https://www.iqiyi.com/				
	전화번호	86 10 6267 7171				

* 도우인을 운영하는 바이트댄스는 비상장 기업으로 정확한 재무정보가 존재하지 않는다.

미·중 플랫폼 전쟁

CHINA PLATFORM

중국 플랫폼 이야기를 마감하며 어떤 이야기를 해야 할지 막막했다. 다행인지 불행인지 미·중, 중·미 간의 무역분쟁이 플랫폼 영역으로 넘쳐흐르기 시작했기에 과연 플랫폼이라는 영역에서 미·중 간의 경쟁을 어떻게 이해해야 하는지에 대한 이야기하며 이 책을 마감하고자 한다. 세간에 이미 미·중 플랫폼 전쟁이라는 주제로 몇 권의 책이 나왔지만, 여기서는 모바일 플랫폼을 둘러싼 미·중 간의 문제를 중심으로 다뤄보도록 하겠다. 플랫폼의 원산지와 플랫폼의 신흥강국 간의 플랫폼 전쟁이 사뭇 흥미롭기 때문이다.

미 · 중 모바일 플랫폼 전쟁

미·중 간의 플랫폼 경쟁은 시장의 특성이 다르고 중국이 IP 통제를 통해 시장문을 굳게 닫고 있었기에 큰 이슈가 되지 못했다. 아마존은 이미 중국에 진출했지만 의미 없는 수준의 시장을 점유하고 있고 페이스북은 진출을 고민하지 않고 있다. 구글은 2000년 진출 후 10년 만에 중국이라는 시장을 포기했다. 우버는 디디추싱에게 중국 법인을 매각했고, 에어비앤비[1]만 중국에서 자리 잡고 있다.

미·중 간의 플랫폼 경쟁은 시장을 가진 중국의 일방적인 승리[2]로 끝난 듯 했지만, 더 큰 전쟁이 물 밑에서 벌어지고 있었다. 바로 모바일 플랫폼을 둘러싼 전쟁이다. 여기서 '중·미'가 아닌 '미·중'을 쓰는 이유는 그래도 플랫폼에 대한 오리지널을 갖고 있는 미국을 인정해주기 위함이지 중국의 플랫폼을 낮춰보는 것은 아니다. 현실적으로 보면 중국이 이미 특정 플랫폼 영역에서는 미국보다 한 수 위라고 해도 과언은 아니다.

1
중국에서 에어비앤비는 아이비잉(爱彼迎)이라는 브랜드로 사업을 운영하고 있다.

2
승리라기보다는 시장을 지켜냈다는 표현이 적절할 수 있다.

모바일 플랫폼: 안드로이드

모바일 플랫폼이라 이야기하면 고개를 갸우뚱하는 분들이 조금 있을 듯하다. 모바일 플랫폼은 스마트폰의 OS를 의미하는데, 기존의 피처폰 시대처럼 단말기마다 OS가 별도로 설계되지 않고 누구나 개발에 참여할 수 있는 수준인 GPOS General Purpose Operating System[3]로 진화하면서 만들어진 표현이다. 즉 모바일 단말기라는 기기를 두고 모바일 플랫폼이라는 새로운 양면시장이 형성된 것이다. 모바일 기기로 무언가를 제공하는 서비스 공급자와 이를 사용하는 사용자 간의 거래와 소통이 가능하도록 만들어주는 시스템을 모바일 플랫폼이라 하며, 소비자들의 눈에 보이는 모습은 애플의 앱 스토어와 구글의 플레이스토어가 해당된다. 이 플랫폼의 소비자는 스마트폰의 사용자이고, 공급자는 애플리케이션을 만드는 모든 개발자이다. 애플리케이션 공급자 중에는 게임과 같은 콘텐츠를 만드는 개발자도 있지만 은행, 정부, 포털 등 다양한 서비스를 제공하는 사업자들 모두 포함된다.

모바일 플랫폼에는 애플리케이션 개발을 위한 기반 OS와 SDK, 앱스토어, 애플리케이션의 품질관리와 운영을 위한 자원 투입이 필요하다.

시장에서 인정받은 모바일 오픈 소스 플랫폼에는 애플이 아이폰, 아

3
마이크로소프트의 윈도우나 리눅스와 같이 누구나 개발할 수 있도록 만들어진 OS를 GPOS라 한다. 반대말로는 특정 기기에 특화되어 개발된 OS로, RTOS(Real Time OS)가 있다.

팀 쿡(Tim Cook)이 WWDC 2018에 참석한 77개국 개발자들을 환영하고 있다.

이팟, 아이패드 등의 사용을 위해 만든 iOS가 있고, 구글이 개방형으로 누구나 사용할 수 있게 만들어 놓은 안드로이드가 있다. 현재 애플의 iOS를 바탕으로 애플리케이션을 개발하기 위해 등록된 개발자만 2,000만 명이 넘고[4] 이들이 수익으로 가져가는 금액이 매년 1,000억 달러를 넘어서고 있다. 전체 시장의 단말기 숫자로는 25퍼센트지만 거래액으로는 50퍼센트[5] 수준을 차지하는 애플이 1,000억 달러니, 전체를 합하면 연간 2,000억 달러가 넘는 시장규모를 가진 생태계라 할

4
안드로이드 진영의 개발자 숫자는 정확히 파악이 어렵다. 2016년 자료에 따르면 6,000만 명이 넘는다고 한다.

5
애플 사용자는 안드로이드 사용자 대비 두 배 정도의 씀씀이를 보인다는 조사 결과들이 있다.

수 있다.

애플은 iOS 13까지, 안드로이드는 버전 10까지 출시하였다(2019년 12월 기준). 애플의 아이폰이 처음 출시된 것이 2007년이고, 안드로이드 첫 공식버전 Cupcake이 나온 것이 2009년이니 모바일 플랫폼의 역사도 이제 10년이 넘어섰다. 애플의 iOS는 12번, 안드로이드는 내부버전인 1.0부터 9번의 업그레이드를 거치면서 시장의 니즈에 대응해왔다.

구글의 새로운 생각

구글은 2010년 중국으로부터의 철수를 결정했다. 중국 정부의 간섭으로부터 자신이 갖고 있던 검색에 대한 철학을 유지하기 위해서였다. 중국에서는 검색에 플랫폼 사업자가 개입해야 하는 영역이 너무 많았고 중국 정부의 다양한 요구에도 협조해야 했다. 그러나 최근 들어 구글이 중국으로의 재진입을 고민하고 있다. 바로 '드래곤플라이Dragonfly' 프로젝트를 통해서다. 이 프로젝트는 위치 기반의 검색에 집중해서, 과거 구글이 검색 사업자로서 겪었던 문제를 피해갈 수 있다는 점에서 좋은 선택지이다. 중국 정부와의 분쟁이 발생하는 '지식' 분야를 배제하거나 일부 양보하고, 위치 기반으로 모든 '정보'를 제공하는 검색 플랫폼이 되겠다는 뜻이다. 이러한 시도는 구글에게 안드로이드가 있기에 가능했다. 지식이라는 목표를 버리고 정보라는 차선을 선택한 것이다.

안드로이드는 중국 모바일 생태계의 주요 기반이다. 중국에서 애플의 시장점유율은 23퍼센트에 불과하고 77퍼센트가 안드로이드 위에서 모바일 생활을 하고 있기 때문이다. 특히 화웨이, 오포, ZTE, 샤오미 등을 비롯한 중국의 스마트폰 제작자들은 안드로이드에 올인하고 있다. 그리고 중국 정부의 개인정보에 대한 유연한 정책을 볼 때 구글은 안드로이드라는 모바일 플랫폼을 갖고 있다는 것만으로 충분히 위치 기반 검색 서비스 제공이 가능할 것으로 보인다. 안드로이드를 사용하는 경우 구글맵을 들어가 보면 나의 이동경로가 모두 기록되어 있는 것을 볼 수 있다. 미국이나 한국에서는 그 정보를 활용하거나 외부 사업자에게 제공하는 것은 매우 어려운 일이지만, 중국에서는 가능할 수도 중국 정부 또한 원하는 일일 수 있다. 물론 위치를 기반으로 한 중국 시장에 대한 다양한 인공지능 기계학습이 가능하기 때문에, 구글의 입장에서도 매우 환영할 만한 일이다. 중국은 인공지능이라는 차세대 플랫폼 경쟁을 준비하기 위한 최적의 장소이기 때문이다.

구글의 안드로이드를 기반으로 한 중국 시장의 재진입은 미·중 무역분쟁에도 불구하고 순조롭게 진행되고 있는 듯했다. 그러나 2019년 화웨이가 미국의 블랙리스트에 오르는 순간 그 흐름이 깨지며, 2019년 7월 드래곤플라이 프로젝트의 공식적 폐기를 선언한다. 더 이상 중국 정부와의 밀월 같은 관계를 유지하는 것이 불가능해졌기 때문이다.

사건의 발단

> 2021년 중국은 혼란에 휩싸였다. 미 · 중 무역분쟁이 격화되면서 구글이 더 이상 중국제 스마트폰에는 안드로이드를 지원하지 않기로 했기 때문이다. 아이폰을 사용하는 23퍼센트를 제외한 거의 대부분이 안드로이드 사용자인 중국 스마트폰 시장은 한 순간 진보하지 않는 생태계로 바뀌었다. 안드로이드 보안 패치의 적용이 중단된 것뿐만 아니라 향후 출시되는 안드로이드 업그레이드에 대한 사용이 차단되었다.

가상의 이야기 같지만 지난 2019년 9월 화웨이의 신규 스마트폰 Mate 30이 시장에 나왔을 때의 상황과 거의 유사하다. 화웨이는 신규 스마트폰에 OS인 안드로이드는 사용할 수 있었지만 애플리케이션의 유통통로인 플레이스토어가 없었고 검색, 지도 등 구글의 핵심 서비스가 탑재되지 않았다.[6]

화웨이는 화웨이 갤러리라는 나름의 통로를 만들었지만 구글의 모바일 플랫폼 환경에서 만들어진 모든 애플리케이션들을 한 순간에 담아내기에는 시간이 턱없이 모자랐다. 화웨이폰이 해외로 나가는 순간

6
이 모든 상황은 화웨이의 스마트폰이 해외에서 사용될 때의 상황이다. 중국에서는 구글의 앱 스토어를 비롯한 모든 서비스가 이미 제공되지 않는다.

스마트폰이 아닌 더미폰[7]이 되버린 것이다. 중국 내에서는 구글이 사용될 수 없기에 모든 대안들이 존재한다. 애플리케이션 다운로드를 위한 잉용바오应用宝라는 앱이 있고, 많은 앱들이 모바일 웹이라는 방식으로 다운로드된다. 그리고 구글이 제공하는 검색, 동영상, 지도 등의 서비스는 알리바바와 텐센트, 바이두에 의해 대체된다. 현재의 문제는 스마트폰의 수출에 있다. 하지만 이 문제가 안드로이드 그 자체로 확대되면 문제는 걷잡을 수 없이 확대된다.

중국인은 스마트폰으로 물건을 사고, 뉴스를 보고, 대중교통을 타고, 음식을 배달시키고, 길을 찾는다. 그러므로 이러한 기능들이 없는 스마트폰은 그저 벽돌에 불과하다. 그러나 화웨이에게 적용된 미국의 플랫폼 보복을 놓고 보았을 때, 중국의 모든 스마트폰에서 안드로이드의 사용이 제한될 수 있다는 가설은 설득력이 있다.

OS로 대표되는 모바일 플랫폼 영역에서 미·중 간의 대결이 시작된 것이다. 미국이 먼저 시작한 싸움으로 지금은 중국이 수세에 몰려 있다. 모든 서비스 플랫폼을 아우르는 기반인 모바일 플랫폼을 미국에 의존하고 있는 중국의 아픈 현실이다. 물론 이 싸움을 시작하면서 가장 큰 손실을 입은 기업은 화웨이이다. 하지만 구글 또한 그에 상응하는 아픔을 겪고 있다. 중국이라는 최대 시장이 닫히고 있기 때문이다.

7
더미(Dummy)는 바보 같다는 의미로, 영리하다는 의미의 스마트(Smart)와 대비된다.

미국의 화웨이 무너뜨리기

화웨이는 글로벌 안드로이드 스마트폰 판매에 있어 삼성에 이어 2위를 차지하는 기업이다. 2018년 2억 대의 스마트폰을 판매했는데, 그 중 1억 개는 중국 밖 해외 시장에서 판매되며 선전했다. 그러나 2019년 5월 미국이 화웨이를 미국 안보를 위협하는 불법기업으로 지정하면서, 반도체와 소프트웨어를 포함한 거래를 제한했다.[8] 미국 정부는 화웨이가 만들어 공급한 무선통신 장비에 도청이 가능한 기능[9]이 탑재되었다고 판단한 것이다. 이 결과 화웨이가 미국 기업으로부터 부품과 서비스를 구매할 때 미국 정부의 엄격한 승인을 거치도록 명령했으며, 결국 미국 정부는 구글이 화웨이와 협력하는 것을 불허했다. 기업 간의 거래이기에 유예기간이 주어졌고 이 명령이 발효되는 시점은 8월 19일에서 다시 90일 더 연장된 상황이지만, 화웨이에게 엄청난 위협이 몰려오고 있다. 현실적으로 글로벌 시장에서 안드로이드와 구글의 플레이스토어 없이 스마트폰이 존재하기 힘든 상황이기 때문이다.

두 국가 간의 분쟁은 구글과 화웨이 모두에게 사업적으로 부정적인 영향을 미친다. 문제는 이러한 국가 간의 기술 분쟁이 모바일 플랫폼

8
한 · 일 간 분쟁의 시작인 일본의 '화이트 리스트'와 유사한 것이다.

9
기능이라기보다는 백도어(Back door), 즉 화웨이 개발자들이 도청할 수 있는 가능성을 남겨 놓았다는 표현이 정확하다.

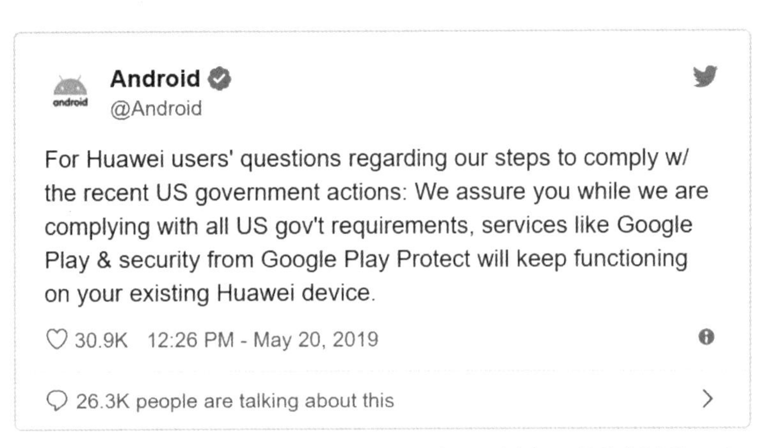

구글에게도 두 번째로 큰 안드로이드 진영의 우군을 잃는 것은 아픈 일이다. 구글은 화웨이의 안드로이드폰을 통해 충분히 큰 수익을 올리고 있기 때문에, 단기적으로 화웨이폰 유저에게 불편함은 없을 것이다. 문제는 앞으로 출시될 스마트폰에 대한 안드로이드 적용 유무이다.

이라는 영역에서는 보다 큰 문제로 확산된다는 데 있다. 플랫폼의 나라인 중국이 모든 플랫폼을 미국에 전적으로 의존하고 있다는 것이 가장 큰 문제다.

스마트폰 제조사들과 구글 간의 연맹으로 만들어지는 안드로이드는 대표적인 개방형 플랫폼이어서 안드로이드를 공개 OS에서 비공개 OS로 전환하는 것은 쉽지 않지만, 구글이 더 이상의 지원(예를 들어 보안패치, 업그레이드 등)을 중단하는 것은 가능하다.

미·중 무역분쟁의 여파로 화웨이가 제재 기업이 되고 구글이 화웨이와의 라이선스 계약을 중단한 것은 중국 입장에서는 엄청난 사건이다. 단순히 ZTE에 벌금을 부가하는 것과는 다른 차원의 문제인 것이

모바일 플랫폼 시장점유율과 안드로이드 분포현황

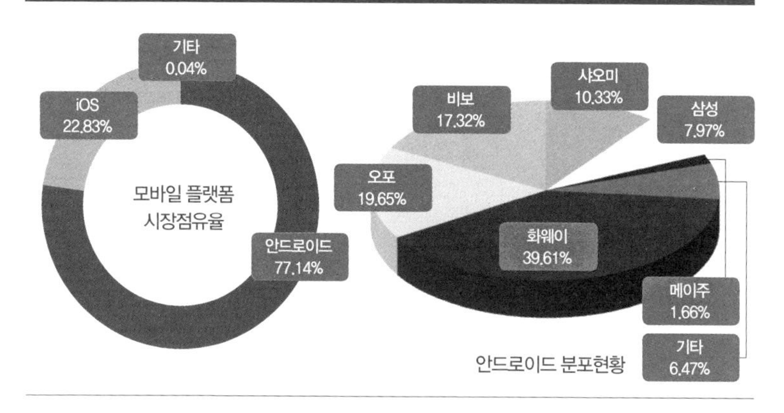

다. 스마트폰이라는 도구는 플랫폼의 나라, 중국에서 무엇보다 중요하고 그 도구의 핵심, 두뇌가 미국 기업에 의해 좌우된다는 것을 이제서야 깨달았기 때문이다.

중국의 대응 방안, 훙멍

중국에게 모바일 OS라는 플랫폼은 어떤 의미일까? 잠깐 PC 세상으로 돌아가 보자. 노트북을 사면 OS, 즉 윈도우가 포함되지 않은 경우가 있다. MS 윈도우를 구하는 방법이 다양해지면서, 불법 복제에 대한 통제를 강화하기 위함이다. 대부분의 소프트웨어 개발자들은 윈도우를 당연한 환경으로 생각하며 개발하기 때문에, 이미 독점의 단계에 올라선 플랫폼이다. 그런데 만약 미국 기업인 마이크로소프트가 중국 기업에 윈도우 공급을 중단한다면 어떻게 될까?[10] MS 윈도우를 사용하는 중국의 모든 시스템이 마비될 것이다. 윈도우 없는 PC는 상상할 수 없으며 일어나지도 않을 것 같지만, 모바일 OS에서 이와 유사한 일이 일어났다.

만약 안드로이드가 오픈소스가 아니고 구글이 유료 라이센싱을 하고 있었다면, 화웨이는 안드로이드를 사용하지 못했을 것이고 Mate30[11]은 시장에 출시되지 않았을 것이다. 화웨이는 이런 상황에 대비하여 자체 OS인 '홍멍鴻蒙, Harmony OS'을 개발해왔다. 삼성전자가 '바다'나 '타이젠'을 준비해온 것과 같은 맥락이다. 화웨이는 홍멍이 안드로이드나 iOS와는 완전히 다르다고 주장한다. 아직은 안드로이드를 대체하기 위해 홍멍을 개발하고 있기보다는 다른 목적으로 연구하고 있다는 표현을 쓰고 있다. 단기적으로 안드로이드를 떠나는 것이 불가능하기에 유화적인 제스처를 택하고 있는 것으로 보인다.

홍멍은 가볍고 간단하게 설계되어 보안에 강하고 다양한 디바이스 간 소통이 가능하다고 한다. 스마트폰과 TV, IoT 장비들 간의 사용이 편리할 수 있도록 IoT 시대를 준비하기 위해 개발된 특수목적형 OS지

10
실제로 화웨이는 제재 후에 마이크로소프트와 거래가 불가능하여 노트북 사업을 철수했다.

11
화웨이의 신규 스마트폰으로, 2019년 구글 플레이스토어 없이 출시되었다.

화웨이는 자체적으로 개발한 OS인 '훙멍'을 선보였다.

만 모바일 플랫폼인 것은 분명하다. 역시 안드로이드처럼 오픈소스이기에 모든 제조사들이 사용할 수 있다. 우군의 참여를 기다린다는 의미다. 리눅스를 기반으로 한 훙멍은 단기적으로는 중국 시장에 시범적으로 적용될 것이고 이후 글로벌 시장 진입을 노릴 것이다. 문제는 화웨이라는 하나의 스마트폰 회사의 힘으로는 글로벌 OS 플랫폼으로 자리 잡기 어렵다는 데 있다. 수많은 개발자들이 이 모바일 플랫폼을 인정하고 이 플랫폼을 위해 개발해야 하기 때문이다. 하지만 중국이기에 가능한 시나리오가 하나 있다.

그 시나리오는 '메이드 인 차이나 모바일 플랫폼'의 등장이다. 중국 정부의 주도로 화웨이의 훙멍을 중국 공식 모바일 OS로 만드는 것이다. 물론 그 OS는 글로벌 오픈소스 개방형 플랫폼이 될 것이고, 중국의 모든 스마트폰 제조사와 주요 플랫폼 사업자들이 참여해야 할 것이다. 중국 정부라면 능히 선택할 수 있는 옵션이다. 우리는 인공지능이라는 영역에서 중국 정부의 개입(예를 들어 바이두의 자율주행차 플랫폼 아폴로)을 이미 경험했기에 '중국 정부 공식 지정'이 어떤 의미인지 알고 있다. 안드로이드라는 모바일 플랫폼이 주는 변동성을 해결하고 iOS, 안드로이드에 이어서 세 번째 OS로 등장할 가능성을 예고하는 것이다. 과거 한국의 WIPI 정책[12]처럼 중국 시장에 유통되는 모든 스마트폰에 중국산 OS를 장착할 수는 없겠지만 묵시적으로 중국 시장에서의 표준으로 중국산 OS를 만들어 갈 수 있을 것이다. 물론 이 플랫폼의 시장점유율 증대를 위해 동남아, 인도 등의 시장으로 확장도 필요할 것이다. 머지 않아 삼성전자가 안드로이드가 아닌 중국산 OS로 스마트폰을 만드는 모습을 볼 수 있게 될지도 모른다.

또 한 가지 염두에 둬야 하는 것은 중국이 모바일 플랫폼의 중요성을 떨어뜨리면서 중국산 서비스 플랫폼들의 경쟁력을 강화하는 방향으로 유도할 가능성이다. 위챗의 미니프로그램이 그 시작이다. 모바일 플랫폼의 영향을 최소화시키며 구글이 안드로이드에서 그 동안 축적했던 경험과 자산을 무력화시키는 방법이 바로 미니프로그램이기 때문이다. 미니프로그램이 대세가 되면 플레이스토어와 같은 유통채

12
한국 정부는 한때 한국에서 사용되는 모든 무선 단말기에 'WIPI'라는 표준을 강제한 적이 있다. 이런 이유로 노키아와 모토로라 같은 외산 단말기의 한국 진출이 힘들었고 이로 인해 삼성과 엘지와 같은 국내 단말기 회사의 성장이 용이했다.

널이 필요하지 않기 때문이다. 비록 안드로이드에 대한 접근이 어려워지더라도 중국인들이 무리 없이 위챗에서 모든 것을 해결할 수 있는 만큼, 알리바바도 그 길을 따라가고 있다.[13] 중국은 더 이상 미국의 OS를 인정하기 싫을테니, 미·중 간의 경제 전쟁은 플랫폼 전쟁으로 비화될 것이다.

플랫폼 전쟁은 어디로 갈 것인가

이러한 모바일 플랫폼을 둘러싼 미·중 무역분쟁은 자본시장에서의 분쟁으로 확산되고 있다. 미·중 무역분쟁이 시작되기 전, 미국과 중국은 하이테크라는 영역에서 암묵적으로 협력하고 있었다. 가장 명시적인 예로 중국 기술기업들과 플랫폼 기업들의 성공의 상징은 미국 나스닥에 상장하는 것이었다. 2018년만 해도 미국 거래소나 나스닥에 상장한 중국 기업은 32개에 달했다. 한 해에 무려 32개 기업이 미국 시장에 상장한 것이다. 이 책에서 언급했던 핀둬둬, 비리비리, 아이치이 등도 2018년에 나스닥에 상장했다. 동시에 실리콘 밸리에서 대규모의 중국자본이 투자되고 있었다. 이렇게 중국과 미국은 신기술과 플

13
미니프로그램에 대해서는 3장을 참조하기 바란다.

랫폼이라는 영역에서 협력 발전하는 G2의 모습을 보여왔다. 2019년 6월 미국 증권시장에 상장된 중국 기업의 숫자는 모두 156개이고, 이들의 시장가치를 모두 합하면 1.2조 달러에 달한다. 그러나 이 협력에 금이 가기 시작하고 있다.

중국 기술기업들이 나스닥 상장을 원하는 까닭은 무엇일까? 이 이유를 보면 미·중 간의 보이지 않는 협력이 드러난다. 중국은 아직 금융시장, 특히 벤처기업을 위한 금융시장이 성숙하지 못했다. 위험이 크고 미래 수익가치를 인정해야 하는 기술기업, 플랫폼 기업에 공격적으로 투자할 수 있는 투자자가 존재하지 않는다. 반면 미국은 이런 시장을 찾고 있는 벤처금융이 존재하고 이들은 중국이라는 시장이 갖고 있는 잠재력을 인정하고 있다. 투자를 원하는 중국의 기업과 투자를 하고 싶은 미국 금융 자본 간의 이해가 정확히 맞아 떨어져 156개라는 중국 기업이 미국 증권시장에 상장된 것이다. 여기에 한 가지 더 주목할 점이 있다. 중국의 내부 정책으로 인해 미국에 상장된 기업과 실제 중국에서 사업을 운영하고 있는 기업이 주식회사의 지분관계로는 아무 관련이 없다는 점이다. 현재 미국에서는 이러한 구조를 두고 중국 기업의 상장폐지까지 언급하고 있다. 간단히 살펴보면 다음과 같다.

먼저 중국에서 외국 기업이 ICP[14]를 가질 수 없다. 정책상으로는 가

14
'Information Content Provider'의 약자로 일종의 정보, 콘텐츠 제공자를 뜻한다. 인터넷에서 정보나 콘텐츠를 제공하려면 이 라이센스가 필요하다.

질 수 있지만 실질적으로 이를 확보했다는 기업이 없는 것을 보면 실질적으로 가능하지 않다는 뜻이다. 따라서 알리바바나 텐센트와 같은 기업이 중국 내에서 전자상거래나 SNS 사업을 운영하려면 해외자본의 비중이 매우 작아야 한다. 하지만 이들의 해외자본 비율은 이미 과반을 넘어서기 시작했기에 나스닥이나 홍콩증시 상장을 위해서는 VIE Variable Interest Entities라는 편법이 동원되고 있다.

먼저 중국에는 투자주체인 외국인투자기업WFOE, Wholly Foreign Owned Enterprise과 국내운영회사国内运营公司가 존재한다. 외국인투자기업은 나스닥에 상장된 회사가 100퍼센트 소유하는 중국 내 기업이고, 계약관계를 통해 국내운영회사가 만들어내는 모든 사업수익을 가져간다. 즉 국내운영회사는 외국인투자기업의 운영자회사의 역할을 한다. 이 경로를 통해 국내운영회사의 가치는 100퍼센트 나스닥 상장기업에 반영된다.

문제는 일반적인 나스닥 기업처럼 사업운영의 투명성에 대한 요구를 할 수 없다는 점이다. 국내운영회사에 대한 정보접근이 제한되기 때문이다. 계약을 통한 국내운영회사에 대한 통제가 가능하다고 하지만 현실적으로 얼마나 가능할지 미국의 투자자들은 알 수 없기 때문이다. 322쪽의 그림을 보면 알리바바도 동일한 구조를 갖고 있음이 보인다. 실질적인 사업운영주체인 저장 알리바바Zhejiang Alibaba에 대한

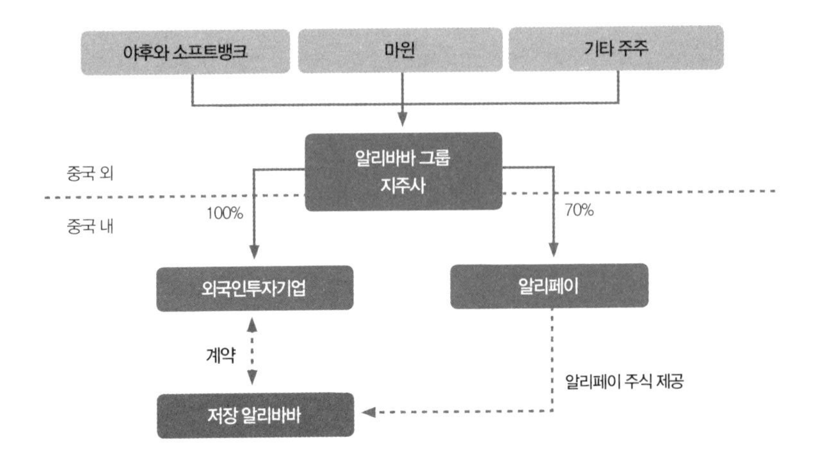

통제는 외국인투자기업에 의해 VIE 계약[15]으로 이뤄지고 있다.

미국 정부는 중국 기업들의 추가 상장금지, 상장철회라는 이야기를 쏟아내고 있다. 더 이상 중국의 기술발전에 미국 자본을 투입하지 않겠다는 뜻이다. 중국 정부도 중국자금의 실리콘 밸리 투입을 중단했다. 물론 전쟁 중인 상황에서 당연한 선택으로도 보인다. 문제는 두 강국 간의 싸움이 결국은 표준 혹은 플랫폼이라는 측면에서 편 가르기가 될 가능성이 커진다는 점이다. 만약 중국이 자체 모바일 플랫폼을

15
계약통제 모델은 사업모델 라이선스 계약, 기술이전 계약, 자금 대출에 대한 계약으로 이뤄진다. 모든 사업과 기술에 대한 소유권이 외국인투자기업에 있고 모든 자금의 대출도 이를 통해 이뤄지므로 국내운영회사의 자율성은 전혀 없다. 물론 국내운영회사의 지분에 대해서도 콜옵션(Call Option)을 통해 모두 외국인투자기업이 소유하고 있다.

만들어 내고 시장이 미·중으로 양분된다면, 한국의 기업들은 선택 아닌 선택을 해야 하는 상황에 봉착할 것이다. 삼성전자와 같은 스마트폰 기업은 두 개의 플랫폼을 위한 디바이스를 만들어야 할 것이고 이는 비효율이자 경쟁력의 하락으로 이어질 것이다. 물론 모든 애플리케이션 제작 기업들의 경우도 마찬가지다. 중국향과 미국향을 별도로 개발해야 하는 상황이 만들어질 것이다. 고래 싸움에 새우 등이 터지는 형국이다.

미·중 간의 플랫폼 경쟁은 모바일 플랫폼의 영역을 넘어서 자율주행차, 인공지능과 같은 기술적인 영역에서는 확산될 것으로 보인다. 과거의 표준경쟁이 이제는 플랫폼 경쟁으로 이름이 바뀌었고 전쟁의 양상도 국지전에서 전체 생태계를 아우르는 전면전으로 넘어가고 있는 모습이다. 플랫폼을 둘러싼 G2 간의 경쟁은 이런 맥락에서 두 눈을 부릅뜨고 주목해야 하는 장면이다.

중국은 플랫폼의 나라이다. 그리고 그 플랫폼의 나라는 하나의 유기체처럼 매일 변화하고 있다. 새로운 플랫폼이 계속 나타나고 있고 서비스로 제공되던 영역이 모두 플랫폼으로 대체되고 있다. 앞으로 얼마나 발전할지 알 수 없고 그 진화가 우리에게 어떤 영향을 미칠지 알 수 없다. 하지만 그들의 변화에 우리는 촉각을 곤두세울 필요가 있는 지정학적 관계를 갖고 있다. 한국과 중국은 어떤 이유에서건 아주 가깝기 때문이다.

세계 비즈니스 판도를 뒤바꿀 발칙한 전략과 혁신

중국 플랫폼의 행동 방식

초판 1쇄 인쇄 2020년 2월 7일 | 초판 1쇄 발행 2020년 2월 17일

지은이 이승훈
펴낸이 김영진

본부장 박현미 | 사업실장 백주현
책임편집 한지원
디자인팀장 박남희 | 디자인 당승근 | 제작 이형배
마케팅팀장 이용복 | 마케팅 우광일, 김선영, 정유, 박세화
출판기획팀장 이병욱 | 출판기획 이주연, 강보라, 이아람, 전효정, 이우성

펴낸곳 (주)미래엔 | 등록 1950년 11월 1일(제16-67호)
주소 06532 서울시 서초구 신반포로 321
미래엔 고객센터 1800-8890
팩스 (02)541-8249 | 이메일 bookfolio@mirae-n.com
홈페이지 www.mirae-n.com

ISBN 979-11-6413-457-1 03320

* 와이즈베리는 ㈜미래엔의 성인단행본 브랜드입니다.
* 책값은 뒤표지에 있습니다.
* 파본은 구입처에서 교환해 드리며, 관련 법령에 따라 환불해 드립니다.
  다만, 제품 훼손 시 환불이 불가능합니다.

와이즈베리는 참신한 시각, 독창적인 아이디어를 환영합니다.
기획 취지와 개요, 연락처를 bookfolio@mirae-n.com으로 보내주십시오.
와이즈베리와 함께 새로운 문화를 창조할 여러분의 많은 투고를 기다립니다.

「이 도서의 국립중앙도서관 출판시도서목록(CIP)은 서지정보유통지원시스템 홈페이지(http://seoji.nl.go.kr)와
국가자료공동목록시스템(http://www.nl.go.kr/kolisnet)에서 이용하실 수 있습니다.
(CIP제어번호: CIP2020001873)」